Falk spiral o

REISEFÜHRER

ANDALUSIEN

Falk Verlag

Inhalt

Autor: Des Hannigan
»Wohin zum...«: Josephine Quintero
Redaktion: Audrey Horne
Design: Nautilus Design (UK) Limited
Lektorat: Mona King
Register: Marie Lorimer

ISBN 3-8279-0167-7

Unsere Autoren haben nach bestem Wissen recherchiert. Trotzdem schleichen sich manchmal Fehler ein, für die der Verlag keine Haftung übernehmen kann. Hinweise, Verbesserungsvorschläge und Korrekturen sind jederzeit willkommen.
Spirallo Reiseführer, Falk Verlag, Postfach 3151, D-73751 Ostfildern, E-Mail: spirallo@mairs.de

Deutsche Ausgabe: CLP • Carlo Lauer & Partner, Aschheim
Übersetzung: Jutta Ressel M.A.

Herausgegeben von AA Publishing, einem Unternehmen der Automobile Association Developments Limited, Millstream, Maidenhead Road, Windsor, Berkshire, SL4 5DG. Handelsregister Nr. 1878835.

Farbauszug: Leo Reprographics
Druck und Bindung: Leo Paper Products, China

A02151

Das Magazin

Das Andalusien der Mauren

In Andalusien lebt das maurische Erbe fort. Von der spanischen Mittelmeerküste aus drang im 8. Jahrhundert eine Streitmacht aus Arabern, Syrern, Berbern und Ägyptern nach Westeuropa vor, und bis ins späte 15. Jahrhundert prägte der Islam Andalusien.

Der Begriff Mauren leitet sich von dem Wort *maurus* ab, mit dem die Griechen und Römer die Bevölkerung von Mauretanien in Nordwestafrika bezeichneten. Ab dem Mittelalter nannten die Europäer Muslime aller Art Mauren.

Wie häufig in der Geschichte kamen die Invasoren in der Absicht, ihr Territorium zu erweitern. Sie blieben über 700 Jahre. Zeugnisse ihrer Handwerkskunst wie auch ihrer gesellschaftlichen und politischen Errungenschaften sind in Andalusien bis zum heutigen Tag überall sichtbar, vor allem jedoch in den Stuckaturen und geschwungenen Arabesken so großartiger Bauwerke wie der Alhambra in Granada, der Mezquita von Córdoba und der Giralda von Sevilla.

An die Mauren erinnern aber auch Burgen hoch auf Felsspitzen, labyrinthartige Viertel vieler Dörfer und Städte in Andalusien und bunte Kacheln, so genannte *azulejos*, die *patios* (Höfe) und Wände zieren.

»Wie andere Invasoren wollten die Mauren ihr Territorium erweitern«

Ein Paradies auf Erden

Als die Mauren nach Andalusien kamen, fanden sie hier das Paradies auf Erden, von dem sie in der nordafrikani-

Gitarrenspieler

Der muslimische Dichter und Musiker Ziryab, der im 9. Jahrhundert in Córdoba lebte, soll im maurischen Spanien das Frisörhandwerk, kulinarische Raffinessen und Tischmanieren eingeführt haben – und die Zahnpasta. Die für jeden Musikfreund wichtigste Neuerung ist aber sicher, dass er die arabische Laute durch eine fünfte Saite ergänzte, was schließlich zur Entwicklung der spanischen Gitarre führte.

schen Wüste immer geträumt hatten. Das Zauberwort lautete: Wasser. Es verwandelte trockenes Land in grüne Oasen und verschönte die Paläste der Mauren wie auch ihre bescheidenen Häuser mit üppigen Gärten, in denen zwischen der blühenden Pracht Brunnen plätscherten und Wasserbecken schimmerten.

Die Mauren hatten das Gebiet jenseits der Straße von Gibraltar seit alters al-Andalus genannt. Vielleicht bezog sich der Name auf die Vandalen, die Spanien und Teile Nordafrikas im 5. Jahrhundert besetzten. Möglicherweise verwendeten die Muslime aus dem Osten den Begriff zunächst auch, um den »Islam des Westens« zu beschreiben. Als die Mauren nach Norden vordrangen, gebrauchten Sie ihn für ganz Spanien und schließlich das Gebiet bis hin zur Loire bei Poitiers. Weiter als bis dort drangen sie nie vor. Stück für Stück drängten die Christen die Muslime im Zuge der Reconquista wieder über die Pyrenäen zurück.

Die Rückeroberung sollte 700 Jahre dauern, denn die Christen trugen in Spanien zur gleichen Zeit auch untereinander Streitig-

Oben: Wasser war der größte Schatz der neu eroberten Gebiete

Unten: Ausschnitt aus einem Gemälde von Karl Steuben (1838), das die Schlacht bei Poitiers (732) darstellt; sie markierte den Wendepunkt der maurischen Expansion

Artesonado und Azulejos

Der Einfluss der islamischen Architektur prägt Andalusien. Die nachfolgenden Begriffe kommen in der Literatur über die Region häufig vor.

- **Artesonado** Mit Ornamenten verzierte Holzdecke, z.B. im Alcázar von Sevilla (► 146f).
- **Azulejos** Glasierte Kacheln in bunten Farben und vielen Mustern. Man findet sie in privaten und öffentlichen Gebäuden, etwa in der Casa de Pilatos, Sevilla (► 150f).
- **Mudéjar** Während der Reconquista wurden in al-Andalus viele Muslime vertrieben. Wer handwerkliche und künstlerische Fähigkeiten hatte, durfte bleiben: die *mudéjar*. Der Begriff wurde später auf den Stil angewendet, den diese Kunsthandwerker entwickelten, indem sie islamische und christliche Elemente mischten, z.B. im Alcázar in Sevilla (► 146f) oder der Casa de Pilatos (► 150f).
- **Muqarnas** Hohlformen und Stuckaturen mit Stalaktiteneffekt, z.B. in der Alhambra von Granada (► 83ff) und im Alcázar von Sevilla (► 146f).

keiten aus, was ihre Macht erheblich einschränkte.

Das goldene Zeitalter

Nachdem die Mauren im 8. Jahrhundert nach Spanien und sogar bis nach Frankreich vorgerückt waren, machten sie sich die Region untertan, die heute als Andalusien bekannt ist, und siedelten sich dort an. Hier, in al-Andalus, arrangierten sie sich mit ihren christlichen Nachbarn, deren Religion sie tolerierten. Aber die Herrschaft des Islam hatte auch ihre chaotischen Seiten: Die einzelnen Dynastien rivalisierten miteinander, und so kamen immer wieder muslimische Invasoren aus Nordafrika, um die regierenden Machthaber abzulösen. Trotz dieser Aufstände und der Rückeroberung einiger Städte und kleiner Besitzungen durch die spanischen Christen erlebte Andalusien unter den Mauren ein goldenes Zeitalter. Córdoba stieg zur Hauptstadt der Mauren auf, die Kalifen konkurrierten mit

Den Reyes Católicos, Ferdinand (oben links) und Isabella (oben rechts), gelang die Reconquista des islamischen al-Andalus

Links: Die Eroberung von Málaga durch Ferdinand V. im Jahr 1487

Bagdad und Damaskus um Reichtum und Fortschritt.

Im Jahre 756 begann man mit dem Bau der Mezquita, der Großen Moschee, in Córdoba. In den folgenden 200 Jahren wurde die Stadt reich durch den Handel mit Gold und Silber, Leder, Seide, Parfüm und Gewürzen und entwickelte sich zum Zentrum von Kunst und Wissenschaft.

Muslimische Königreiche

Zu Beginn des 11. Jahrhunderts endete das goldene Zeitalter aufgrund von politischen Streitigkeiten und internen Machtkämpfen der Kalifen von Córdoba. Al-Andalus zerfiel in eine Reihe von kleineren, unabhängigen Königreichen, genannt *taifas*.

In den folgenden Jahrhunderten stellte eine neue Welle muslimischer Einwanderer aus Nordafrika sicher, dass der maurische Charakter von al-Andalus erhalten blieb, obwohl die Christen im Zuge der Reconquista immer größere Gebiete zurückeroberten. Der christliche König Ferdinand III. nahm 1236 Córdoba den Mauren ab, 1248 eroberten seine Truppen auch Sevilla. Im 14. Jahrhundert beruhigte sich die Lage für kurze Zeit, doch gegen Ende des 15. Jahrhunderts bildete Granada mit der mächtigen Alhambra der Nasriden-Herrscher die letzte Bastion der Mauren in al-Andalus.

1485 ergab sich das Königreich Ronda den Christen, das maurische Málaga sollte wenig später folgen. Bis 1492 hatten Ferdinand und Isabella – bekannt als *Los Reyes Católicos*, die Katholischen Könige – auch Granada erobert. Al-Andalus als Staat der Mauren gab es nicht mehr. Der maurische Charakter der Region blieb jedoch unzerstörbar.

Die herrliche Decke des Salón de Embajadores in der Alhambra von Granada

Das maurische Erbe wurde in die christliche Kultur Spaniens integriert, es entstanden bemerkenswerte Renaissancegebäude und Barockkirchen. Wer heute durch Andalusien reist, spürt den Zauber des maurischen al-Andalus.

»Das maurische Erbe wurde in die christliche Kultur integriert«

Wer brachte das kühle Wasser aus seinen Felsenverstecken hinab und verwandelte Ödland in sonnige Weinfelder und Gärten? Die Mauren…
Wer pflanzte Orangenbaum und Palme, Feige und Olive? Die Mauren…
Matilda Betham-Edwards
Durch Spanien zur Sahara (1866)

Romantisches

Das romantische Image Andalusiens beruht auf den nordeuropäischen Reiseberichten aus dem 19. Jahrhundert. Das in diesen Büchern und in volkstümlichen Erzählungen und Liedern geprägte, verführerische Bild verleiht einem Urlaub in Andalusien zusätzliche Würze, doch sah und sieht die Wirklichkeit oft anders aus.

Im 19. Jahrhundert beschworen Reisende gern das Bild einer verführerischen Welt herauf, einer Welt aus Hitze und Leidenschaft, feurigen Charakteren und Banditen in den Bergen, von sittenlosen Don Juans und lasziven Carmens. Dieses Bild tradierte sich selbst, zumal viele Reisende ihre Erfahrungen übertrieben, um sie romantischer erscheinen zu lassen. Andalusien erschien auch aufgrund seiner Nähe zu Afrika als exotisches, ja fast schon gefährliches Land. Der englische Schriftsteller Richard Ford, der 1830 erstmals nach Andalusien kam, bezeichnete Spanien als »rassig und frisch« im Gegensatz

»Don Juans und Banditen …«

Die *bandoleros* (oben) lebten im 19. Jahrhundert in abgelegenen Gegenden wie der Serranía de Ronda (oben links)

zur »langweiligen Gleichförmigkeit« Europas, und mit Sicherheit entspricht dieses Bild genau den Erwartungen vieler Touristen, die sich heute durch die Straßen von Sevilla drängen.

Ford beschrieb das Andalusien dieser Zeit sehr eindrucksvoll. Er besuchte Spanien 1830 zum ersten Mal und verfasste in den Folgejahren sein umfassendes *Handbook for Travellers in Spain and Readers at Home*, das 1845 veröffentlicht wurde und bis heute als eines der besten, fundiertesten und auch amüsantesten Werke über Spanien gilt. Washington Irving kam 1826 nach Spanien, um in Madrid für die American Legation zu arbeiten, 1828 unternahm er eine Reise nach Andalusien. Er lebte eine Weile in der halb verfallenen Alhambra und schrieb dort *The Conquest of Granada*, bevor er sein bekanntestes Buch, *The Alhambra: A Series of Tales*, in Angriff nahm, das heute unter dem Titel *Erzählungen von der Alhambra* bekannt ist. Das Buch verbindet romantische Geschichten um die maurische Vergangenheit der Al-

Unten: Die Alhambra, das Symbol des maurischen Andalusien

Wo sind die Banditen, bitte?

Im 19. Jahrhundert hielt jeder Andalusienreisende Ausschau nach Banditen, den Kopf voller Geschichten von spanischen Robin Hoods in der malerischen Sierra. Viele dieser Geschichten beruhten auf reiner Phantasie, und sie übertraf die Realität bei weitem. Natürlich gab es in den abgelegenen Bergen von Andalusien – der Sierra Morena, den Alpujarras und der Serranía Ronda – im 19. Jahrhundert *bandoleros*. Aufzeichnungen belegen jedoch, dass nur ein einziger Ausländer gekidnappt wurde, und noch dazu in der Nachbarprovinz La Mancha. Um dennoch in den Genuss eines Raubüberfalls zu kommen, schickte der französische Romancier Alexandre Dumas angeblich einem Banditen Geld, damit er ihn und seine Mitreisenden unterwegs ausplünderte – wobei er ihm allerdings das Versprechen abnahm, dass nichts Ernstes passieren würde. Und der Däne Hans Christian Andersen war zutiefst enttäuscht, nachdem er unbehelligt die Sierra Morena durchquert hatte …

Die historische Carmen

Das Bild leicht geschürzter Arbeiterinnen in der drückenden Hitze der Tabakfabrik von Sevilla im 19. Jahrhundert ließ bei vielen Männern eher lüsterne als romantische Gedanken aufkommen. In Wirklichkeit mussten die Frauen dort unter schrecklichen Bedingungen arbeiten. Verschiedene Schriftsteller äußerten sich zu den Mädchen in den Tabakfabriken.

»Die meisten von ihnen waren jung und einige auch sehr hübsch. Da sie so überaus zwanglos gekleidet waren, konnten wir ihre Reize in aller Ruhe würdigen.«
Théophile Gautier, *Reise in Andalusien* (1826)

»Eine derartige Ansammlung von Hässlichkeit hatte ich noch nie zuvor gesehen.«
George Dennis, *Ein Sommer in Andalusien* (1839)

hambra mit Beschreibungen vom Verfall des großartigen Palasts. Letztere riefen in Spanien und auch in Nordeuropa Bewegungen auf den Plan, die für den Erhalt der Alhambra kämpften und sie zugleich bekannt machten. Irving und Ford verbrachten viel Zeit in Andalusien und prägten wesentlich das romantische Bild, das zu einer wahren Flut von Besuchern führte.

Literarische Werke über Andalusien taten ein Übriges. Die Oper *Carmen* basiert auf einem Roman des Franzosen Prosper Merimée. Carmen erfüllte sämtliche Klischees: Die Zigeunerin mit maurischen Zügen arbeitete in der Tabakfabrik von Sevilla, hatte eine Affäre mit einem Banditen aus Ronda und einem Torero – eine leidenschaftliche Liebesgeschichte mit Verrat, Mord und Hinrichtung. Georges Bizets Opernversion setzte Carmen ein Denkmal – obgleich Bizet Spanien nie selbst besuchte. Carmens männliches Gegenstück ist Don Juan, der zum ersten Mal in dem Drama *Der Verführer von Sevilla* (1630) von Tirso de Molina auftrat. Wieder trug die brisante Mischung aus Verführung, Betrug und Mord zum romantischen Image bei. Don Juan wurde zur Legende, auf die noch viele zurückgreifen sollten, so Mozart mit seiner Oper *Don Giovanni*.

Für den Reisenden heute ist diese Romantik ebenso wichtig wie die andalusische Sonne – doch ist ein Hauch von Skepsis nicht unangebracht.

STIERKAMPF

KUNST, SPORT ODER QUÄLEREI?

Für viele Touristen hat der Stierkampf etwas Abschreckendes – und auch in Spanien nimmt die Zahl seiner Gegner zu. In Andalusien erfreut sich die *corrida* jedoch noch großer Beliebtheit. Die brisante Mischung aus Kunstfertigkeit, Spektakel und grausamem Ende zieht bis heute die Massen an, garantiert hohe Zuschauerzahlen im Fernsehen und liefert Stoff für hitzige Diskussionen.

Die Kunst der *corrida: matador, capa* und Stier

Für den *aficionado*, den Fan, ist der Stierkampf mehr eine Kunst als ein Sport. Berichte über Stierkämpfe erscheinen in den spanischen Tageszeitungen im Feuilleton, wobei die *corrida* mit denselben Superlativen bedacht wird wie eine Ballett- oder Theaterproduktion. Und Theatralik ist sicher ein Element des Stierkampfs, sie zeigt sich in den Kostümen der Stierkämpfer wie auch in den athletischen und tänzerischen Bewegungen des *matador* und seines Teams. Da gibt es die *capeadores*, die den Stier mit dem grellen Mantel reizen, die *banderilleros*, die dem Tier Stäbe mit Widerhaken in den Nacken rammen, und die *picadores*, die ihn mit der Pike weiter schwächen. Trotz dieser vordergründigen Grausamkeit mutet dem Ritual einer *corrida* etwas Magisches an. Die letzte Konfrontation ist oft eine Zurschaustellung von Mut und Eleganz auf Seiten des *matador* und von Tapferkeit auf Seiten des Stiers.

»Die *corrida*, ein wildes, magisches Spektakel«

Außerhalb von Spanien steht man dem Stierkampf oft mit gemischten Gefühlen gegenüber, wobei es jedoch durchaus leidenschaftliche Anhänger gibt. Der Schriftsteller Ernest Hemingway und der Schauspieler Orson Welles waren beide große *aficionados*. Hemingway schrieb zwei Bücher über den Stierkampf, *Tod am Nachmittag* und *Gefährlicher Sommer*. Welles hatte es besonders die Arena von Ronda angetan, und so ließ er sich auf dem Grundstück eines bekannten Stierkämpfers von Ronda bestatten. Ein weiterer Amerikaner, Sidney Franklin, machte sich in Mexiko und Spanien in den Dreißigerjahren sogar als *matador* einen Namen; trat er auf, war die Arena in Madrid stets ausverkauft.

In Andalusien bieten sich viele Gelegenheiten, sich einen Stierkampf anzusehen. Saison ist von Ostern bis Oktober. *Novilladas*, Stierkämpfe mit neuen, unerfahreneren Toreros, finden an der Costa del Sol sogar noch im November statt. Zu den bedeutendsten Arenen zählt die Maestranza von Sevilla (► 168), wo das Erlebnis sicher am intensivsten ist. Die besten *matadores* treten natürlich in den bekanntesten Arenen auf, um gegen die wildesten Stiere Andalusiens zu kämpfen.

Selbst das kleinste Dorf lässt es sich jedoch nicht nehmen, zumindest einmal pro Jahr eine *corrida* zu veranstalten. Meistens findet sie im Rahmen einer *fiesta* statt, in einer halb verfallenen mauri-

Der gefeierte *matador* aus Córdoba, Manuel Benítez, genannt El Cordobés, führt seine *cuadrilla* (Team) in die Arena

Schmutzige Tricks

Stierkampfgegner verurteilen das Spektakel natürlich in Bausch und Bogen, doch selbst Anhänger müssen zugeben, dass die *corrida* heute nicht mehr ist, was sie einmal war. So gibt es Praktiken, bei denen die Hörner des Stiers rasiert und somit desensibilisiert werden. Besonders gefährliche Tiere werden mit Medikamenten behandelt, um ihre tödliche Kraft zu verringern.

Aficionados beklagen, dass die Kunst einem billigen Spektakel weichen musste.

Beim Stierkampf

- Findet die *corrida* in einer Stadt statt, kauft man die Eintrittskarten an der Kasse der Arena; vor freien Händlern sollte man sich hüten, da sie meist zu hohe Preise verlangen.
- Am teuersten sind Sitzplätze im Schatten (*sombra*), da es dort nicht nur kühler ist, sondern auch der Präsident und der Kampfrichter dort sitzen. Der *matador* schenkt hauptsächlich dieser Seite seine Aufmerksamkeit.
- Die meisten Stierkämpfe an der Costa del Sol sind *novilladas*, bei denen ungeübte *matadores* und junge Stiere auftreten, die manchmal sogar für den Stierkampf gar nicht geeignet sind.

Stierkampfposter sind eine Kunst für sich

schen Burg oder auf dem Hauptplatz des Dorfes. Und auch bekannte *matadores* wie Enrico Ponce treten oft in kleinen Arenen auf, denn schließlich liegt auf dem Land die Wiege des Stierkampfs.

Außerdem bieten sie jungen Talenten Möglichkeiten, sich zu beweisen. Bereits 16-jährige setzen ihr Leben aufs Spiel, um ihr Talent unter Beweis zu stellen. In Spanien endet der Kampf nach wie vor mit dem Tod des Stieres – oder des Toreros.

Frauen als Toreros

Bis zum Jahr 1908, als weibliche Toreros verboten wurden, gab es mehrere Frauen, die es zu Ruhm brachten. Eine von ihnen war Martina García, die 1880 im Alter von 76 Jahren ihren letzten Stierkampf bestritt. Kurz nach dem Tod von General Franco wurde das Verbot 1975 dann aufgehoben. Im glitzernden *traje de luces* machte nun Cristina Sánchez Furore, die viele ihrer männlichen Kollegen in den Schatten stellte. Bei einer unvergesslichen *corrida* tötete sie alle sechs Stiere. 1997 zog sie sich aus dem Stierkampf zurück, weil sich kaum ein bekannter *matador* fand, der bei einem hochklassigen Kampf zusammen mit ihr auftreten wollte.

FLAMENCO

Feuer im Blut

Im Flamenco verschmelzen Stimme, Gitarre und Tanz zum typischen Rhythmus Andalusiens. Charakteristisch sind der leidenschaftlich-elementare Gesang, das Klatschen und das rhythmische Schlagen der Gitarre, die das Aufstampfen und die schlangenartigen Bewegungen der Tänzer und Tänzerinnen begleiten.

Manche behaupten, dass die Tradition des Flamenco auf die Musik der Araber oder der Juden zurückgeht, ihre Wurzeln in Indien oder Byzanz hat oder auch in den heiligen Gesängen der Christen. Der Flamenco, wie er sich heute präsentiert, hat sich aus der Volkskunst der Zigeuner vornehmlich in Cádiz, Jerez de la Frontera und im Viertel Triana von Sevilla (► 152) entwi-

Flamencostimmen

Die besten Flamencosänger besitzen die so genannte *duende*, jene geheimnisvolle Inspiration, die eine einfache Vorführung zum unvergesslichen Erlebnis macht. Erst nach etlichen Zigarillos und Gläsern des feurigen *aguardiente*, der jedem Nichteingeweihten die Sprache verschlägt und den Atem raubt, erreicht die Stimme die für den ausdrucksvollen Flamencogesang typische Lage.

ckelt. Auch heute noch kommen die besten Flamencotänzer aus Zigeunerfamilien, und Andalusien gilt als die Wiege ihrer Kunst.

Als Flamenco in Reinkultur gilt der *cante* (Gesang), wobei der *cante jondo* (inniger Gesang) am intensivsten wirkt, wenn die *cantaores* (Sänger) mit ihren gepressten Stimmen allem Leid der Welt Ausdruck verleihen und dabei doch das Leben verherrlichen. Die meisten Touristen in Andalusien begeistern sich jedoch besonders für die magisch anmutende Verbindung von *cante, toque* (Gitarre) und *baile* (Tanz), die den Flamenco besonders faszinierend macht.

In Andalusien bieten sich zahlreiche Gelegenheiten, Flamenco zu sehen, nicht jede Vorführung ist jedoch wirklich authentisch. Es gibt aber durchaus sehenswerte Flamencoabende, die man über ein Hotel oder ein Reisebüro buchen kann.

Wer Flamenco lieber improvisiert erleben möchte, geht in ein *tablao*, wo ausgebildete Tänzer klassischen Flamenco zeigen. Flamencoclubs und Vereinigungen, genannt *peñas*, stehen Besuchern ebenfalls offen (siehe Kasten rechts). Sowohl die *tablaos* als auch die *peñas* setzen den Flamenco wirkungsvoll in Szene.

Experten behaupten, dass der beste Flamenco spontan und meist in den frühen Morgenstunden in versteckten Bars und auf eher privaten Festen, den *juergas*, zu sehen ist, doch hat man als Tourist in aller Regel Schwierigkeiten, von diesen Veranstaltungen zu erfahren. In ganz Andalusien finden zahllose Flamencofestivals

Veranstaltungsorte

Die Touristeninformation gibt Auskunft über alle *tablaos* und *peñas*. Auch halten die Hotels Informationen über Flamencoshows vor Ort bereit, die jedoch oft eher den Charakter eines Kabaretts haben und zudem mit einem Abendessen verbunden sind. Hüten sollte man sich vor Leuten, die auf der Straße für Flamencoabende Werbung machen, da oft horrende Summen berappt werden müssen; dies gilt besonders für das Viertel Sacromonte in Granada (► 108).

Empfehlenswert sind folgende Lokalitäten:

Tablao Cardenal und **La Bulería** in Córdoba (► 136)
El Corral del Principe in Granada (► 108)
Teatro Miguel de Cervantes in Málaga (► 76)
Casa Santa Pola in Ronda (► 76)
El Laga in Jerez de la Frontera (► 76)
La Cava in Cádiz (► 76)
Los Gallos und **El Tamboril** in Sevilla (► 168)

Flamencohände: ausdrucksstark und pure Leidenschaft

statt, bei denen allerdings oft der Gesang im Vordergrund steht. Die endlosen Wehklagen des *cante jondo* sind auf die Dauer dann für ungeübte Ohren etwas fad. Die Vorführungen dauern oft mehrere Stunden und ermüden Sänger wie Zuschauer gleichermaßen. Die schönsten Flamencoveranstaltungen erleben Touristen wohl bei Dorffesten, wenn die Musik bereits zu hören ist, lange ehe man den Tanzplatz erreicht.

Links: Zum Flair des Flamenco tragen farbenprächtige Kleider *(batas de cola)* bei

Unten: Paco de Lucía, Meister der Flamencogitarre aus Algeciras

Berühmte Flamencokünstler

Berühmte Flamencosänger sind meist unter einem Beinamen bekannt. Zu den größten zählt **Manolo Caracol** (Manolo die Schnecke), ein Zigeuner aus der Provinz Sevilla. Seine Karriere begann er als Elfjähriger 1922 bei einer Flamencovorführung in der Alhambra von Granada, die von dem Komponisten Manuel de Falla, dem Schriftsteller Frederico García Lorca und dem Gitarristen Andrés Segovia veranstaltet wurde. Als bekanntester Sänger gilt **Camarón de la Isla** (Garnele von der Insel), dessen leidenschaftlicher Gesang dem Fatalismus und Schmerz Ausdruck verliehen. Er starb 1992 an seiner Heroinsucht. Zu den bemerkenswertesten Sängerinnen gehören heute die Schwestern **Fernanda und Bernanda de Utrera**, zu den Gitarristen **Paco Peña** und **Paco de Lucía**. **Carmen Amaya** (1913–63), eine Zigeunerin aus Barcelona, gilt als beste Flamencotänzerin aller Zeiten. **Christina Hoyos** hat den Flamenco heute theater- und ballettreif gemacht.

Festtagskalender

Büßer mit Spitzmütze bei der Semana Santa in Sevilla

Die Begriffe *festival, fiesta* und *feria* beschreiben das gesamte Angebot an Feiern, die in den Dörfern und Städten Andalusiens im Lauf eines Jahres stattfinden. Die *fiesta* war ursprünglich ein Feiertag auf dem Land, die *feria* ein ländlicher Jahrmarkt mit Pferden und Stieren, wobei sich dieser Charakter auch in den Großstädten gehalten hat. Dann gibt es noch die religiösen Feste, vor allem Ostern, wenn zu Trommelschlag und Glockengeläut Büßer mit hohen Spitzmützen durch die Straßen der Dörfer und Städte ziehen.

Feucht-fröhlich

Es heißt, dass während der Feria de Abril in Sevilla in einer Woche mehr Sherry getrunken wird als in Spanien das ganze Jahr über. Dennoch kommt es trotz des exzessiven Alkoholkonsums kaum einmal zu Ausschreitungen oder gar Gewalt, die das Stilempfinden der Spanier stören würden.

FEBRUAR

Karneval Zu Beginn der Fastenzeit finden beeindruckende Faschingsveranstaltungen in Cádiz und Málaga statt, jedoch auch in Córdoba, Carmona, Nerja und vielen anderen Dörfern und Städten.

MÄRZ/APRIL

Semana Santa In der Karwoche vor Ostern in allen größeren Städten Prozessionen.

APRIL

Feria de Abril In Sevilla findet etwa zwei Wochen nach Ostern die farbenprächtigste *feria* Spaniens statt.

Feria de la Manzanilla Weinfest von Sanlúcar de Barrameda (letzte Maiwoche).
Corpus Christi Prozessionen und Feierlichkeiten in größeren Städten und vielen Dörfern (Ende Mai/Anfang Juni).

Links: Eine Bruderschaft, *cofradía*, bei der Semana Santa

MAI

Feria del Caballo Ein prächtiger Pferdemarkt mit Pferdeschauen und Reitervorführungen (Jerez de la Frontera, Anfang Mai).
Moros y Cristianos Fingierte Schlachten zwischen Mauren und Christen und andere Veranstaltungen (Pampaneira, Las Alpujarras, 3. Mai).
Fiesta de los Patios Viele Privatpatios in Córdoba stehen Besuchern offen (Anfang Mai).
Romería del Rocío Die bedeutendste Wallfahrt mit Fest in Spanien (El Rocío, 7. Woche nach Ostern, ➤ 162).
Feria de Primavera Weinfest in Puerto de Santa María (letzte Maiwoche).

JUNI

Feria de San Bernabé Üppiges Fest in Marbella (2. Juniwoche).
Fiestas Patronales de

Oben: Flamenco gehört zu jedem Fest in Andalusien

Links: Die *Feria del Caballo*

Sonne und Spaß

Die Andalusier sind dafür bekannt, dass sie die Feste feiern wie sie fallen. »Jeder Tag ist wie ein Feiertag«, kommentierte der Brite Richard Ford im 19. Jahrhundert seine erste Begegnung mit der Sonne und der Feierwut der Spanier. »Es liegt an der Sonne«, rief der Politiker und Schriftsteller Benjamin Disraeli begeistert aus, als er 1830 nach einer Krankheit erstmals nach Andalusien reiste – und sofort genas …

San Antonio Fest mit fingierten Schlachten zwischen Mauren und Christen (Trevélez, Las Alpujarras, 13./14. Juni).
Moros y Cristianos Fest in Mojácar (10. Juni).
Internationales Gitarrenfestival in Córdoba (zwei Wochen im Juni/Juli).

JULI

Internationales Musik- und Tanzfestival Umfangreiches Programm mit Kammermusik und Tanzvorführungen in der Alhambra (Granada, Ende Juni/Anfang Juli).
Virgen de la Mar Berühmtes Sommerfest in Almería (letzte Juliwoche).

AUGUST

Feria de Málaga Fröhliches, ausschweifendes Sommerfest in Málaga (Mitte Aug.).
Pferderennen von Sanlúcar de Barrameda Spannende Pferderennen am Strand von Sanlúcar (zweite Augusthälfte).
Feria de Grazalema Dorffest von Grazalema mit Stierjagden in den Straßen (letzte Augustwoche). Nichts für schwache Nerven.
Fiestas Patronales San Augustín Mojácar-Fest (letzte Augustwoche).

SEPTEMBER

Fiesta de la Vendimia Wichtigstes Weinfest in Jerez de la Frontera (1./2. Woche im Sept.).
Romería del Cristo de la Yedra Bedeutendstes Fest von Baeza (7. Sept.).
Feria y Fiestas de Pedro Romero Fiesta mit Flamenco und Stierkampf in der berühmten Arena von Ronda (1. Septemberhälfte).

OKTOBER

Fiesta de San Miguel Fest in Úbeda und zahlreichen anderen Orten (1. Okt.).
Feria de San Lucas Wichtigstes Fest in Jaén (Mitte Okt.).

Oben: Die Feria del Caballo in Jerez de la Frontera – Extravagantes rund ums Pferd

Tipps für Festivals

- Fragen Sie in der Touristeninformation nach dem offiziellen Festivalführer, *Ferias y Fiestas de Anlalucía.*
- Bei großen Festivals wie der *Semana Santa* oder der *Feria* von Sevilla, aber auch dem Karneval von Cádiz ist es ratsam, die Unterkunft im Voraus zu buchen; die Preise sind horrend.
- Wer sich während der *Semana Santa* in einer der größeren Städte Andalusiens aufhält, sollte sich ein Veranstaltungsprogramm für die gesamte Karwoche besorgen. Die Tageszeitungen veröffentlichen das Tagesprogramm. Besonders in Sevilla ist mit großen Menschenmassen zu rechnen.
- Zum Karneval in Cádiz und Málaga sollte man sich entsprechend kleiden.

HELDEN & SCHURKEN

Der Mann, der alles verspielte

Der Westgotenkönig Roderich war wohl eher vom Pech verfolgt denn schuldig, als seine unvorbereitete Armee 711 von den einfallenden Mauren in der Nähe des heutigen Jerez de la Frontera geschlagen wurde.

Die Mauren waren vermutlich nach Spanien gekommen, um neues Territorium zu gewinnen. Allerdings hielt sich lange die Legende, ein Feind Roderichs habe sie zu der Invasion überredet, weil der König seine Tochter geschändet hatte.

»Die maurischen Invasoren besiegten die Armee des Westgotenkönigs Roderich«

Der erste und der letzte Maure

Tariq Ibn Ziyad, der Gouverneur von Tanger in Marokko, landete als erster Maure 711 in Gibraltar und sicherte seiner Armee einen Standort. Der berühmte Felsen ist nach ihm benannt: Jabal Tariq, der Felsen von Tariq.

Abur Abd Allah, bekannt in Spanien als **Boabdil**, war der letzte Sultan der Nasridendynastie in Granada und auch der letzte maurische Herrscher mit Einfluss in Spanien.

Es heißt, dass er sich, zum Entsetzen seiner stolzen Mutter bei seinem Rückzug aus Granada noch einmal umgedreht haben soll, um einen letzten bedauernden Blick auf die Stadt zu werfen. Die entsprechende Stelle auf einer Anhöhe heißt Puerta del Suspiro del Moro, »Seufzerpass«.

Ferdinand V. von Aragonien (links) und seine Gemahlin Isabella von Kastilien (unten links)

Die Katholischen Könige

Die Eheschließung **Isabellas I. von Kastilien** mit **Ferdinand V. von Aragonien** im Jahr 1479 läutete das Ende der islamischen Herrschaft ein. Vor der Vereinigung der beiden mächtigen katholischen Königreiche war das christliche Spanien zu gespalten, um die Reconquista des islamischen al-Andalus in Angriff zu nehmen. Isabella und Ferdinand, die bis heute als *Los Reyes Católicos*, die Katholischen Könige, bezeichnet werden, gaben dem nun gänzlich christlichen Spanien neue Impulse. Für Nichtchristen waren die beiden das schrecklichste Herrscherpaar der Geschichte. Muslimischen Bürgern wurde zuerst Religionsfreiheit gewährt, doch zwang man sie in der Folgezeit, zum Christentum zu konvertieren oder das Land zu verlassen. Unter Isabella und Ferdinand nahm die Inquisition ihren Anfang, mit der man kritische Untertanen rasch zum Schweigen bringen konnte.

»Los Reyes Católicos – eines der schrecklichsten Herrscherpaare der Geschichte«

Dickschädel

Die katholischen Könige Isabella und Ferdinand liegen in der Krypta der Capilla Real gleich bei der Kathedrale von Granada (► 88f) begraben. Eine Marmorplastik des Königspaares ziert das Grabmal; das Mausoleum bildet das Herzstück der Kapelle. Isabellas Kopf sinkt dabei tiefer in das Marmorkissen als der von Ferdinand, ein subtiler Hinweis darauf, dass Isabella mehr Esprit besaß als Ferdinand und auch einen größeren Dickschädel …

1492 fiel Granada an die Reyes Católicos zurück

Das Andalusien der Künstler

Die Namen zweier großer Maler verbinden sich mit Andalusien: **Francisco de Zurbarán** (1598–1664) kam in der Nachbarprovinz, der Extremadura, zur Welt, verbrachte aber fast sein ganzes Leben in Sevilla. Zurbaráns Gemälde von Mönchen in Kutten und Heiligen vermitteln ein nüchtern-herbes Bild, das man eigentlich nicht mit Andalusien in Verbindung bringt. Und dennoch ging es im Sevilla des 17. Jahrhunderts nicht gerade zimperlich zu: Zurbaráns beide Kinder aus zweiter Ehe fielen 1649 der Pest zum Opfer.

Sein Zeitgenosse **Esteban Murillo** (1617–82) war ein überaus beliebter Künstler, der das Leben mit der typischen Begeisterung des Andalusiers sah und sogar in den religiösen Darstellungen, die so viele Kirchen schmücken, Sinnlichkeit, Fröhlichkeit und Frömmigkeit vermischte. In seinen frühen Jahren schuf Murillo sehr farbenprächtige und mitunter etwas sentimental-kitschige Madonnen, dazu malerische Gassenbuben; sein Spätwerk wirkt vergleichsweise düster und intensiver. Werke von Zurbarán und Murillo sind in zahlreichen Kirchen und Galerien in den größeren Städten Andalusiens zu bewundern.

Am berühmtesten ist jedoch zweifellos **Pablo Ruiz Picasso** (1881–1973), der in Málaga geboren wurde, mit seiner Familie nach Galizien zog, später nach Barcelona und die meiste Zeit über in Frankreich lebte. In Málaga sind einige seiner Werke zu sehen (➤ 52).

Links: Miguel de Cervantes verarbeitete sein schillerndes Leben im Roman

Oben: Pablo Picasso kam in Málaga zur Welt

Das Andalusien der Literaten

Miguel de Cervantes Saavedra (1547–1616), Autor des großen Romans *Don Quijote*, wurde zwar in der Nähe von Madrid geboren, hielt sich jedoch Ende des 16. Jahrhunderts als Steuereinzieher in Andalusien auf. Er kam eine

Weile hinter Gitter wegen angeblicher »Unregelmäßigkeiten« und soll den größten Teil seines Romans im Gefängnis geschrieben haben.
Einer der bedeutendsten Schriftsteller Andalusiens ist **Federíco García Lorca** (1898–1936), ein Dichter und aus Granada, doch war seine Beziehung zu dieser Stadt keineswegs einfach: Er war homosexuell und hielt sich in der Zigeunerszene auf, die für ihn den Geist Andalusiens verkörperte; so bevorzugte er Málaga und Cádiz, Städte, die offener und kreativer waren.

Oben: Der Dichter Federíco García Lorca beschrieb seine Heimatstadt Granada nicht nur positiv

Tragisches Ende

Das Leben der Maler im 17. Jahrhundert konnte recht gefährlich sein. So starb Murillo an den Folgen der Verletzungen, die er sich zuzog, als er beim Malen eines Altarbilds in einer Kirche in Cádiz vom Gerüst stürzte. Er war aber bereits 64 Jahre alt, was für die damalige Zeit ein sehr hohes Alter war.

Links:
Der Maler Murillo wurde in Sevilla geboren; seine Gemälde zeugen von der Sinnlichkeit und Spiritualität Andalusiens

Dramatiker von enormem lyrischen Talent, der 1936 durch das Francoregime ermordet wurde. Lorca stammte

Zu seinen berühmtesten Werken zählen die beiden Theaterstücke *Bluthochzeit* und *Bernardo Albas Haus*.

Flamenco-tänzerin in Aktion

5 TOP-TIPPS

Ideen

• **Eine gute Flamencoshow**, wenn Sänger, Musiker, Tänzer und Tänzerinnen wirklich abheben.

• **Der erste Schluck Sherry**, ein Spitzen-*fino* aus Jerez de la Frontera oder eine *manzanilla* aus Sanlúcar de Barrameda, anschließend ein Bissen *jamón de Serrano*, luftgetrockneteter Schinken, oder *boquerones fritos*, frittierte Sardellen.

• **Besuch der Feria de Abril** (➤ 19) in Sevilla, des Karnevals von Cádiz oder Málaga oder einer anderen Fiesta der Gegend.

• **Ein Abendbesuch des Nasridenpalastes** in der Alhambra (➤ 84).

• **An einem einsamen Strand im Meer schwimmen**, z. B. an der Costa de la Luz (➤ 68f) oder am Cabo de Gata (➤ 99).

Rauschende Feste

Für Kinder

• **Mini Hollywood**, ein Wild-West-Themenpark bei Tabernas (➤ 102).

• **Isla Mágica**, ein Themenpark bei Sevilla mit vielen Attraktionen (➤ 152).

• **Delphine beobachten** bei einem Bootsausflug von Tarifa oder Gibraltar aus (➤ 76).

• **Tivoli World**, ein riesiger Themenpark in Benalmádena Costa mit vielen Unterhaltungsmöglichkeiten (➤ 62).

• **Parque de las Ciencias**, Unterhaltung und naturwissenschaftliche Erkenntnisse in einem Park in Granada (➤ 90).

Strände

• **Estepona**, ruhiger Ferienort an der Costa del Sol mit gepflegtem Strand (➤ 61).

• **Nerja** an der Costa del Sol bietet alles, was man sich von einem Ferienort wünschen kann und hat sich seinen individuellen Charme bewahrt (➤ 65).

• **Cabo de Gata** bietet einen kleinen abgeschiedenen Strand mit Leuchtturm; der kleine Ort San José kann zu Fuß oder über eine Straße erreicht werden (➤ 99).

• **Los Caños de Meca** liegt an der Costa de la Luz bei Cádiz und wartet mit einem weitgehend unberührten Strand auf (➤ 68).

• **Playa Cuesta de Maneli** befindet sich am westlichen Abschnitt der Costa de la Luz; (➤ 162).

Unberührte Natur

• **Sierra de Grazalema:** die schönste und wildeste Bergregion in Andalusien mit Felsgipfeln, mit Kiefern bestandenen Tälern und vielen Möglichkeiten zum Wandern, Klettern, Vögelbeobachten und Hängegleiten (➤ 66f).

• **Parque Natural del Torcal:** spektakuläre Mondlandschaft mit Kalksteinformationen und ausgeschilderten Wegen durch das Naturreservat (➤ 66).

• **Las Alpujarras** in den bewaldeten Ausläufern der

Sierra Nevada, gut zum Wandern und Reiten (➤ 92ff) geeignet.

• **Sierra Morena:** in der Provinz Aracena unweit von Sevilla, schön für Wander- und Radtouren (➤ 168).

• **Sierra de Cazorla:** Zerklüftete Berge mit Kiefern prägen diese abgelegene Region im Nordosten von Andalusien; Wandern, Reiten, Jeep-Safaris (➤ 124f).

Restaurants

• **Moochers Jazz Café and Restaurant**, Fuengirola (➤ 73), mit der besten Livemusik (Jazz und Blues) und gutem Essen.

• **Habanita,** Sevilla (➤ 165), mit der besten vegetarischen Küche und kubanischen Spezialitäten.

• **Restaurante Chinitas,** Málaga (➤ 71), mit der schönsten Innenausstattung im andalusischen Stil: Balken, Ziegel und viel historisches Flair.

• **Restaurante El Lido**, Estepona (➤ 73), mit hervorragender Küche und Eleganz, die ihresgleichen sucht.

nur Zeit für 1 ...

• **islamisches Bauwerk**: die Alhambra in Granada (➤ 83ff).

• **Kunstgalerie**: Museo de Bellas Artes in Sevilla mit der schönsten Gemäldesammlung Spaniens in herrlichem Ambiente (➤ 148ff).

• **Barockkirche**: Monasterio de la Cartuja in Granada mit üppiger Ausstattung (➤ 90).

• **Bergdorf**: Zahara de La Sierra in der Provinz Cádiz (➤ 66f, 178) mit einer imposanten Burg und toller Aussicht.

• **Ferienort an der Costa del Sol**: Viel Glamour bietet Marbella mit dem Puerto Banús (➤ 61f).

Oben: Das Dorf Zahara de la Sierra in der Sierra de Grazalema

Links: Wanderung in den Alpujarras

Flamenco – ein absolutes Muss

Flüssiges Gold

Sherry – eine Erfahrung

Unten: Ein Kenner prüft Geschmack und Klarheit des Sherrys

In Andalusien trinkt man nicht einfach ein Glas Sherry – das braunrote Getränk verströmt das Aroma einer ganzen Kultur, die es dabei zu erfahren gilt.

Ein Gesetz schreibt fest, dass Wein nur dann als »Sherry« ausgewiesen werden darf, wenn er aus dem so genannten »Sherry-Dreieck« stammt, nämlich der Gegend zwischen Jerez de la Frontera, Sanlúcar de Barrameda und El Puerto de Santa María. In der Region um Jerez wird schon seit den Phöniziern Wein angebaut, die Sherry-Produktion nahm jedoch erst im 16. Jahrhundert ihren Anfang, als britische Glaubensflüchtlinge sich in Südspanien mit dem Weinbau beschäftigten, sich mit Andalusiern verheirateten und Sherry-Dynastien gründeten. Im England des Mittelalters war der Sherry bereits unter dem Namen *sack* bekannt; er gewann in der Folgezeit weiter an Beliebtheit, nachdem Sir Francis Drake und der Earl of Essex von 1580 bis 1590 Cádiz angegriffen und zahlreiche Fässer Sherry erbeutete hatten.

Sherry wird aus drei Arten von Weintrauben gewonnen: *Palomino* ist die Grundlage eines jeden Sherry, *Moscatel* und *Pedro Ximénez* werden jeweils für verschiedene Sherry-Verschnitte verwendet. Das Geheimnis der Herstellung liegt in der Anreicherung des Palomino mit Alkohol, der dann in riesigen Eichenfässern in *bodegas* reift. Im Laufe der

Ernte der Palomino-Trauben

Zeit bildet sich ein Film an der Oberfläche, der *velo de flor* – Blütenschleier – heißt und die Oxidation verhindert. Diese Ablagerung des Weins ist verantwortlich für die blasse Färbung des *fino*, des beliebtesten Sherrys Spaniens. Sie verleiht ihm die typische Trockenheit und das besondere Bouquet. Fehlt dieser »Schleier«, findet ein Oxidationsprozess statt, der den dunkleren und vollmundigeren *amontillado* oder den *oloroso* hervorbringt. Mit Moscatel und Pedro Ximénez verschnitten entstehen die süßeren Sorten, der Medium Sherry oder der likörartige Cream Sherry.

Wer eine der berühmten *bodegas* wie Domenqc, González, Byass, Sandeman oder Osborne (➤ 56f) besucht, kann die langen Reihen aufeinander gestapelter Fässer, die *criaderas*, begutachten, in denen der Sherry drei bis sieben Jahre ruhen muss. Tausende von Fässern lagern hier in bis zu fünf Reihen übereinander. Dabei wird er nach einem bestimmten System immer wieder mit Wein verschnitten und schließlich als flüssiges Gold aus einem Fass in der untersten Reihe, der *solera*, in Flaschen abgefüllt. *Manzanilla* heißt der hervorragende trockene Sherry aus Sanlúcar de Barrameda mit seinem ganz besonderen Bouquet. Er hat eine andere Blüte als der *fino* aus Jerez, denn in der Gegend um Sanlúcar ist die Luftfeuchtigkeit durch das Meer höher, was sich auf den Reifungsprozess in den Fässern stabilisierend auswirkt.

Sherry-Stiere

In ganz Spanien sieht man an den Hauptstraßen immer wieder die riesigen Metallsilhouetten von Kampfstieren. Sie wurden seit den Fünfzigerjahren von der Firma Osborne Sherry aus El Puerto de Santa María aufgestellt. Als in den Achtzigerjahren die Werbung am Straßenrand verboten wurde, entfernte Osborne seinen Namen von den Stieren, ließ sie jedoch stehen, wo sie waren. Ein Schrei der Empörung ging durch Spanien, als die Tiere entfernt werden sollten. So blieben bis heute 100 der ehemals 500 Sherry-Stiere erhalten.

Eine der zahlreichen Tapas-Bars in Sevilla

Zeit für Tapas

Wer in Andalusien essen geht, der probiert mit einiger Sicherheit Tapas, kleine Tellerchen mit Köstlichkeiten, die ausgezeichnet zu einer *copa de fino*, einem Glas trockenen Sherry, schmecken.

Wörtlich übersetzt bedeutet *tapa* so viel wie »Deckel«. Die Überlieferung besagt, dass man früher sein Sherry-Glas mit einem kleinen Teller abdeckte, damit keine Fliegen oder Staub hineinfielen. Das Personal in den Bars legte dann immer Brotstückchen, Käse

Werbeplakat für La Gitana *manzanilla*

Tapas-Tipps

• Pro Tapa muss man etwa € 2 berappen; man sollte die Preise jedoch genauer ansehen, da besonders *jamón*, Schinken, teurer kommen kann. Wer mit einer Gruppe von Freunden unterwegs ist, bestellt eine *ración*, eine größere Menge, die sich alle teilen können.

• Ganz hervorragende Tapas werden in Andalusien oft in relativ unscheinbaren Bars serviert. Man achte einfach darauf, ob sich viele Einheimische in der Bar aufhalten und ob das Personal jung und voller Schwung ist. Die Rechnung wird oft einfach mit Kreide auf den Tresen geschrieben.

Tapas – eine Versuchung

oder auch Oliven auf diese Teller, woraus eben die *tapas* entstanden. Heute bieten gute Tapas-Bars eine große Auswahl an warmen und kalten Leckerbissen, die in langen Reihen am Tresen ausgestellt sind, dazu zahlreiche Sherry-Sorten, Wein und andere Getränke. Über dem Tresen hängen meist dicke, luftgetrocknete Schinken, die ebenfalls köstlich schmecken.

Tapas sind eine gute Lösung, wenn man an einem

»Köstlichkeiten zum Sherry«

Es gibt viele verschiedene Tapas, von einfachen Oliven bis hin zu Tintenfisch

Leckere Tapas – eine Auswahl

Es gibt unendlich viele verschiedene Tapas. In Sevilla findet alljährlich sogar eine Feria de la Tapa statt, ein Fest, das die Tapas-Kultur zelebriert. Die nachfolgende Liste nennt typische Tapas, die Namen können je nach Bar etwas differieren.

Fisch und Fleisch

Gambas a la plancha gegrillte Garnelen
Puntillitas fritas frittierter Baby-Tintenfisch
Boquerones fritas frittierte Sardellen
Cazón en adobo in Essig, Zitrone und Gewürze eingelegter Fisch, der dann frittiert wird
Croquetas mit Fleisch oder Fisch gefüllte Kroketten
Jamón Serrano luftgetrockneter Schinken, teuer
Habas con jamón Dicke Bohnen mit Schinken
Flamenquin casero Schweinefleisch-stückchen, gekochtes Ei und Gemüse im Teig
Lomo al Jerez Schweinelende in Sherry gekocht
Pollo al ajillo Huhn in Knoblauchsoße

Vegetarisch

Ensalada mixta gemischter Salat
Revueltos Rührei mit verschiedenem Gemüse
Pimientos rellenos gefüllte Paprika
Champiñones a la plancha gebratene Champignons
Tortilla de patatas Kartoffelomelette
Patatas bravas frittierte Kartoffelstücke in pikanter Soße
Arroz Reis

heißen Tag am frühen Abend nicht weiß, was man essen soll; eine komplette warme Mahlzeit ist dann oft zu viel. Außerdem können *tapas* auch als Vorspeise genossen werden und sind generell ein Garant für ein lockeres, informelles Essen.

In den Städten Andalusiens gibt es viele schicke Bars, die sich auf Tapas spezialisiert haben und eine enorme Auswahl anbieten. Oft ist es jedoch auch nett, in einem verschwiegenen Lokal, einer *taberna*, einen Sherry zu bestellen und dazu ein Stück Schinken oder Käse, Brot, Oliven, Nüsse oder eingelegte Sardinen zu essen. Gute, schlichte *tabernas* findet man auf dem Land oder in Granada oder Almería einfach an der Ecke.

In einigen Tapas-Bars gibt es mehrsprachige Speisekarten, doch die Regel ist das nicht. Wer kein Spanisch kann, spielt dann Tapas-Roulette – und bestellt womöglich die wohl klingenden *criadillas* – frittierte Schweinehoden. Fragen Sie lieber vorher nach, wenn Sie sich nicht sicher sind.

Gegenüber: Pilger mit Kutsche auf dem Weg nach El Rocío

Die fünf besten Tapas-Bars

- **Bar Logüeno**, Málaga (► 71): eine der besten Adressen Andalusiens, Riesenauswahl von 75 verschiedenen Tapas.
- **El Faro**, Cádiz (► 72): besonders gute Meeresfrüchte, schickes Ambiente.
- **La Chancha**, Torremolinos (► 73): altbekannte Tapas-Bar mit viel Fisch und Meeresfrüchten.
- **La Gran Taberna**, Granada (► 105): traditionelles Lokal, in dem der Schinken an der Decke hängt und man zwischen Fässern sitzt.
- **El Patio, Sevilla** (► 165): berühmte Bar mit großer Auswahl an Tapas.

Erster Überblick

Ankunft

Ankunft in Málaga

Der Flughafen von Málaga
Der internationale Flughafen von Málaga (Tel. 952 04 88 44), etwa sechs Kilometer westlich von Málaga, ist der wichtigste Airport Andalusiens.

- Ein **Elektrozug** (Línea C-1) verbindet die Städte Málaga und Fuengirola mit dem Flughafen, Torremolinos und Benalmádena. Man muss zum Bahnhof einige Minuten zu Fuß gehen, dennoch ist dieser Zug das beste öffentliche Verkehrsmittel. Der Weg zum Bahnhof ist ausgeschildert und führt über eine Fußgängerbrücke. Fahrkarten erhält man an einem Automaten am Ende der Fußgängerbrücke oder im Zug. Der erste Zug nach Málaga fährt um 7.01 Uhr, alle späteren jeweils um 45 und 15 bis 23.45 Uhr; Fahrtzeit: zwölf Minuten.
- **Bus** Alle 30 Minuten verkehrt die Linie 19 zwischen dem Flughafen und der Stadt Málaga, von 6.30 bis 23.30 Uhr; Preis 1 €. Hauptstation ist Alameda Principal 9.
- **Taxi** Die Kosten in die Innenstadt von Málaga liegen bei 7–9 €, bis Marbella bei 34 €. Registrierte – weiße – Taxis stehen am Flughafenausgang. Man prüfe, ob das Taxameter funktioniert. Weitere Informationen zu Taxis (➤ 37).
- **Auto** Folgen Sie der Ausfallstraße. Wenn man sich der N340 nähert, nimmt man die linke Spur, die über eine Überführung auf den Ring von Málaga (Ronda de Málaga) führt und von dort nach Málaga, Granada, Almería und Orte im Norden der Stadt Málaga. Auf der rechten Spur gelangt man auf die andere Seite der N340, die nach Westen an die Costa del Sol und weiter nach Cádiz und Sevilla verläuft. Um nach Ronda zu gelangen, müssen Sie die Ausfahrt Coín wählen.

Der Bahnhof von Málaga (Málaga RENFE)
Der Hauptbahnhof von Málaga (Tel. 952 36 02 02) liegt etwa 0,75 Kilometer vom Zentrum entfernt. Ein **Elektrozug** (Línea C-1) fährt zum Alameda Centro in der Innenstadt. Busse 1, 4, 5, 10, 12, 16, 19, 24 bis Alameda Principal.

Der Busbahnhof von Málaga
Der Busbahnhof (Tel. 952 35 00 61) ist etwa 0,75 Kilometer vom Zentrum entfernt und grenzt an den Bahnhof am Paseo de los Tilos. Hier befindet sich eine **Touristeninformation**. Zug- und Busverbindungen siehe Hauptbahnhof.

Ankunft in Almería

Der Flughafen von Almería
Der Airport (Tel. 950 21 37 00 oder 950 21 37 01) befindet sich acht Kilometer östlich der Stadt. Der **Bus**, Linie 14, verkehrt zwischen dem Flughafen und der Innenstadt (Rambla de Belén) etwa alle 30 Minuten, von 7–21 Uhr. Ein **Taxi** zur Puerta de Purchena kostet etwa 12 €.

Bahnhof und Busbahnhof von Almería
Der Bahnhof (Estación de Ferrocarril, Tel. 950 25 11 35) und der Busbahnhof (Estación de Autobuses) haben an der Plaza de la Estación einen gemeinsamen

Zugang. Etwa 700 Meter zu Fuß sind es in Richtung Meer zur Avenida Federico García Lorca (Rambla de Belén).

Ankunft in Granada

Der Flughafen von Granada

Der Flughafen liegt etwa 13 Kilometer westlich der Innenstadt und wird nur für Inlandsflüge genutzt. **Busse** fahren vom Flughafen zur Plaza Isabel la Católica am Ende der Gran Vía de Colón im Zentrum. Es gibt fünf Abfahrtszeiten: 9.05, 10.00, 14.00 (außer Wochenende), 15.05, 19.35 Uhr.

Der Bahnhof von Granada

Der Bahnhof (Tel. 958 27 12 72) an der Avenida de Andaluces liegt etwa 1,5 Kilometer von der Innenstadt entfernt. Die **Busse** 1, 3, 4, 5, 6, 7, 9 und 11 verkehren zwischen dem Bahnhof und der Gran Vía de Colón und Los Reyes Católicos im Zentrum. **Taxis** kosten etwa 3 € bis Los Reyes Católicos.

Der Busbahnhof von Granada

Carretera de Jaén (Tel. 958 18 58 10), etwa 3 km vom Zentrum entfernt. Der Stadtbus Nr. 3 fährt ins Zentrum.

Ankunft in Córdoba

Der Bahnhof von Córdoba

Der Bahnhof (Tel. 957 40 02 02) ist etwa 1,25 Kilometer von der Innenstadt entfernt. **Bus Nr. 3** fährt über die Plaza de las Tendillas bis zur Mezquita am Fluss. **Taxis** hierher kosten 2–3 €.

Der Busbahnhof von Córdoba

Bus Nr. 3 (s. oben) verbindet den Busbahnhof (Tel. 957 40 40 40) mit der Innenstadt.

Ankunft in Sevilla

Der Flughafen von Sevilla

Vom Flughafen (Tel. 954 44 90 00) starten Inlandsflüge wie internationale Flüge. Er liegt etwa zehn Kilometer vom Zentrum entfernt. Von 6.45 bis 23.30 Uhr fährt stündlich ein **Bus** in die Innenstadt. Ein **Taxi** kostet etwa 14 €.

Der Bahnhof von Sevilla

Vom Bahnhof (Tel. 954 54 02 02) fährt Bus Nr. C1 zur Avenida Carlos V; die Kathedrale ist nicht weit. Ein **Taxi** zur Kathedrale kostet etwa 3 € plus 2 € für Gepäck. Im **Touristeninformationsbüro** können Sie Hotelzimmer buchen.

Der Busbahnhof von Sevilla

Sevilla hat zwei Busbahnhöfe. Der internationale Busbahnhof, an dem auch Busse aus anderen Teilen Spaniens ankommen, liegt an der Plaza de Armas (Tel. 954 90 77 37/90 80 40); Busse aus Andalusien fahren zum Prado de San Sebastián (Tel. 954 41 71 11).

Touristeninformationen

Es gibt die regionalen **Oficinas de Turismo de la Junta de Andalucía (J de A)** sowie in den Städten die **Oficina Municipale Turismo (OMT)**.

Unterwegs in Andalusien

Öffentliche Verkehrsmittel

Zug

RENFE (Red Nacional de Ferrocarril de España) heißt das Bahnnetz in Spanien. Die Zugverbindungen zwischen den Großstädten sind in der Regel schnell und bequem. Züge zwischen kleineren Städten und auf dem Land sind erheblich langsamer, dafür hat man oft eine schöne Aussicht. Die Bahnhöfe können auf dem Land mehrere Kilometer von Zentrum entfernt liegen, und es stehen nicht immer öffentliche Verkehrsmittel zur Verfügung, sodass man gegenebenfalls auf ein Taxi angewiesen ist.

- Allgemeine Informationen zu RENFE-Verbindungen bekommt man in Andalusien unter Tel. 902 24 02 02. Außerdem gibt es eine umfangreiche Website: www.renfe.es.
- Auf den Hauptstrecken ist es ratsam, **Plätze** zu reservieren. **Fahrkarten** und Platzreservierungen halten Reisebüros mit dem RENFE-Zeichen bereit. In den Bahnhöfen muss man aus einem Automaten mit der Bezeichnung *Venta anticipada su turno* eine Nummer ziehen, die dann am Schalter aufgerufen wird.
- Einzelheiten zu den **Bahnhöfen** von Málaga, Almería, u. a. (➤ 34f).

Zugkategorien

- **Cercanías** verbinden Städte und Vorstädte, manchmal fahren sie bis in die Provinzhauptstadt. Sie sind schnell und preiswert.
- **Regionales** verkehren zwischen den Großstädten und sind ebenfalls schnell und bequem; die komfortablere Version heißt TRD (Tren Regional Diésel).
- **Larga Distancia** Die Hochgeschwindigkeitszüge AVE (Tren Alta Velocidad) fahren von Madrid nach Córdoba und Sevilla.

Bus

In Andalusien gibt es hervorragende regionale Busverbindungen, die von mehreren Firmen betrieben werden. Im Allgemeinen sind die Busse bequem und zuverlässig; Intercity-Busse haben eine Klimaanlage. Die Preise liegen etwa 25 Prozent unter denen der Bahn. Besonders auf dem Land sind Busse oft schneller als Züge.

- Genauere Informationen und Telefonnummern der **Busbahnhöfe** (➤ 34f).
- **Fahrkarten** sollte man möglichst einen Tag im Voraus kaufen, da der Andrang besonders am Morgen groß ist.
- In den meisten Bahnhöfen gibt es einen zentralen Fahrkartenschalter. **Málaga** ist eine Ausnahme, hier kauft man bei der Gesellschaft Alsina Graells Fahrkarten ins Landesinnere, bei Automoviler Portillo in die Küstenregion.
- An Sonn- und Feiertagen verkehren erheblich weniger Busse.
- Gepäck wird im Kofferraum verstaut. Kleinere Gepäckstücke finden unter dem Sitz Platz.

Taxi

In Andalusien sind Taxis mit einem Taxameter ausgestattet. Die Preise liegen weit unter dem Niveau von Westeuropa. Außerhalb der Städte, nachts sowie an Sonn- und Feiertagen steigen die Preise. Gepäck ist extra zu bezahlen.

Auto fahren

Außerhalb der Großstädte fährt es sich relativ stressfrei. Auf der **N340** kann es jedoch zu Staus kommen.

- Es herrscht **Rechtsverkehr**.
- Es besteht **Anschnallpflicht.**
- **Treibstoff** gibt es als *normal, super, sin plomo* (bleifrei) und *gasoleo* (Diesel). Tankstellen in Städten akzeptieren meist Kreditkarten, auf dem Land ist Barzahlung die Regel.
- Die **Geschwindigkeitsbegrenzung** liegt auf *autopistas* (Autobahnen mit Maut) und *autovías* (kostenlose Autobahnen) bei 120 km/h, auf Schnellstraßen mit Überholspur bei 100 km/h, auf Landstraßen bei 90 km/h. In der Stadt sind 50 km/h erlaubt, in Wohngebieten 25 km/h.
- Die **Promillegrenze** liegt bei 0,5.
- Prüfen Sie beim Parken in Städten stets, ob sie auf einem **kostenpflichtigen Parkplatz** stehen. Sie riskieren einen Strafzettel oder das Abschleppen Ihres Wagens.
- Während der **Siesta** (14–17 Uhr) fließt der Verkehr in den Städten ruhiger und die Parkplätze sind weniger überfüllt.

Mietwagen

- Zur Ferienzeit empfiehlt sich eine **Reservierung** (**Budget** oder **Europcar**) von Deutschland aus.
- An Flughäfen und Bahnhöfen stehen preiswertere, **lokale Mietwagen** bereit, etwa von **ATA. S.A. Rent a Car** mit Büros in Sevilla (Tel. 954 22 09 57/58) und Granada (Tel. 958 22 40 04/22 56 65); dort bekommt man auch Informationen über die Zweigstellen.
- Bei der Fahrzeugübernahme sollte man den Zustand des Autos **prüfen** und alle Schäden sofort melden.
- Im Fall einer **Panne** wende man sich an die Notfallnummer der Autovermietung oder an den Straßendienst. Stellen Sie unbedingt ein Warndreieck auf. Alle Autos verfügen über Warnblinkanlagen, die Sie jedoch vor der Abfahrt überprüfen sollten. Wenn Sie mit dem eigenen Wagen unterwegs sind, sollten Sie sich an die Richtlinien Ihrer Versicherung oder Ihres Automobilclubs halten.
- Das Mietauto wird mit der **gleichen Tankfüllung** zurückgegeben wie man es übernommen hat.

Eintrittsgelder

Für den Eintritt zu Museen und anderen im Text erwähnten Sehenswürdigkeiten gelten folgende Preiskategorien:

Preiswert: unter 1,50 €
Mittel: 1,50–3 €
Teuer: über 3 €

Übernachten

In diesem Führer finden Sie ausgewählte Übernachtungsmöglichkeiten, die Auswahl reicht von *paradores* (staatlichen Top-Hotels) bis hin zu familiären *hostales*, Pensionen. In den Touristenhochburgen an der Costa del Sol empfiehlt es sich, im Voraus zu buchen, vor allem von Mai bis Oktober, wenn viele Pauschalreisende unterwegs sind. Wer Glück hat, findet abseits vom Schuss in einem *hostal* schon ein Doppelzimmer für 18 **€** pro Nacht.

Zimmersuche

- Die Touristeninformation vor Ort hält Übersichten mit Zimmern aller Kategorien bereit und fragt auch telefonisch an. Die Zimmer sind bis 18 Uhr zu beziehen, außer man hat vorher seine Kreditkartennummer angegeben.
- Falls keine Touristeninformation vorhanden ist oder sie geschlossen hat, findet man rund um die *Plaza mayor* (Hauptplatz) am leichtesten Übernachtungsmöglichkeiten.
- Wer mit einem Kleinkind oder Haustier unterwegs ist, sollte das Hotel beim Buchen informieren.

Einchecken und auschecken

- Beim Einchecken muss man seinen Pass vorlegen. Die Rezeption füllt ein Anmeldeformular aus.
- Hotelzimmer sind bis zwölf Uhr zu räumen, Pensionen oft schon um elf Uhr. Sagen Sie rechtzeitig Bescheid, wenn Sie frühmorgens abreisen möchten.
- Hotels bewahren Gepäck bis zum Abend auf und kümmern sich auch um ein Taxi.

Übernachtungsmöglichkeiten

Paradores

Paradores sind teuer, aber etwas Besonderes. Oft handelt es sich um umgebaute Burgen, Schlösser oder Klöster, die ihren historischen Charakter bewahrt haben, jedoch wie ein Fünfsternehotel mit Bädern, Klimaanlage und allem Luxus ausgestattet sind. Oft findet man hier schöne Antiquitäten und echte Kunstwerke.

In Andalusien gibt es 16 *paradores*. Rechtzeitige Reservierung empfiehlt sich über die Zentrale: **Central de Reservas**, Calle Requena 3, 28013 Madrid, Tel. 915 16 66 66, Fax 915 16 66 57.

Hotels

Die Hotels in Spanien sind vom Tourismusministerium mit einem bis fünf Sternen (*estrellas*) klassifiziert.

- **Fünfsternehotel**: absoluter Luxus mit voll ausgestatteten Zimmern (TV, Telefon, Minibar), Tennisplatz, Schwimmbad, Fitnesscenter und einem eigenen Abendprogramm.
- **Viersternehotel**: nicht ganz so luxuriös, aber dennoch hervorragend ausgestattet.
- **Dreisternehotel**: preiswerter, aber mit TV und Klimaanlage.
- **Zwei- und Einsternehotel**: sehr preiswert, aber mit unterschiedlichem Standard; am besten, man lässt sich das Zimmer zeigen. Wegen der unterschiedlichen Standards sollte man sich beim Buchen genau über Lage und Ausstattung der jeweiligen Häuser informieren.
- Viele Hotels bieten Familienzimmer mit Zusatzbetten für ca. 30 Prozent Aufschlag an.

Hostales

Hostales sind oft hübscher als billige Hotels und sollten nicht mit Jugendherbergen verwechselt werden. Es handelt sich um eine Art Hotel in Familienbetrieb mit einem bis fünf Sternen. Ein *hostal* mit **drei Sternen** entspricht einem Zweisternehotel. Viele Zimmer haben ein eigenes Bad, sind nett eingerichtet und trotzdem preiswert. In Andalusien gibt es viele charmante *hostales*, die meist im historischen Zentrum liegen.

Pensionen

Zwischen einem *hostal* und einer *pensión* besteht kein großer Unterschied. Oft haben Pensionen allerdings ein Gemeinschaftsbad; man muss zwischen Halb- oder Vollpension wählen. Die Zimmer sind sauber, aber einfach eingerichtet. Bettwäsche und Handtücher werden in der Regel gestellt, Toilettenartikel nicht.

Preisgünstige Unterkünfte

Camas oder ***habitaciones*** sind Zimmer in Privathäusern oder gehören zu Lokalen und *ventas* (➤ 41); oft hängt ein Schild im Fenster, auf dem *camas y comidas* (Betten und Essen) steht. Mit einem eigenen Bad sollte man nicht rechnen. Eine ***fonda*** ist ein kleiner Gasthof, der eine einfache Unterkunft anbietet.

Die meisten **Jugendherbergen** (*albergues juveniles*) sind in alten Gemäuern untergebracht – ohne Heizung und warmes Wasser, also im Winter oft richtig kalt. Meist liegen sie vor den Toren der Stadt, sind knallvoll mit Schulkindern – und eigentlich eher zu meiden.

Zelten

In Andalusien gibt es viele hervorragende Campingplätze. Sie werden regelmäßig von der Tourismusbehörde inspiziert und je nach Ausstattung in vier Kategorien eingeteilt: L (Luxus), erste, zweite und dritte Klasse. Selbst der einfachste Campingplatz muss 24 Stunden beaufsichtigt und eingezäunt sein, Trinkwasser zur Verfügung stellen, eine Erste-Hilfe-Station, Toiletten, Duschen und Feuerschutz aufweisen. Heißwasser ist meist extra zu bezahlen. Freies Zelten an Stränden ist verboten und wird mit einem Bußgeld belegt.

Saisonzuschläge

Je nach Jahreszeit ist mehr oder weniger zu berappen, ebenso wirkt sich die Ausstattung auf den Preis aus. In beliebten Ferienorten wie an der Costa del Sol ist im Juli und August Hochsaison (*temporada alta*), was die Preise um bis zu 25 Prozent hinauftreibt. In Wintersportorten in der Sierra Nevada ist im Winter Hochsaison. In der Nebensaison findet man viele günstige Schnäppchen, und auch die *paradores* werben dann manchmal mit Sonderpreisen – solche Angebote können sehr attraktiv sein.

An Feiertagen und während der lokalen *fiestas* – wie der Feria de Abril in Sevilla – findet man schwerer eine Unterkunft und muss auch mehr Geld ausgeben (Informationen zu den Festen und Veranstaltungen ➤ 19ff).

Essen und Trinken

Das Klima, die Lage am Meer, aber auch das fruchtbare Land tragen dazu bei, dass in Andalusien eine Vielfalt von Köstlichkeiten auf den Tisch kommt. Schwertfisch (*pez espada*), Miesmuscheln (*mejillones*), Herzmuscheln (*coquinas* und *almejas*) und frische Sardellen (*boquerones*) sind ein Genuss für jeden Freund von Meeresfrüchten. Zicklein (*choto*) und Kaninchen (*conejo*) erfreuen den Fleischesser. Dazu gibt es wunderbares Gemüse je nach Saison: glänzend rote Paprikaschoten, grünen Mangold oder leuchtend orangefarbenen Kürbis.

Die Spanier gehen gern aus und laden Familie und Freunde in ihr Lieblingslokal ein, anstatt zu Hause selbst zu kochen.

Wann isst man was?

- **Frühstück** (*desayuno*): Es besteht meist aus Kaffee mit Toast (*tostada*), den die Einheimischen mit Olivenöl bestreichen und nicht mit Butter. Auch Schweineschmalz (*manteca*) mit Paprika oder zerstampfte Tomaten mit Öl (*tomate y aceite*) gehören oft zum Frühstück. Die spiralförmigen *churros*, ein süßes Schmalzgebäck, mit Kakao sind eine beliebte Alternative. Die meisten Spanier trinken morgens Kaffee, und zwar stark und schwarz (*café solo*), mit heißer Milch (*café con leche*) oder auch schwarz mit einem Tropfen Milch (*café cortado*). Wem der Kaffee so zu stark ist, der nehme den schwächeren *americano*.
- **Mittagessen** (*almuerzo*): Um etwa 14 Uhr nimmt man in Spanien die Hauptmahlzeit zu sich; in Restaurants kann man bis 16 Uhr zu Mittag essen. Meistens gibt es drei oder vier Gänge. Den Anfang macht eine Suppe oder ein Salat, gefolgt vom Hauptgericht mit Meeresfrüchten oder Fleisch und Gemüse. Vegetarier essen gern *gazpacho,* eine kalte Gemüsesuppe, oder *tortilla* (s. unten) mit Salat. Zum Nachtisch gibt es Karamellpudding (*flan*), Eis (*helado*) oder Obst. Viele Restaurants bieten ein preiswertes Tagesmenü an (*menú al día*), wobei pro Gang mehrere Alternativen zur Auswahl stehen; der Preis liegt bei rund 6 €.
- **Tapas** sind ein typischer Bestandteil der kulinarischen Tradition Andalusiens (➤ 30f).
- **Abendessen** (*cena*): Im Vergleich zum Mittagessen fällt das Abendessen schmaler aus. Einige Restaurants bieten auch abends preiswerte Menüs an. Essenszeit ist zwischen 21 und 22.30 Uhr, also relativ spät.

Die Küche Andalusiens

- **Suppen** (*sopas*): Die wohl bekannteste Suppe ist *gazpacho*, eine kalte Gemüsesuppe aus Tomaten, Gurken, Paprika, Knoblauch, Brot, Essig und Olivenöl. Die dickflüssigere Variante heißt in Córdoba *salmorejo*, um Málaga *porra antequerana. Ajo blanco* ist eine gekühlte Suppe aus Mandeln, Knoblauch und Trauben; sie steht auf der Karte gehobener Restaurants.
- **Eier** (*huevos*): Kartoffeln, Zwiebeln und Eier sind die simplen Zutaten für das spanische Omlette, die *tortilla*, die zu den beliebtesten Speisen zählt. Eine *tortilla francesa* ist ein einfaches Omelette ohne weitere Zutaten.
- **Meeresfrüchte** (*mariscos*): In ***chiringuitos*** (➤ 41) am Strand bekommt man den preiswertesten Fisch, zum Beispiel über dem offenen Feuer gegrillte Sardinen (*boquerones*). Paella ist ein Dauerbrenner und wird mit Schalentieren, Reis und Zitronenschnitzen zubereitet.
- **Fleisch** (*carne*): Zu den beliebtesten Fleischgerichten zählen Schweinelende (*lomo de cerdo*), Kotelett (*chuletas*), würzige Würstchen (*chorizo*) und Jungschwein (*cochinillo*). Einer der besten spanischen Schinken (*jamón serrano*) kommt aus der Gegend von Jaén.

- **Gemüse** (*verdura*): Salate gibt es immer, auch wenn es sich meist um eine etwas langweilige Mischung von Kopfsalat, Tomaten und Zwiebeln handelt. Je nach Saison gibt es Gerichte mit Gemüse wie Champignons in Knoblauchsoße mit Petersilie oder Spargel mit Rührei.
- **Nachtisch** (*postres*): Neben dem schon erwähnten Karamellpudding oder Eis stehen Milchreis (*arroz con leche*), Vanillecreme (*natillas*), Karamellpudding mit Sahne (*crema catalán*) und frisches Obst auf der Speisekarte. Meiden Sie überteuerte Tiefkühldesserts.

Wohin zum Essen?

- ***Ventas***: Ländliche Restaurants, die herzhafte Hausmannskost anbieten. Heute zählen von Bauarbeitern über Geschäftsleute und am Wochenende Familien alle Schichten zu den Gästen. ***Chiringuitos*** sind kleine Lokale am Meer, in denen frische Meeresfrüchte auf den Tisch kommen.
- Die Auswahl an **Cafés und Bars** ist schier endlos. In den *tascas* hat man sich auf Tapas spezialisiert, in *bodegas* kann man Wein und Sherry vom Fass probieren.
- **Restaurants**: Besonders an der Küste gibt es einfach alles, vom Fastfood-Restaurant über Ethno-Lokale bis hin zu schicken Restaurants mit internationaler Cuisine. Spanische Restaurants haben sich vor allem auf Meeresfrüchte, Wild und Fleischgerichte spezialisiert. Nichtrauchertische sind in Spanien kaum vorhanden.
- ***Teterías*** sind Teeläden im marokkanischen Stil mit einer Riesenauswahl an Kräutertees (*infusiones*), zu denen arabisches Gebäck gereicht wird.

Trinkgeld

In Spanien sind fünf Prozent Trinkgeld üblich, aber eigentlich lässt man einfach nur überzählige Münzen liegen. Viele Touristen geben Trinkgeld wie zu Hause; zehn Prozent sind das Maximum.

Getränke

- **Bier** (*cerveza*) ist überaus beliebt; viele Spanier ziehen es sogar dem Wein vor. Eine *cervecería* hat sich auf den Ausschank von Bier spezialisiert und bietet viele Sorten vom Fass und noch mehr in der Flasche. Das spanische Bier ist mit fünf Prozent Alkohol relativ stark; wer es weniger hochprozentig mag, probiert Bier mit Sprudel (*clara*).
- Rioja heißt der wohl bekannteste **Wein** Spaniens, es gibt aber noch 40 weitere Weinregionen im Land. Man kann einen Hauswein (*vino de la casa*) probieren oder einen *tinto de verrano*, einen Rotwein mit Limonade (*gaseosa*). Rotwein heißt *tinto*, Weißwein *blanco*. Der süße Wein aus Málaga wird aus Muskatellertrauben gekeltert, die in der Gegend um Axarquia bei Málaga wachsen.
- **Sherry** (*fino, manzanilla, amontillado, oloroso*) ist ein beliebter Aperitif (➤ 28f).
- ***Sangría*** ist ein köstlicher Punsch aus Rotwein, Cognac, Likören und Sprudel mit Orangen- und Zitronenstückchen.
- **Cocktails und Spirituosen** sind in Spanien erheblich billiger als in den meisten anderen Ländern. Für viele Spanier gehört ein Cognac (*coñac)* oder ein *anis* schon zum Morgenkaffee. Die spanischen Marken sind preiswerter als ausländische Produkte und schmecken genauso gut.
- An **nichtalkoholischen Getränken** mit Kohlensäure steht die übliche Palette zur Auswahl. Lecker sind Obstsäfte (*zumos*) und *Bitter Kas*, der geschmacklich dem Campari ähnelt. Wer einmal etwas Besonderes probieren möchte, bestellt eine eiskalte *horchata*, eine Art Milchgetränk aus Mandeln, das es in fast jedem Café gibt.

Einkaufen

In den Großstädten und mondänen Ferienorten finden sich schicke Designerboutiquen neben Geschäften, in denen traditionelle Flamencokleider verkauft werden. Jede Region hat auch ihre eigenen *alaferías* (Töpfereien) und *talleres* (Handwerksbetriebe), in denen farbenprächtige Keramik, Stoff, Lederarbeiten und Silberwaren gefertigt werden. All diese Gewerbezweige gehen auf die Mauren zurück. Die typischen Delikatessen Andalusiens findet man in Weinläden und Feinkostgeschäften und natürlich auf den Märkten.

Wohin zum Einkaufen?

Mode

In allen Großstädten Andalusiens – Málaga, Sevilla, Córdoba und Cádiz – und auch in Ferienorten wie Marbella oder Puerto Banús ist die Auswahl an Bekleidungs- und Schuhgeschäften groß. Man kann hier alles kaufen, von Top-Designermode von Armani oder Gucci bis hin zu erschwinglicherer, aber dennoch schicker Mode, Sport- und Strandkleidung. An der Costa del Sol finden sich viele Schmuckgeschäfte, doch sollte man sich mit Schmuck auskennen. Renommierte Juweliere haben sich in den Einkaufszonen der größeren Städte niedergelassen.

Souvenirs

Überall in Andalusien bekommt man Souvenirs, vom bedruckten T-Shirt bis hin zu Keramik. Um die Hauptsehenswürdigkeiten einer jeden Stadt werden in vielen kleinen Läden Andenken aus Massenproduktion feilgeboten, so beispielsweise um die Mezquita von Córdoba oder im Viertel Santa Cruz von Sevilla. Edleres und authentischeres Kunsthandwerk lässt sich aber durchaus finden (s. Hinweise in den Regionalkapiteln). Die Hauptstraßen und Uferpromenaden am Meer sind von Andenkenläden gesäumt, dazu kommen in der Hauptsaison noch die fliegenden Händler mit billigen Souvenirs. Unter all dem Schund kann man aber durchaus ein witziges Souvenir entdecken.

Vgl. auch die folgenden Abschnitte zu Antiquitäten, Kunsthandwerk und Läden in Dörfern.

Antiquitäten und Kunst

Um interessante Stücke spanischer Herkunft zu finden, stöbert man in den entsprechenden Geschäften, die sich im Zentrum der Großstädte angesiedelt haben, beispielsweise in Granada und Sevilla. So manches ist ja vielleicht zu groß und sperrig, um mit nach Hause genommen zu werden, aber es gibt auch viele hübsche Kleinigkeiten.

Kunsthandwerk

Die **Keramik** aus Andalusien wird höchsten Ansprüchen gerecht, vor allem in Zentren wie Úbeda (► 126f) und Níjar (► 100). Besonders die farbenprächtigen Kacheln, die auf die Mauren zurückgehen, haben es zu Ruhm gebracht. In Córdoba findet man auch schöne **Leder-** und filigrane **Silberwaren**, während Granada sich eher als Zentrum für **Intarsienarbeiten** einen Namen gemacht hat. In der Bergregion von Andalusien, vor allem in den Alpujarras (► 92ff) und in der Sierra de Grazalema (► 66f) werden Stoffe und traditionelle Kleidung wie Ponchos angeboten, dazu kleine Läufer und Bettüberwürfe, *jarapas*.

Essen und Trinken

Die Bergregionen der Alpujarras in der Provinz Granada und die Sierra Morena bei Sevilla sind bekannt für ihren ***jamón serrano*** (luftgetrockneter Schinken). In Dörfern wie Trevélez (➤ 94f) in den Alpujarras, in Aracena (➤ 157) und Jabugo (➤ 184) in der Sierra Morena gibt es Läden, die ausschließlich Schinken und Wurst verkaufen.

Die großen *bodegas* von Jerez de la Frontera (➤ 56ff) bieten ihre eigene **Sherry**-Marke an, ebenso El Puerto de Santa María (➤ 68) und Sanlúcar de Barrameda (➤ 67). In den größeren Städten und in den Weinbaugebieten steht in Spezialgeschäften eine endlose Auswahl an Sherry, Wein und Likör – oft bekommt man sogar eine Kostprobe.

Kaufhäuser

Es gibt natürlich eine Vielzahl von Kaufhäusern in Spanien, am bekanntesten ist aber **El Corte Inglés,** eine Ladenkette mit Niederlassungen in Sevilla, Granada, Córdoba, Málaga und an der Costa del Sol. In Málaga erreicht das Kaufhaus gigantische Dimensionen mit Fachabteilungen für alles, was man sich nur wünschen kann.

Märkte

Die Märkte in der Stadt und auf dem Land bieten frische Lebensmittel, wenn man sich selbst versorgen oder auch ein Picknick machen will. Genießen Sie Lärm und Farben, und lassen Sie sich treiben.

Die besten Märkte

Fisch: Sanlúcar de Barrameda (➤ 74), Almería (➤ 107) und generell Küstenorte.
Fisch, Fleisch, Obst und Gemüse: Cádiz (➤ 75), Málaga (➤ 52).
Kleidung und Haushaltswaren: Fuengirola (➤ 75), Córdoba (➤ 135).

Dorfläden

Die Tante-Emma-Läden in den Dörfern verkaufen alles, Töpferei und Strohhüte, Gewürze und Lebensmittel, bunte Schals und Krawatten. Alles kostet hier nur einen Bruchteil von dem, was in den Städten verlangt wird, überdies bekommt man spanische Waren und keinen Touristen-Kitsch wie in den Ferienorten.

Öffnungszeiten

Die meisten Geschäfte in Andalusien sind von 9 bis 13.30 Uhr und von 16.30 bis 20.30 Uhr geöffnet, und zwar von Montag bis Samstag, was allerdings recht flexibel gehandhabt wird. In den großen Kaufhäusern kann man durchgehend von 9.30 bis 22 Uhr einkaufen; am Samstag wird früher geschlossen, jeder erste Sonntag im Monat ist verkaufsoffen.

Zahlungsmöglichkeiten

In den größeren Städten werden Kreditkarten in fast allen Läden angenommen. Auf dem Land wird Barzahlung erwartet.

Verhaltensregeln

Auch die Andalusier stöbern gern in den Geschäften herum, und so hat man als Tourist kein Problem, wenn man es ebenso macht. Um Missverständnisse zu vermeiden, sollte man beim Verkaufspersonal rückfragen, bevor man Waren aus den Regalen nimmt. In schicken Designerboutiquen wird jeder Kunde sofort persönlich betreut, und man geht von ernsten Kaufabsichten aus. Meiden Sie aufdringliche Bauchladenverkäufer in Ferienorten.

Ausgehen

In Andalusien ist das Angebot an Unterhaltungsmöglichkeiten groß. In den größeren Städten gibt es Kinos, an der Costa del Sol finden sich Spielkasinos. Auch wer gern in der freien Natur etwas unternimmt, kann sich in unzählige Aktivitäten stürzen. Kinder kommen in den Unterhaltungsparks (➤ 62) auf ihre Kosten.

Nachtleben

- **Nachtclubs**: Vor allem an der Costa del Sol, aber auch in den großen Städten geht die Post ab. Viele Nachtclubs öffnen erst um 22 oder 23 Uhr ihre Tore, erst ab drei oder vier Uhr ist richtig was los.
- **Kinos** gibt es in allen größeren Städten. Die meisten ausländischen Filme werden im Original mit Untertitel gezeigt, was von Vorteil ist, wenn man kein Spanisch spricht; sie sind dann als v.o. (*versión original*) gekennzeichnet.
- In ganz Andalusien kann man gute **Flamencoshows** (➤ 16ff) sehen.

Besondere Veranstaltungen

- **Festivals** sind ein wichtiger Bestandteil des Lebens in Andalusien; die meisten finden zwischen Ostern und Juni statt (➤ 19ff).
- Die **Stierkampfsaison** dauert von Ostern bis Oktober, an der Costa del Sol bis November. Etwa drei Wochen vorher werben bunte Plakate für die Veranstaltung; die Hotels bieten oft organisierte Stierkampfbesuche mit Transfer an. Einheimische buchen für so renommierte Arenen wie in Sevilla, Granada, Córdoba, Málaga und Ronda die Eintrittskarten lang im Voraus. Die Preise können hier bei bis zu 120 € liegen, Billigtickets kosten 15 €. Selbst für die *novilladas* an der Costa del Sol muss man zwischen 30 und 60 € berappen (weitere Informationen ➤ 13ff).

Aktivitäten im Freien

- Die Atlantikküste zwischen Gibraltar und Cádiz, vor allem aber Tarifa (➤ 68f), ist zum **Surfer**-Paradies avanciert. Außerdem kann man hier **tauchen, Wasserski fahren** und **paragleiten**. Spaß macht es auch, vom Boot aus bei Gibraltar und Tarifa **Delphine** zu beobachten.
- An der Costa del Sol sind viele »Golf-Dörfer« entstanden. Generell muss man frühzeitig reservieren, besonders wenn man ein Zertifikat erwerben will. Die Gebühren schwanken erheblich und sind besonders auf schicken Golfplätzen enorm hoch (Informationen ➤ 76). Auskunft erteilt die **Federación Andaluza de Golf** (Calle Sierra de Grazalema, Málaga, Tel. 952 22 55 99).
- In der beeindruckenden Bergwelt Andalusiens gibt es vielfältige Möglichkeiten für einen Abenteuerurlaub: Man kann auf Pfaden durch die Alpujarras (➤ 92ff), durch die Sierra de Grazalema (➤ 66f) und durch die Sierras de Cazorla und Segura (➤ 124f) **wandern**. Außerdem werden organisierte **Reitausflüge** und **Radtouren** angeboten. In vielen Flüssen kann man **angeln**. Informationen erteilt die **Spanische Anglervereinigung** (Tel. 912 25 59 85). Wer das große Abenteuer sucht, geht zum **Klettern, Paragleiten** oder **Hängegleiten**.

Nützliche Informationen

In vielen Touristeninformationen liegt der Veranstaltungskalender *Qué hacer? – Guía de Ocio de Andalucía* in Englisch und Spanisch aus.

Málaga und Cádiz

Erste Orientierung

Málaga und Cádiz sind die am häufigsten besuchten Provinzen Andalusiens. Das liegt nicht nur an der Costa del Sol, sondern auch am beeindruckenden Hinterland mit alten maurischen Dörfern und historischen Städten.

In der berühmten Reitschule von Jerez de la Frontera

Die Provinz Málaga eignet sich hervorragend als Ausgangspunkt für die Erkundung der außergewöhnlichen Vielfalt Andalusiens. Die Hauptstadt Málaga ist eine ganz normale spanische Stadt – ein schöner Kontrast zu den aus dem Boden gestampften Touristenzentren an der Costa del Sol. Im Norden der Provinz liegen bewaldete Täler und zerklüftete Berge. Am eindrucksvollsten ist der Naturpark El Torcal mit seinen bizarren Kalksteinformationen unweit des historischen Städtchens Antequera. Doch auch weiter gen Westen mangelt es nicht an spektakulären Orten. So scheint die Stadt Ronda förmlich über der gewaltigen Schlucht des Río de Guadalevin zu hängen. Südlich und westlich von Ronda sprenkeln die legendären *pueblos blancos* (weiße Dörfer) wie weiße Tupfen die schönen Berge der Sierra de Grazalema und die bewaldeten Hügel der Region El Alcornocales.

Im Westen der Provinz Cádiz erstreckt sich zwischen Jerez de la Frontera, Sanlúcar de Barrameda und El Puerto de Santa María das so genannte Sherry-Dreieck. Cádiz selbst gleicht einem Labyrinth aus Gassen mit Blick über das glitzernde Meer. Weiter südöstlich findet man an der Costa de la Luz noch unberührte Strände, und maurische Städtchen wie Vejer de la Frontera thronen auf den Hügeln. Von der südlichsten Stadt Spaniens, Tarifa, ist es nicht mehr weit bis nach Gibraltar.

★ Nicht verpassen!

- **1 Málaga** ➤ 50
- **4 Ronda** ➤ 53
- **7 Jerez de la Frontera** ➤ 56
- **10 Cádiz** ➤ 59
- **13 Costa del Sol** ➤ 61

Nach Lust und Laune!

- 2 Nerja ➤ 65
- 3 Antequera ➤ 65
- 5 Parque Natural Sierra de Grazalema ➤ 66
- 6 Arcos de la Frontera ➤ 67
- 8 Sanlúcar de Barrameda ➤ 67
- 9 El Puerto de Santa María ➤ 68
- 11 Costa de la Luz ➤ 68
- 12 Gibraltar ➤ 69

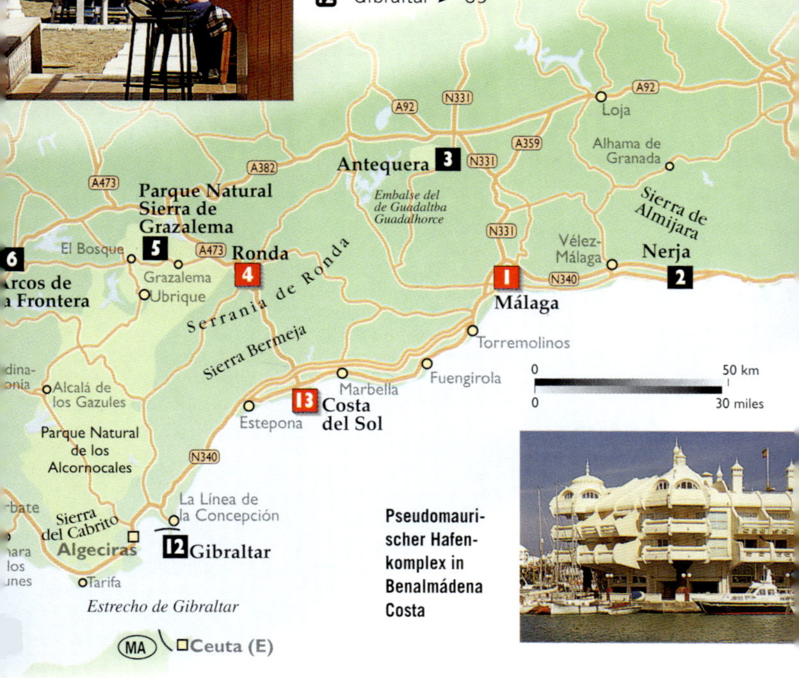

Pseudomaurischer Hafenkomplex in Benalmádena Costa

Rechts: Der imposante Puente Nuevo in Ronda

Seite 45: *Pueblo blanco*, nördlich von Ronda, in der Provinz Málaga

Folgen Sie von Málaga aus der reizvollen Bergstraße nach Ronda und zu den weißen Dörfern. Dann geht es weiter zur Sherry-Hauptstadt Jerez de la Frontera, zum historischen Cádiz und an der Küste zurück nach Málaga.

Málaga und Cádiz in vier Tagen

Erster Tag

Vormittags

Besuchen Sie den bunten Markt, den **Mercado Atarazanas** (➤ 52), und spazieren Sie durch enge Gassen und über idyllische *plazas* zur maurischen Zitadelle, der **Alcazaba** (➤ 50f). Bewundern Sie den Renaissancedekor der **Kathedrale** (➤ 51), bevor Sie mittags in der Bar Logüeno (➤ 71) ein paar leckere Tapas kosten.

Nachmittags

Durch Wälder und raue Berge geht es nach **Ronda** (➤ 53f), das sich auf zwei Seiten einer Schlucht den Berg hinaufzieht. Am frühen Abend kann man mit Muße einen Bummel machen, denn dann ist es relativ leer. Besonders schön ist der Blick auf die zerklüftete Felsschlucht, wenn sie in der goldenen Abendsonne leuchtet. Übernachten Sie in Ronda.

Zweiter Tag

Vormittags

Besichtigen Sie die **Iglesia de Santa María Mayor** (➤ 54) mit Überresten der alten maurischen Moschee. Weiter geht es zum **Palacio de Mondragón** mit dem angeschlossenen Museum (➤ 54), hübschen Patios und herrlicher Aussicht.

Nachmittags

Fahren Sie durch die **Sierra de Grazalema** (➤ 66), und legen Sie in Grazalema oder in Zahara de la Sierra eine Pause ein. Fahren Sie durch die Berge nach **Jerez de la Frontera** (➤ 56ff), wo Sie die Nacht verbringen.

Dritter Tag

Vormittags

Besuchen Sie die **Königliche Andalusische Schule der Reitkunst** (links, ➤ 57) und anschließend eine der Sherry-*bodegas* (➤ 56f). Essen Sie in einer Tapas-Bar zu Mittag.

Nachmittags

Weiter geht es nach **Cádiz**. Bewundern Sie die **Kathedrale**, und spazieren Sie durch die belebten Gassen zum **Museo de Cádiz** (➤ 59) mit beeindruckenden Exponaten (rechts) aus der Zeit der Phönizier und Römer sowie Gemälden alter spanischer Meister. Spazieren Sie in der Abenddämmerung über die Uferpromenade.

Vierter Tag

Vormittags

Schlendern Sie nach dem Frühstück auf der **Plaza de las Flores** (➤ 59) über den Markt zur **Torre Tavira** (➤ 59) mit herrlichem Blick über die Stadt. Fahren Sie anschließend in östlicher Richtung an der **Costa de la Luz** (➤ 68f) entlang. Wer Zeit und Lust hat, stattet dem maurischen Ort **Vejer de la Frontera** (➤ 68) einen Besuch ab, dann geht es weiter nach **Tarifa** (➤ 68) durch die hügelige Sierra del Cabrito mit Ausblicken auf den markanten Felsen von Gibraltar. In **Estepona** (➤ 61) gibt es ein spätes Mittagessen.

Nachmittags

Der herrliche Strand von Estepona lädt zum Entspannen ein, bevor es weiter nach **Marbella** (➤ 61) geht, wo man dem Nachtleben frönen kann. Als Alternative bietet sich die Rückfahrt nach Málaga an, um am Paseo del Parque (rechts) zu flanieren, Tapas zu essen und dazu einen Sherry zu trinken.

0

Málaga

Die lebhafte Provinzhauptstadt wird oft als Teil der Costa del Sol abgetan. Die »Hauptstadt der Costa« ist jedoch geografisch unabhängig und außerdem eine spannende Mischung aus Alt und Neu – eine Erfahrung, die man sich nicht entgehen lassen sollte.

Málaga ist nach Sevilla die zweitwichtigste Stadt Andalusiens. Die Stadt besitzt einen bedeutenden Hafen; das wachsende Finanzzentrum Málagas unterstützt die solide wirtschaftliche Entwicklung der Region – den Tourismus im Hinterland und die Nahrungsmittel- und Textilindustrie. Der wirtschaftliche Erfolg macht sich in Form von Hochhäusern und Neubaugebieten

Oben: Blick vom Monte del Faro auf Málaga

bemerkbar, die rund um die Stadt entstehen. Im Herzen Málagas finden sich jedoch Straßen und Plätze aus dem 19. Jahrhundert mit zahlreichen Läden und Kunstgalerien, Bars und Cafés. Dazwischen erzählen historische Gebäude die lange Geschichte Málagas als Hafen und Handelszentrum. Beeindruckend ist die maurische Alcazaba auf dem Monte del Faro, dem »Leuchtturm-Berg«. Sein Name geht auf die Römer zurück, die auf dem Gipfel einen Leuchtturm errichteten, um in der Nacht den Schiffen den Weg zu weisen.

Sehenswürdigkeiten

Die **Alcazaba** ist ein hervorragendes Beispiel für eine Festung, die das Zentrum jeder maurischen Stadt bildete. Die Burg wurde im 9. Jahrhundert erbaut und im 11. Jahrhundert erweitert. Heute erhebt sie sich über den engen Gassen mit einer ganzen Reihe von Gebäuden, die durch Rampen, Torwege und Terras-

sen miteinander verbunden sind. Hier stehen elegante Zypressen neben Brunnen und Wasserbecken. Am Eingang liegen die beeindruckenden Ruinen eines römischen Theaters. Marmorsäulen und Kapitelle aus der Römerzeit sind in die Wände des Maurenpalasts integriert.

Steigt man weiter hinauf, bietet sich vom oberen Komplex der Alcazaba mit den restaurierten Räumen des Hauptpalasts und dem **Museo Provincial de Arqueología** (Archäologiemuseum) ein phantastischer Blick. Das Museum erläutert Málagas Bedeutung als Mittelmeerhafen und zeigt schöne maurische Keramik.

Das **Castillo de Gibralfaro** aus dem 14. Jahrhundert thront ganz oben auf dem Berg. Der Blick von den Wällen ist herrlich, viel mehr gibt es allerdings nicht zu sehen, und der steile Aufstieg schreckt viele Besucher ab.

Nicht weit ist es von der Alcazaba bis zur **Catedral**. Die Arbeiten begannen 1528, 1783 wurde die Kirche vollendet. Die Einheimischen nennen sie La Manquita, »die einarmige Frau«, weil an der Westseite nur ein Turm steht. Der zweite war zwar geplant, doch floss das dafür vorgesehene Geld in den amerikanischen Unabhängigkeitskrieg. Die Fassade der Kirche aus relativ dunklem Stein ist barock. Innen vermitteln Stilelemente aus Gotik und Renaissance ein eher düsteres Bild. Das Chorgestühl aus Mahagoni ist jedoch wunderschön.

Oben rechts: Die Alcazaba und das Castillo de Gibralfaro hoch über Málaga

Genießen Sie die Atmosphäre

In Málaga kann man wunderbar bummeln. Die Hauptstraße, die Calle Marqués de Larios, ist von schicken Lä-

Unten: Die Hauptfassade der Kathedrale

den und Cafés gesäumt und führt zur Plaza de la Constitución im Herzen der Altstadt. Hier beginnt ein Gassengewirr aus hübschen Häusern mit schmiedeeisernen Balkonen und historischen Kirchen. Das Gebiet zwischen der Calle Marqués de Larios und der Kathedrale war zu Beginn des Jahrhunderts bei Flamencoliebhabern wie etwa Federico García Lorca (➤ 25) beliebt und bietet heute viele einladende Bars.

KLEINE PAUSE

Probieren Sie Tapas in der Bar Logüeno (➤ 71), oder trinken Sie Tee in einer *tetería*. Einige dieser in Málaga überaus beliebten Teestuben im arabischen Stil befinden sich in der Calle San Augustín bei der Kathedrale. Am schönsten ist aber wohl die **Tetería Barrakas** (Calle Horno 10, Málaga, Tel. 952 21 47 38).

196 B1

Touristeninformation
Pasaje de Chinitas 4 (J de A)
952 21 34 45
Stadtverwaltung, Avenida de Cervantes 1 (OMT) 952 60 44 10

Alcazaba und Museo Provincial de Arqueología
Calle Alcazabilla 952 21 60 05
Mi–Mo 9.30–19 Uhr frei

Kathedrale
Calle Molina Larios 952 21 59 17
Catedral: Mo–Sa 9–18.45 Uhr; Iglesia del Sagrario: tägl. 9.30–12.30 und 18–19.30 Uhr
preiswert

Casa Natal de Picasso
Plaza de la Merced 15 952 06 02 15
tägl. 11–14 Uhr, Mo–Sa auch 17–20 Uhr
frei

Parken
Tiefgaragen sind über die Alameda Principal und die Plaza de la Marina zu erreichen.

MÁLAGA: INSIDER-INFO

Top-Tipps: Westlich der Calle Marqués de Larios findet morgens der **Mercado Atarazanas** statt, eine Orgie aus Fisch, Fleisch, Obst und Gemüse.
- Neben der Kathedrale lohnen das gotische Portal und der Altar der **Iglesia del Sagrario** einen Blick.
- Málagas berühmtester Sohn ist Pablo Ruiz y Picasso, dessen **Geburtshaus** (Casa Natal) an der Plaza de la Merced besichtigt werden kann. Ab dem Jahr 2003 werden im Palacio de los Condes de Buenavista, Calle San Agustín (Infos bei der Touristeninformation), über 180 seiner bekanntesten Werke ausgestellt.
- Schlendern Sie abends wie die Spanier durch den palmenbepflanzten Paseo del Parque.

Geheimtipp: Das **Museo de Artes y Costumbres Populares** in einem restaurierten Gebäude aus dem 17. Jahrhundert zeigt Exponate aus dem Leben der Bauern und Seefahrer (Pasillo de Santa Isabel 10, Tel. 952 21 71 37, Mo–Fr 10–13.30 und 16–19 Uhr, Sa 10–13.30 Uhr, an Feiertagen geschl., Eintritt preiswert).

4

Ronda

Ronda begeistert einfach jeden – allein schon durch seine spektakuläre Lage über El Tajo, der zerklüfteten Schlucht des Río Guadalevín. Über die steil abfallenden Wände spannt sich eine Brücke, der Puente Nuevo (18. Jahrhundert). Bereits seit dem 19. Jahrhundert gehört die Stadt zu den Touristenmagneten Andalusiens.

Ronda liegt zu beiden Seiten einer steilen Schlucht und eröffnet herrliche Blicke auf die umliegende Landschaft

Oft herrscht in Ronda am späten Vormittag ein Riesengedränge, wenn die Touristenbusse von der Costa del Sol ankommen. Gut beraten ist also, wer seine Stadtbesichtigung auf den frühen Morgen oder den Spätnachmittag verlegt.

Über 100 Meter tief ist **El Tajo**, die Schlucht, die die Stadt teilt. Dort, wo der Guadalevín hinein- und herausfließt, bilden die Felswände auf beiden Seiten Steilabbrüche. Braune und weiße Gebäude stehen am Rand der Klippen dicht beieinander, als ob sie gemeißelte oder gemalte Erweiterungen des natürliche Gesteins bildeten. Die imposante Brücke, der **Puente Nuevo**, führt an der schmalsten Stelle über die Schlucht und eröffnet einen guten Blick in den erschreckenden Abgrund. Atemberaubend ist die Aussicht auf die Schlucht auch von den Gärten am Paseo Blas Infante, zu dem man über den Hauptplatz von Ronda, der Plaza de España am Nordende der Brücke, gelangt.

Die Altstadt

Die interessantesten Sehenswürdigkeiten von Ronda liegen auf der Südseite der Schlucht in der **ciudad antigua**, der Altstadt. Wer durch die Gassen schlendert, steht plötzlich vor Moscheen, Kirchen und Renaissancepalästen. Im Zentrum der Altstadt liegt die Plaza Duquesa de Parcent, ein begrünter Platz mit hübschen Gebäuden und der **Iglesia de Santa María Mayor**. Die Kirche steht an der Stelle einer alten Moschee, und so

haben sich einige maurische Merkmale in dem vorwiegend gotischen und barocken Bau erhalten. Der Glockenturm krönt das Fragment des alten Minaretts.

Gleich um die Ecke, ein Stück die Calle Manuel Montero hinauf, gelangt man zum **Palacio de Mondragón** aus dem 14. Jahrhundert. Der ehemals maurische Palast wurde nach der Reconquista umgebaut, ein Teil der Mudéjar-Architektur blieb jedoch erhalten. Es gibt drei kleine *patios*, Höfe, deren Anlage und Dekor bemerkenswerte Beispiele für die Kunst des Islam sind. Von den Gartenterrassen bietet sich ein herrlicher Ausblick.

Wer die Haupttreppe hinaufsteigt, sollte einen Blick auf die farbenprächtige Kuppel werfen. Der Palast geht ins Stadtmuseum über, wo eine Ausstellung Einblick in die prämaurische Geschichte von Ronda gibt.

Nicht weit ist es zur **Casa Juan Bosco**, einem Anwesen aus dem 19. Jahrhundert mit einem herrlich gestalteten Garten mit Mosaiken, Brunnen und Blick auf die Felsen. In der Calle Arniñan, der Hauptstraße der Altstadt, erzählt das **Museo del Bandolero** (Ganovenmuseum) die Geschichte der Wegelagerer, die im 19. Jahrhundert in den umliegenden Bergen lebten (► 10ff).

Der Mercadillo

Auf der Nordseite der Schlucht liegt der **Mercadillo**, das Ronda der schicken Hotels, Restaurants, Bars und Andenkenläden.

---

195 D2

Touristeninformation
Plaza de España 1 (J de A)
952 87 12 72
Palacio de Mondragón, Plaza de Mondragón, Calle Manuel Montero (OMT)
952 87 84 50

Parken
Zentraler Parkplatz am Paseo de Blas Infante hinter der Stierkampfarena; Parkhaus an der Plaza de la Merced am westlichen Ende von Virgen de la Paz.

Iglesia de Santa María Mayor
Plaza Duquesa de Parcent 952 87 22 46 tägl. 10–19.30 Uhr preiswert

Links: Die Arena von Ronda (18. Jahrhundert) gilt als architektonisches Kleinod

Unten: Blick von der Schlucht auf den Puente Nuevo

Unten rechts: Der Palacio de Mondragón mit eindrucksvoller Mudéjar-Architektur

Die **Plaza de Toros** ist die zweitälteste Stierkampfarena von Spanien; hier definierte um 1750 der legendäre Matador Pedro Romero die Regeln für den Stierkampf.

Das angeschlossene Museo Taurino zeigt alle möglichen Erinnerungsstücke berühmter Toreros, Bilder berühmter Stiere, aber es erinnert auch an Fans wie Orson Welles oder Ernest Hemingway.

Gegenüber der Arena beginnt die autofreie Haupteinkaufsstraße der Stadt, die Carrera Espinel, auf beiden Seiten flankiert von Souvenirläden unterschiedlicher Qualität, aber auch verführerischen Delikatessengeschäften und Boutiquen. Über die Espinel gelangt man zur Plaza del Sororro mit Restaurants, Bars und Cafés.

KLEINE PAUSE

Wer die wirklich atemberaubende Aussicht auf Schlucht und Brücke genießen möchte, kehrt am besten in dem typisch spanischen Restaurant **Don Miguel** (Calle Villanueva 4, Tel. 952 87 10 90) ein.

RONDA: INSIDER-INFO

Top-Tipps: Übernachten Sie in Ronda, um die Stadt ohne Trubel in Ruhe zu genießen.

• Spazieren Sie durch die **Jardines Ciudad de Cuenca** mit herrlichem Panoramablick. Die Gärten am Nordende der Schlucht erreichen Sie über die Plaza de España, die Calle Nueva, Los Remedios und die Calle Mina.

Geheimtipp: Am östlichen Zugang zur Schlucht gibt es zwei weitere Brücken, den mittelalterlichen **Puente Viejo** und den maurischen **Puente de San Miguel** mit phantastischer Aussicht. Nicht weit vom Puente de San Miguel befinden sich die **Baños Árabes**, die arabischen Bäder, die auf das 13. und 14. Jahrhundert zurückgehen (Calle San Miguel, Mi–Sa 9.30–15.30 Uhr, Di 9.30–13.30 und 16–18 Uhr, Eintritt frei).

Muss nicht sein! La Mina (die Mine) sind 365 Stufen, die von der Casa del Rey Moro, einem Anwesen aus dem 18. Jahrhundert, durch Tunnel und Höhlen in die Schlucht hinunter führen. Die Treppe ist steil, schlecht beleuchtet und feucht; unten ist es einfach nur düster.

Palacio de Mondragón
✉ Plaza de Mondragón, Calle Manuel Montero ☎ 952 87 84 50 🕐 Mo–Fr 10–19 Uhr, Sa/So und Feiertage 10–15 Uhr 💶 preiswert

Casa Juan Bosco
✉ Calle Tenorio 20 🕐 9–18 Uhr 💶 preiswert

Museo del Bandolero
✉ Calle Armiñán 65 ☎ 952 87 77 85 🕐 tägl. 10–18 Uhr 💶 preiswert

Plaza de Toros und Museo Taurino
✉ Calle Virgen de la Paz ☎ 952 87 41 32 🕐 tägl. 10–19 Uhr 💶 mittel

7

Jerez de la Frontera

Jerez umweht ein Hauch von Hochmut, was der Sherry-Hauptstadt der Welt mit ihrer berühmten Reitschule und viel Flamenco aber durchaus steht. Der Ort mit schönen Plätzen, schicken Geschäften und lebhaften Bars und Restaurants gehört zu den angenehmsten Provinzstädten Andalusiens.

Die Sherry-*bodegas* wirken feierlich wie Kathedralen

Der Sherry, eine Erfahrung

Die Weinkelterei reicht in Jerez bis in die Zeit der Phönizier und Römer zurück; schon damals fand man den fruchtbaren, kalkhaltigen Boden ideal, um Wein anzubauen. Heute wird in den *bodegas* fermentierter Wein zum berühmten Sherry und zum spanischen Brandy verarbeitet.

Die eine oder andere *bodega* zu besuchen, ist eine bereichernde Erfahrung. Führer in Livree weisen den Weg durch

Von Xeres zum Sherry

Schon der Name Jerez verweist auf seinen wichtigsten Industriezweig. Die ursprüngliche Siedlung war den Römern als Xeres bekannt. Die Mauren veränderten den Namen dann zu Sheriss, woraus schließlich Jerez wurde; »de la Frontera« fügte man hinzu, als Jerez im 14. Jahrhundert eine Grenzstadt des maurischen Königreichs Granada wurde. Wein baute man hier schon zur Römerzeit an, doch erst im 18. und 19. Jahrhundert kam in Europa der Begriff Sherry auf.

riesige Weinlager, am Ende lernt man bei einer Kostprobe die unterschiedlichen Sherry-Sorten kennen. Zu den bekanntesten *bodegas* in Jerez zählen berühmte Namen wie González Byass (Tío pepe), Domecq, Harvey, Osborne, Sandeman und Williams & Humbert; am schönsten sind wohl die Führungen bei González Byass und Domecq, deren *bodegas* kleinen Dörfern mit üppigen Gärten, überdachten *patios* und Kopfsteinpflastergassen gleichen. In der *bodega* von Williams & Humbert gibt es zusätzlich Flamenco und eine Falkenschau.

Reitkunst vom Feinsten zeigt die Real Escuela del Arte Ecuestre Andaluza bei ihren Vorführungen

Pferde und mehr

Der Name Jerez verbindet sich seit dem 18. Jahrhundert mit Pferden. Damals began-

nen die Mönche des Kartäuserklosters ganz in der Nähe, die so genannten *cartujanos* zu züchten, Pferde arabischer Abstammung, die für ihre Eleganz und ihren Gehorsam bekannt waren. Die Region um Jerez steht bis heute in der spanischen Pferdezucht an erster Stelle. In der **Real Escuela Andaluza del Arte Ecuestre** (Königlich Andalusische Schule der Reitkunst) kann man die *Sinfonía a Caballo* bewundern, eine Pferdeshow mit einer Choreografie, die nicht nur Pferdenarren begeistert. An vorstellungsfreien Tagen sind die Stallungen und Trainingseinrichtungen zu besichtigen.

Rechts: Tollkühne Reiter in der Real Escuela

Wer etwas mehr Zeit zur Verfügung hat, stattet dem maurischen **Alcázar** aus dem 12. Jahrhundert einen Besuch ab, der von einem Wall umgebenen Burg mit Gärten, Moschee und Badehaus.

Das **Centro Andaluz de Flamenco** (Flamencozentrum) lohnt ebenfalls einen Besuch. Es liegt mitten im Barrio de Santiago, dem alten Zigeunerviertel der Stadt, und gilt als Wiege des Flamenco. Man kann sich hier Videos ansehen, und es gibt auch ein audiovisuelles Theater, in dem Filme über berühmte Vertreter des Flamenco wie Manolo Caracol (➤ 18) gezeigt werden. Wer früh am Morgen durch das Viertel schlendert, hört das rhythmische Aufstampfen zum Schlagen der Gitarre aus den Flamencoschulen.

Das moderne Jerez zeigt sich von seiner besten Seite westlich der Hauptstraße in der Fußgängerzone, der Calle Larga. Man schlendert zur Plaza San Dionisio mit ihrer hübschen Kirche aus dem 15. Jahrhundert und kehrt in einer der vielen Tapas-Bars ein.

Die Kathedrale San Salvador wetteifert mit den benachbarten Sherry-*bodegas* um die Aufmerksamkeit der Besucher

KLEINE PAUSE

Viel Flair bietet das typische Lokal **La Maleta Bar** (Calle Lanceria 27), wo man einen eiskalten *fino* zu eingelegten Miesmuscheln oder einem herzhaften belegten Brot trinkt. Man kann im Freien Platz nehmen oder in der mit zahlreichen Sherry-Plakaten geschmückten Bar.

194 C2

Touristeninformation
✉ Larga 39 (J de A)
☎ 956 33 11 50

Alcázar
✉ Alameda Vieja ☎ 956 31 97 98
🕔 Mai–Sept. tägl. 10–20 Uhr; Okt. – April 10–18 Uhr 💶 preiswert

Real Escuela Andaluza del Arte Ecuestre
✉ Avenida Duque de Abrantes
☎ 956 31 80 08 (Reservierung)
🕔 Vorführung: Do mittags, ganzjährig; März–Okt. auch Di mittags; Stallungen und Training: 11–13 Uhr an Tagen ohne Show
💶 Show: teuer; Training: mittel

Centro Andaluz de Flamenco
✉ Palacio Pemartín, Plaza de San Juan, Barrio de Santiago
☎ 956 34 92 65
🕔 Mo–Fr 9–14, Di auch 17–19 Uhr
💶 frei

JEREZ DE LA FRONTERA: INSIDER-INFO

Top-Tipps: Wer eine Führung durch eine *bodega* machen will, sollte sich bei der Touristeninformation nach Touren in der Muttersprache erkundigen.
• Die Eintrittskarten für die Königliche Reitschule sind einige Zeit im Voraus zu reservieren.

Geheimtipp: Die Sammlung des Museo Arqueológico (Plaza del Mercado, Tel. 956 34 13 50, Juni–Aug. Di–So 10–14.30 Uhr, Sept.–Mai Di–Fr 10–14 und 16–19 Uhr, Sa/So 10–14.30 Uhr, Eintritt preiswert) gibt einen hervorragenden Überblick vom prähistorischen Andalusien bis zur Zeit der Mauren.

10

Cádiz

Cádiz wirkt ein kleines bisschen heruntergekommen – ein besonderer Reiz für viele Reisende. Der einstige Reichtum der Stadt spiegelt sich noch in der Kathedrale und anderen barocken Gebäuden wieder. Unvergesslich bleibt ein Bummel durch die engen Gassen bis zur in gleißendes Licht getauchten Promenade am Meer.

Cádiz war bereits unter den Phöniziern, Römern und Westgoten ein bedeutender Hafen, erlebte unter der Herrschaft der Mauren jedoch einen Niedergang. Die meisten Sehenswürdigkeiten stammen aus dem 18. Jahrhundert, als der spanisch-amerikanische Handel mit Gold und Silber der Stadt Wohlstand brachte.

Das **Museo de Cádiz** ist ein guter Ausgangspunkt, um die Stadt zu erkunden. Das Museum, ein restauriertes Anwesen aus dem 18. Jahrhundert, zählt zu den schönsten in ganz Spanien. In der Abteilung Archäologie finden sich Schmuck der Phönizier sowie Glasarbeiten und die Rekonstruktion des Wracks eines römischen Handelsschiffs. Der erste Stock beherbergt die Kunstschätze, unter anderem Arbeiten von Murillo und Rubens sowie religiöse Gemälde von Zurbarán (► 24) aus dem 17. Jahrhundert.

Die schluchtartigen Straßen sind durch hübsche Plätze verbunden wie etwa die Plaza Topete, die auch **Plaza de las Flores** heißt, weil dort der Blumenmarkt stattfindet. Der Lebensmittelmarkt schließt sich direkt an. Nach dem Spaziergang durch schattige Gassen steht man unvermittelt vor der **Torre Tavira**, einem alten Wachturm mit Marinemuseum und Camera Obscura. Das **Oratorio de San Felipe Neri** weist einen ovalen Innenraum auf, der sich zu einer himmelblauen Kuppel mit mehreren umlaufenden Galerien emporschwingt; der Blick von hier oben ist nur etwas für

Oben: Wunderschöner Dekor im Oratorio de San Felipe Neri

Rechts: Die Uferpromenade von Cádiz mit der imposanten Kathedrale

Schwindelfreie. Bemerkenswert sind die üppig geschmückten Kapellen und der Hochaltar mit einem Mariengemälde von Murillo.

Die monumentale **Catedral Nueva** ist die einzige ausschließlich barocke Kathedrale in Spanien. Ihre Hauptfassade beherrscht die **Plaza de la Catedral**; innen entfaltet sich die Barockarchitektur in Stein und Marmor. Die so genannte »vergoldete« Kuppel der Kathedrale ist in Wirklichkeit mit gelben Fliesen geschmückt, doch ist der Effekt beeindruckend, besonders wenn man die Kirche von der Promenade aus betrachtet.

Skulptur im Museo de Cádiz

KLEINE PAUSE

In der **Pastelería la Marina** (Plaza San Juan de Dios 3) sollte man sich einen *café con leche* und ein Stück *turrón de Cádiz* gönnen, herrlichen Kuchen mit Marzipan und Nougat. Die Konditorei liegt an einem lebhaften Platz mit Palmen, an dem auch das prächtige Rathaus steht.

194 C1

Touristeninformation

Avenida Ramón de Carranza s/n
956 25 86 46
Plaza San Juan de Dios (OMT)
956 24 10 01

Parken

In die Innenstadt sollte man besser nicht mit dem Auto fahren. Parkplätze gibt es am Zugang zur Altstadt, neben dem Bahnhof und an der Cuesta de las Calesas. Auch an der Promenade kann man seinen Wagen abstellen.

Museo de Cádiz

Plaza de Mina 5 956 21 22 81
Mi–Sa 9–20 Uhr, Di 14.30–20 Uhr, So 9.30–14.30 Uhr preiswert bzw. frei für EU-Bürger

Oratorio de San Felipe Neri

Calle San José tägl. 10–13.30 Uhr
preiswert

Catedral Nueva

Plaza de la Catedral Di–Fr 10–13 und 16.30–18.15 Uhr, Sa 10–13 Uhr
mittel; Mo–Fr 6.30–8 Uhr frei

CÁDIZ: INSIDER-INFO

Top-Tipps: Die **Kathedrale** kann Mo–Fr 6.30–8 Uhr **kostenlos besichtigt** werden; man frage nach dem Faltblatt mit Erklärungen in der Muttersprache.

• Im **obersten Stockwerk** des **Museo de Cádiz** findet sich Kunsthandwerk, darunter eine Ausstellung von alten Marionetten des Puppentheaters der Stadt.

Geheimtipp: Die **Capilla** (Kapelle) im ehemaligen **Hospital de Mujeres** (Calle Hospital de Mujeres, Mo–Fr 10–13 Uhr) ist ein Meisterwerk des Barock mit einem Gemälde von El Greco. Allerdings müssen Besucher etwas Geduld aufbringen, bis der Küster die Pforten öffnet.

Muss nicht sein! Das Museum der Kathedrale (Plaza de Fray Félix, unweit der Kathedrale) kann mit der Eintrittskarte für die Kathedrale besichtigt werden, lohnt aber nur, wenn man sich für Gewänder, Kirchensilber und Reliquien interessiert.

13

Costa del Sol

Die Costa del Sol wird gern als ein einziger überfüllter Ferienort mit endlosen Stränden abgetan, an denen sich scheußliche Bettenburgen entlangziehen. Der Pauschaltourismus bestimmt zwar das Bild, doch haben sich viele Orte ihren individuellen Charakter und Charme bewahrt.

Oben: Esteponas Yachthafen

Estepona, Marbella und Puerto Banús

Estepona ist der westlichste Ort der Costa del Sol und lohnt einen Besuch. Die lange Promenade am Meer wirkt sehr städtisch, doch hat sensible Planung ein angenehmes Ambiente mit Blumenrabatten, Palmen und Büschen zwischen der Hauptstraße, der Avenida de España, und der breiten Promenade geschaffen, die am gesamten schönen Strand entlangführt. Im Herzen der Altstadt liegt die Plaza de las Flores, ein kleiner Platz mit duftendem Jasmin, der das Andalusien des 19. Jahrhunderts wieder zum Leben erweckt. Es gibt im Zentrum viele Bars, Cafés und Restaurants, ansonsten sind die Unterhaltungsmöglichkeiten an diesem Ort eher rar.

Ruhige Gasse im Herzen von Estepona

Die eigentliche Attraktion ist der schöne Strand. Am westlichen Ende finden sich ein alter Leuchtturm, der Fischerhafen, der Yachthafen und, noch ein paar Kilometer gen Westen, die Costa Natura, der älteste FKK-Strand Spaniens.

Östlich von Estepona ziehen sich die gesichtslosen Apartmentanlagen auf beiden Seiten der Autobahn bis nach **Marbella**. Es steht heute in dem Ruf, besonders schick und modern zu sein. Tagsüber wirkt der Ferienort relativ langweilig, doch das macht Marbella mit seinem Nachtleben wett, das sich rund um den Yachthafen Puerto Deportivo und die Plaza Puente Ronda in der aufgemöbelten Altstadt, der Casco Antiguo, entfaltet.

Ganz und gar hat man die Altstadt ihres ursprünglichen Flairs nicht berauben können. Ihre gute Stube ist die Plaza de los Naranjos, die im 14. Jahrhundert entstand, als das alte maurische Viertel zerstört wurde. Die kleinen Gässchen, die von der Plaza abzweigen, sind voller verrückter Boutiquen und Läden mit Kunsthandwerk.

Weiter östlich gelangt man nach einem kleinen Spaziergang zur Plaza de la Iglesia, wo die hübsche Kirche Nuestra Señora de la Encarnación neben den alten maurischen Stadtmauern von Marbella steht.

Südlich der Plaza de los Naranjos geht die Altstadt in die geschäftige Avenida Ramon y Cajal über; jenseits liegt dann die Plaza de la Alameda mit Springbrunnen. Von hier gelangt man, über einen Fußweg und an einigen exzentrischen Plastiken von Salvador Dalí vorbei, hinunter zur Promenade. Dort bietet Marbella die übliche Mischung aus Strand, Fischlokalen, Andenkenläden, Bars und Cafés.

Am Meer entlang geht es gen Westen zum Yachthafen **Puerto Banús** mit pseudomaurischen Apartmenthäusern, teuren Geschäften und Restaurants mit dem entsprechenden Jetset-Publikum.

Rechts: Schicke Läden, eine der Attraktionen von Marbella

Fuengirola und Torremolinos

Etwa 25 Kilometer östlich von Marbella liegt **Fuengirola**, das mit seinen Hotelkomplexen am Meer einer der am wenigsten beliebten Orte ist.

VERGNÜGUNGSPARKS AN DER COSTA DEL SOL

Es gibt unzählige Vergnügungsparks und Unterhaltungszentren, um die Kinder alternativ zum Strandaufenthalt bei Laune zu halten. Zu den wichtigsten zählen: **Prado World**, Estepona (Tel. 952 79 11 74, Mai–Okt. tägl. 10–nachts, Sept.–April Sa/So und an Feiertagen ab 11 Uhr). Zwischen Marbella und Estepona liegt der Wasserpark und Jahrmarkt **Sea Life Park Submarino**, Puerto Marina, Benalmádena Costa (Tel. 952 44 50 00, tägl. 10–18 Uhr), wo man von der Garnele bis zum Hai das Leben im Mittelmeer kennen lernt. **Tivoli World**, Arroyo de la Miel, Benalmádena Costa (Tel. 952 57 70 16, Juni–Aug. tägl. 18–3 Uhr, April–Mai u. Sept.–Okt. tägl. 16–4 Uhr, Nov.–März Sa/So 13–22 Uhr) bietet alle möglichen Karussells, dazu Wild-West-Shows und Flamenco. Der **Aquaparque Torremolinos** (Tel. 952 38 88 88, Mai–Sept. tägl. 10–17 Uhr) unterhält mit Wasserrutschen und anderen Attraktionen.

Ausflüge an der Costa

In den Bergen hinter der Costa del Sol gibt es viele schöne Dörfer. **Casares** liegt in der Sierra Bermeja etwa 18 Kilometer landeinwärts von Estepona. Über die weiß getünchten Häuser mit orangefarbenen Dächern wacht eine maurische Burg. **Mijas** befindet sich acht Kilometer nördlich von Fuengirola. Das Dorf ist ziemlich überlaufen, hat sich aber dennoch viel von seinem Charme bewahren können, besonders gegen Abend. Zwischen den Ferienorten und den Dörfern bestehen Busverbindungen.

Oben: Die Strandpromenade von Marbella, eine der elegantesten an der Costa del Sol

Dennoch gilt Fuengirola als klassischer Ferienort mit Bars am Meer, wo man dem Sangría zusprechen kann, und einem langen Strand, der mit Liegestühlen voll gepackt ist.

Torremolinos ist der am meisten besuchte Ort an der Costa, 20 Kilometer nordöstlich von Fuengirola gelegen. Hier dominiert der typische Mischmasch aus Souvenirläden, Bars, Cafés und Restaurants. Einige alte Gassen blieben jedoch erhalten. In der Hauptsaison schiebt sich der Touristenstrom durch den Ort, der Strand ist knallvoll. Man kann jedoch einen Spaziergang auf der hübschen Promenade, dem Paseo Marítimo, machen. Er führt fünf Kilometer an den Stränden La Carihuela und Montemar entlang, bevor man an der **Benalmádena Costa** zu einem kitschigen Hafenkomplex im arabischen Stil mit Terrassen und Zuckerhuttürmchen gelangt. Am ganzen Paseo Marítimo findet man *chiringuitos*, wo fangfrischer Fisch und eiskalte Getränke auf den Tisch kommen.

COSTA DEL SOL: INSIDER-INFO

Top-Tipps: Torremolinos und Fuengirola liegen an der Hauptbahnstrecke zwischen Málaga und seinem Flughafen. Der Zug fährt direkt ins Zentrum der beiden Ferienorte, sodass man getrost auf das Auto verzichten kann.

• Wer einen Spaziergang über die beiden Hauptstrände hinaus macht, findet weniger überfüllte Strandabschnitte.

Geheimtipp: Das **Museo del Grabado Contemporáneo** (Lithografiemuseum) von Marbella ist in einem schönen Renaissancegebäude untergebracht und zeigt Werke von Joan Miró und Picasso wie auch zeitgenössische spanische Grafik. Unter den Exponaten versteckt sich Picassos erotisches Bild *Hombre Primitivo, Celestina y Chica.*

KLEINE PAUSE

Wer einen Blick auf den Jetset von Marbella erhaschen möchte, genehmigt sich in **Sinatra's Bar** in Puerto Banús einen Drink. Hier treffen sich Stars und Sternchen, und wenn man keine Lust mehr hat, bewundert man die Yachten oder macht einen Schaufensterbummel.

Oben: Die Plaza de la Constitución im Zentrum von Fuengirola

Links: Elegant einkaufen in Marbella

Estepona Touristeninformation
195 E1 · Avenida San Lorenzo 1
952 80 09 13

Marbella Touristeninformation
195 E1 · Plaza de los Naranjos
952 82 35 50

Fuengirola Touristeninformation
195 E1 · Avenida Jesús Santos Rein 6
952 46 74 57

Torremolinos Touristeninformation
195 F2
Plaza Blas Infante 1 (Hauptstelle)
952 37 95 12

Nach Lust und Laune!

Die Strände von Nerja sind kleiner und ruhiger als die an der Costa del Sol

2 Nerja

Der Ort liegt 56 Kilometer östlich von Málaga am Meer und stellt eine angenehme Abwechslung zu den üblichen Feriensiedlungen an der Costa dar. Natürlich ist man auch hier nicht allein an den schönen Stränden oder in der Altstadt mit den weiß getünchten Häusern. Bekannt ist der **Balcón de Europa**, eine Terrasse mit Palmen und Meerblick. Die relativ kleinen Strände auf beiden Seiten

Für Kinder

- **Cuevas de Nerja** (➤ 65)
- **Naturpark El Torcal** (➤ 66)
- **Tarifa:** Delphin-/Walbeobachtung (➤ 68)
- **Gibraltar:** Seilbahn, Affen, Delphinbeobachtung (➤ 69)

sind schnell überfüllt; der schönste und größte Strand ist die **Burriana**, zu der man östlich vom Balcón über den hübschen Fußweg Paseo de los Carabineros gelangt.

Drei Kilometer östlich von Nerja befinden sich die berühmten **Cuevas de Nerja**, ein Kalksteinhöhlensystem. Bei einer Führung sieht man Felsenbilder, untermalt mit Lichteffekten.
196 C1

Touristeninformation
Calle Puerta del Mar 2 (am Balcón de Europa) ☎ 952 52 15 31

Cuevas de Nerja
196 C1 ☎ 952 52 95 20 Juli–Aug. tägl. 10–14 und 16–20 Uhr; Sept.–Juni 10–14 und 16–18.30 Uhr mittel

Bronzezeitliche Menga-Dolmen in Antequera

3 Antequera

An historischen Sehenswürdigkeiten hat Antequera von prähistorischen Ganggräbern bis zu maurischen Ruinen und schönen Kirchen alles zu bieten. Aus der Bronzezeit stammen die Megalithgräber, die Dolmen **Menga** und **Viera** beim Camino del Cementerio am nordöstlichen Stadtrand. Ganz oben in der Stadt er-

hebt sich an der Plaza San Sebastián der **Arco de los Gigantes**, ein Triumphbogen aus dem 16. Jahrhundert mit römischen Skulpturen. Die Plaza wird von der **Iglesia de Santa María** beherrscht, einer schönen Renaissancekirche, darüber wachen die Ruinen der maurischen **Alcazaba**, heute eine Terrasse mit duftenden Kiefern. Etwas nördlich vom Arco de los Gigantes gelangt man zur Kirche **Nuestra Señora del Carmen**. Der barocke Altaraufsatz ist ein Schmuckstück aus geschnitzten und gemalten Figuren.

Etwa 14 Kilometer südlich von Antequera liegt der Naturpark **El Torcal**, eine beeindruckende Landschaft mit hohen Kalksteinfelsen und bewaldeten Schluchten. Durch das Reservat führt ein 1,5 Kilometer langer, ausgeschilderter Wanderweg. Für längere Touren benötigt man einen Führer.
196 B2

Touristeninformation
Plaza de San Sebastián 7
952 70 25 05

Menga und Viera Dolmens
196 B2 Mi–Sa 10–14 und 15–17.30 Uhr, Di 15–17.30 Uhr, So und Feiertage 10–14 Uhr frei

Parque Natural del Torcal
196 A2 952 03 13 89 Di–So 10–14 und 16–18 Uhr

Abseits der Touristenwege

Wer Zeit hat und Ruhe sucht, fährt in den Parque Natural de los Alcornocales nördlich von Tarifa mit Hügeln und Bergen, die von Korkeichen bestanden sind. Man kann hier schön wandern, und es gibt reizende Dörfer wie Medina-Sidonia, Alcalá de los Gazules, Jimena de la Frontera …

5 Parque Natural Sierra de Grazalema

Die Sierra de Grazalema besteht aus mehreren zerklüfteten Kalksteingipfeln, die zwischen Eichen- und den in Spanien seltenen Föhrenwäldern aufragen. Kleine Straßen schlängeln sich durch die Berge und verbinden die Dörfer Grazalema, Zahara de la Sierra und Benaocaz – klassische *pueblos blancos*. Zahara de la Sierra (➤ 177) wird von einer Burg überragt und bietet eine besonders spektakuläre Aussicht.

Das Dorf Grazalema liegt am Peñon Grande, einem imposanten Kalksteingipfel

Die gesamte Sierra steht unter Naturschutz. Man kann die Gegend zu Pferd erkunden, mit dem Fahrrad oder per Kanu, außerdem kann man klettern und paragleiten – alles unter sachkundiger Führung (➤ 76). Viele Wanderwege sind ohne Führer begehbar.

Informationen halten die Büros in El Bosque und Grazalema bereit. Wer bestimmte Regionen besuchen möchte, zum Beispiel die Giganta Verde, eine Schlucht bei Zahara (➤ 178), oder die Brutstätten von Weißkopfgeiern, erhält in den Büros eine extra Genehmigung.

✚ 195 D2

El Bosque Touristeninformation
✉ Avenida de la Disputación
☎ 956 72 70 29

Grazalema Touristeninformation
✉ Plaza de España
☎ 956 13 22 25

6 Arcos de la Frontera

Der Ort zieht sich vom maurischen Viertel ganz oben auf dem Fels zur Ebene des Río Guadalete hinunter. Die Gassen in der Altstadt umgeben die beiden Kirchen San Pedro und Santa María de la Asunción. San Pedro ist ein Hort der Ruhe; hier finden sich einige schöne Gemälde und der ausgemergelte Leichnam eines Heiligen. Santa María beherrscht die Plaza del Cabildo. Hinter der herrlichen Renaissancefassade verbirgt sich ein üppiges Inneres mit extravaganten gotischen Stilelementen. Wer von der Plaza seinen Blick über die Ebene schweifen lässt, sollte nach den Turmfalken Ausschau halten, die um die Felsen kreisen. Anschließend geht es in die Neustadt hinunter, wo hübsche Bars und Restaurants warten.

✚ 194 C2

Touristeninformation
✉ Plaza del Cabildo ☎ 956 70 22 64

8 Sanlúcar de Barrameda

Restaurants, in denen hervorragende Meeresfrüchte auf den Tisch kommen, und trockener *manzanilla*-Wein, der ein anderes Aroma hat als der *fino* aus Jerez und zudem von besserer Qualität sein soll, sind die Spezialitäten von Sanlúcar. Die Stadt liegt an der Mündung des Río Guadalquivir gegenüber vom Südende des Doñana-Nationalparks (➤ 158f), in den man von hier per Boot gelangt. Der Markt am Morgen in der Calle Bretones, ein Stück oberhalb der Plaza del Cabildo, ist ein Fest für die Sinne. Weiter bergauf lohnt ein Blick auf das Rathaus von Sanlúcar, das im Palacio de Orleans y Bourbon aus dem 19. Jahrhundert untergebracht ist, ein Paradebeispiel für extravaganten neomaurischen Dekor (Mo–Fr 10–16 Uhr). Wer mehr über die Stadtgeschichte wissen möchte, bittet in der Touristeninformation um einen kleinen Führer. Den *manzanilla*-Wein probiert man am besten in den renommierten *Bodegas* **Barbadillo** in der Calle Sevilla oder im **La Cigarrera** an der Plaza Madre de Dios beim Markt. Die besten Fischlokale finden sich im Viertel Bajo de Guía am Fluss.

✚ 194 C2

Touristeninformation
✉ Calle Calzada del Ejército
☎ 956 36 61 10

San Pedro in Arcos de la Frontera steht auf Überresten einer maurischen Festung

9 El Puerto de Santa María

Dieser Flusshafen ist der südlichste Fixpunkt des so genannten Sherry-Dreiecks und hat sich mit seinem Sherry, Fisch und Meeresfrüchten einen Namen gemacht. Von hier aus lässt sich die Gegend gut erkunden: Sanlúcar de Barrameda (➤ 67) ist schnell mit dem Bus erreicht, und nach Jerez de la Frontera (➤ 56ff) gelangt man nach 15 Minuten Zugfahrt. Die Autofähre *Motonave Adriano III*, von den Einheimischen *El Vapor* (Dampfer) genannt, setzt zum zehn Kilometer entfernten Cádiz (➤ 59f) über.

An der Plaza de España steht eine der schönsten Kirchen von El Puerto, die **Iglesia Mayor Prioral**, Paläste aus dem 18. Jahrhundert sind über die ganze Stadt verstreut. Das **Castillo de San Marcos** (Plaza de Alfonso, Di, Do, Sa 10–14 Uhr, Di freier Eintritt), eine Festung aus dem 13. Jahrhundert, wurde über einer alten Moschee erbaut. In der Hauptstraße, der Calle Luna, einer Fußgängerzone, findet man viele lebhafte Bars, auf der Plaza de Galeres Reales in Richtung Meer tobt abends das volle Leben. **Sherry-*bodegas*** mit so berühmten Namen wie Osborne, Luis Caballero und Duff Gordon warten auf Gäste, Öffnungszeiten nennt die Touristeninformation.

Vejer de la Frontera, eine der lebhaftesten maurischen Städte Andalusiens

194 C2

Touristeninformation
Calle Luna 22
956 54 24 13

Fischerboote im Hafen von Tarifa

11 Costa de la Luz (Cádiz)

Die Costa de la Luz – die »Küste des Lichts« – bei Cádiz ist viel weniger erschlossen als die Costa del Sol. Wunderschöne Strände gibt es bei **Los Caños de Meca** und **Zahara de los Atunes**, wo man sich auf dem breiten goldenen Sandstrand entspannen kann. Hier ist man an der Atlantikküste, das Meer ist zumeist kühler und rauer als das Mittelmeer. Im Inland hat sich **Vejer de la Frontera** sein maurisches Flair bewahrt. Die südlichste Stadt Spaniens ist **Tarifa**, das Paradies der Windsurfer. Von hier ist es nur ein Steinwurf bis zum Rif-Gebirge in Marokko jenseits der Straße von Gibraltar. Man kann von Tarifa aus einen Tagesausflug nach Tanger machen und natürlich auch länger verweilen. Außerdem kann man in Tarifa unter sachkundiger Anleitung surfen und tauchen; schön sind auch Bootsausflüge, auf denen man Delphine und Wale beobachten kann (➤ 76).

194 B2

Vejer de la Frontera Touristeninformation
194 C1 Marqués de Tamarón
956 45 01 91

Tarifa Touristeninformation
195 D1 Paseo de la Alameda s/n
956 68 09 93

12 Gibraltar

Gibraltar ist eine der letzten Kolonien Großbritanniens, und so fühlt man sich mitten im mediterranen Spanien plötzlich wirklich wie in England.

Der mächtige Felsblock, einer der mythischen Türme des Herkules, beherrscht die **North Town** (Altstadt), deren Hauptstraße britischer gar nicht sein könnte. Hier tummeln sich englische Tagestouristen von der Costa del Sol, um steuerfreie britische Waren einzukaufen. Eine spannende Fahrt mit der Seilbahn (Mo–Sa 9.30–18 Uhr) führt hinauf zum Upper Rock, wo man den berühmten Berberaffen in **Ape's Den** einen Besuch abstattet. Aber Achtung – die Tiere schnappen sich gern den Fotoapparat oder die Tasche … Weiter geht es zu **St. Michael's Cave**, wo Musicals und Tanzvorführungen stattfinden, und zu den **Upper Galleries**, einem in den Fels gegrabenen Labyrinth, das im 18. Jahrhundert der militärischen Verteidigung diente. Den Upper Rock kann man alleine erkunden oder sich einer Führung per Taxi oder Minibus anschließen, wobei man sich vor Schleppern hüten sollte. Informationen zu den Touren, aber auch zu Bootsausflügen mit oder ohne Delphinbeobachtung hält die Touristeninformation bereit. Mit dem Auto sollte man ins überfüllte Gibraltar keinesfalls hineinfahren.
195 D1

Touristeninformation
Duke of Kent House, Cathedral Square
350 74950

The Piazza, Main Street 350 74982

Zollgebäude, Grenze

Berberaffen
Die Affen von Gibraltar sind eine schwanzlose Spezies. Sie stammen ursprünglich aus Marokko. Eine Legende besagt, dass Gibraltar aufhört, unter britischer Hoheit zu stehen, wenn die Affen von dem Felsen verschwinden. Aus Angst brachten im Zweiten Weltkrieg deshalb britische Beamte Unmengen von Affen nach Gibraltar.

Der Felsen von Gibraltar, umstrittenes Symbol britischer Präsenz in Spanien

Wohin zum … Übernachten?

Preise
Mit folgenden Preisen müssen Sie pro Person pro Nacht rechnen:
€ unter 36 Euro — €€ 36–96 Euro — €€€ über 96 Euro

COSTA DEL SOL

Málaga

Finca La Mota €€

Dieses herrliche Hotel im Stil eines Bauernhauses liegt in einem Olivenhain mit Zitronenbäumen und ist für Familien ideal. Man kann reiten und Minigolf spielen, es gibt ein Schwimmbecken und einen Spielplatz für Kinder, außerdem ein Restaurant und eine große Terrasse. Der Besitzer, der Inder Majid, betreibt das Hotel mit seiner Frau Sue, einer Engländerin.

196 B1
Alhaurin el Grande (Málaga)
952 49 09 01; Fax 952 59 41 20
1. Nov.–1. Dez. geschl.

Hotel Humaina €€

Das Hotel ist 16 Kilometer von Málaga und der Küste entfernt und eignet sich perfekt zum Entspannen. Es liegt idyllisch in einem Naturpark. Terrakottafliesen, ockerfarbene Wände und Balkone in den meisten Zimmern vermitteln andalusisches Flair. Das Essen wird mit Biogemüse aus dem Garten zubereitet.

196 B2
Carretera del Colmenar s/n, Las Montes de Málaga
952 64 10 25; Fax 952 64 01 15

Larios €€€

Das Hotel liegt perfekt in einer noblen Einkaufsstraße; von hier ist es nicht weit zur Kathedrale und zur malerischen Altstadt von Málaga. Elegante Ausstattung mit schwarzweißen Fliesen, cremefarbenem Mobiliar und hellem Holz. Versuchen Sie, ein Zimmer mit Blick auf die Plaza de la Constitución zu bekommen; es kann allerdings ein bisschen laut sein.

196 B1
Marqués de Larios 2, Málaga
952 22 22 00; Fax 952 22 24 07; E-Mail: info@hotel_larios.com

Benalmádena

La Fonda €€

Mitten im Dorf Benalmádena in einer Fußgängerzone hat dieses Hotel einen weiteren Vorzug: Es ist eine Kochschule angeschlossen, d.h. das Essen ist hervorragend und preiswert. Die *patios* liegen im Schatten von Palmen mit Brunnen, und alle Zimmer sind hell und luftig.

195 E2
Calle Santo Domingo 7, Benalmádena Pueblo
952 56 82 73; Fax 952 56 82 73

RONDA

Alavera de Los Baños €€

Gleich neben den arabischen Bädern (➤ 55) befindet sich dieses kleine Hotel unter deutscher Leitung, das dem Film *Carmen* als Kulisse diente. Man hat von hier einen herrlichen Blick auf die Serranía de Ronda und die Stadtmauer, außerdem gibt es ein Lesezimmer, eine Bibliothek und Speisen mit Hauptgewicht auf Bioprodukten.

195 D2
Hoyo de San Miguel, Ronda
952 87 91 43; E-Mail: alavera@ctv.es

Hotel Reina Victoria €€€

Die Aussicht von den Gärten oben auf dem Fels über dem 150 Meter tiefen Abgrund ist phantastisch. Das Hotel wurde berühmt, als 1912 der kranke deutsche Dichter Rainer Maria Rilke hier einen Erholungsurlaub machte; sein Zimmer ist heute ein kleines Museum. Einige Räume sind ein bisschen heruntergekommen, aber dennoch gut ausgestattet und bequem.

195 D2
Paseo Dr Fleming 25, Ronda
952 87 12 40; Fax 952 87 10 75

SIERRA DE GRAZALEMA

Molino del Santo €€

Eine malerische, restaurierte Mühle an einem Bach. Von den meisten Zimmern hat man einen schönen Blick auf den Grazalema-Park mit Bergen und Kiefern als Kulisse. Das Hotel ist bei Wanderfreunden beliebt. Der britische Besitzer erteilt Ratschläge und richtet auch gern ein Picknick her – als Alternative zum hervorragenden Restaurant.

195 D2
Bda Estación s/n, Benaoján, Málaga
952 16 71 51; Fax 952 16 73 27;
E-Mail: molino@logicontrol.es
19. Nov.–16. Feb. geschl.

JEREZ DE LA FRONTERA

El Ancla Hotel €

Klassische Jerez-Architektur mit schmiedeeisernen Balkonen, Fensterläden aus Holz und weiß-gelber Farbe kennzeichnet das Hotel. Eine sehr beliebte Bar ist angeschlossen, nachts kann es deshalb laut werden. Die Zimmer sind einfach ausgestattet, aber bequem mit TV und Telefon.

194 C2
Plaza del Mamelón, Jerez de la Frontera
956 32 12 97; Fax 956 32 50 05

CÁDIZ

Hostal Bahía €

Nicht weit von der lebhaften Plaza de San Juan de Dios liegt dieses Hotel in der mit Bäumen gesäumten Fußgängerzone. Es ist überaus preisgünstig und hat trotzdem gute Betten, hübsche Bäder, TV, Klimaanlage und kleine Balkone in den meisten Zimmern. Der fehlende Speisesaal wird wettgemacht durch die vielen Bars und Restaurants in der Umgebung, z. B. die Mesón La Nueva Marina.

194 C1
Calle Plocia 5, Cádiz
956 25 90 61; Fax 956 25 42 08

Wohin zum … Essen und Trinken?

Preise
Für ein Essen inklusive Wein und Service zahlen Sie pro Person:
€ unter 12 Euro **€€** 12–30 Euro **€€€** über 30 Euro

COSTA DEL SOL

Málaga

Restaurante Chinitas €–€€

In diesem uralten Gebäude im andalusischen Stil gibt es deftiges Essen. Ochsenschwanz ist die Spezialität, außerdem *serrano*-Schinken und Kalbslende. Viele Gerichten sind mit dem süßen Wein aus Málaga zubereitet, etwa *solomillo al vino de Málaga*, Filetsteak in Weinsoße.

195 F2
El Moreno Monroy 4, Málaga
952 21 09 72
tägl. 13–16 und 19–24 Uhr; 24. und 31. Dez. geschl.

Bar Logüeno €

Diese traditionelle kleine Tapas-Bar verbirgt sich in einer Seitenstraße der Calle Larios. Die L-förmige Theke ist prallvoll mit mindestens 75 verschiedenen *tapas*, darunter viele Logüeno-Spezialitäten wie sautierte Austernpilze (*setas*) mit Knoblauch, Petersilie und Ziegenkäse. Die Auswahl an Rioja-Weinen ist exzellent und die Bedienung flott, allerdings hat man wenig Ellbogenfreiheit.

195 F2,
Calle Marín García s/n, Málaga
kein Telefon
Mo–Sa 13–16 Uhr und 19 Uhr bis spät nachts

Tetería Barrakas €

In dieser Teestube, einst eine mittelalterliche arabische Bäckerei, fühlt man sich fast wie in einem Suk, vom Band ertönt allerdings eine Mischung aus New Age und Ethno. Um die niedrigen Tische liegen Teppiche und Berge von Kissen. Es gibt über 40 Sorten Tee, darunter Passionsfrucht, Hibiskus oder Minze. Dazu wird klebrig-süßes arabisches Gebäck gereicht.

195 F2
Calle Horno 10, Málaga
952 21 47 38
tägl. 17.30–24 Uhr

Estepona

Restaurante El Lido €€€

Das El Lido drei Kilometer östlich von Estepona ist für seine prämierte Fünfsterneküche und seine Eleganz berühmt. Besonders schön ist ein Tisch im Garten mit Meerblick. Die Gerichte beinhalten das ganze Spektrum des Mittelmeerraums mit Hauptgewicht auf Meeresfrüchten und italienischer Küche – etwa die köstlichen Ravioli mit Tiefseegarnelen in pikanter Currysoße. Die zehn Seiten dicke Weinkarte fängt mit akzeptablen Preisen an.

195 E1
Las Dunas Beach Hotel and Spa, Boladilla Baja, Carretera de Cádiz, Km 163,5, Estepona
952 79 43 45, Fax 952 79 48 25
tägl. 12.30–15 und 20–23 Uhr

Marbella

Tai Pan €€€

Dieser Chinese in Marbella ist sicher nicht gerade billig, aber schon das schicke Ambiente mit Bambus und cremefarbenen Möbeln à la Feng Shui sowie der Blick auf die Gärten und den Pool sind atemberaubend. Die Gerichte sind perfekt gewürzt, und natürlich gibt es Klassiker wie Szechuan-Garnelen und gebackene Ente.

195 E1
Hotel Puente Romano, Carretera de Cádiz, Km 177, Marbella
952 77 78 93
tägl. 20 Uhr bis nachts

Fuengirola

Moochers Jazz Café and Restaurant €€

Die Lage in einer Fußgängerzone gleich beim Hauptplatz von Fuengirola und unweit vom Strand ist hervorragend. Es gibt hier jede Nacht Livemusik von Blues bis Rock. Die Speisekarte ist international, besonders lecker sind die gigantischen Pfannkuchen mit jeder erdenklichen Füllung, pikant oder süß. Vor 19.30 Uhr Happy Hour (10 Prozent Ermäßigung).

195 E1
Calle de la Cruz 17, Fuengirola
952 47 71 54
tägl. 18–1 Uhr

Mijas

Restaurante La Alcababa €€

Dieses Restaurant mit Glasfront in Mijas bietet den schönsten Blick über die Küste bis nach Afrika. Die Speisekarte ist trotz Tourismus typisch spanisch mit einem sagenhaften *ajo blanco*, einer Suppe aus Knoblauch und Mandeln.

195 E2
Plaza de la Constitución, Mijas
952 59 02 53
Di–So 12–16 und 19–23 Uhr

Torremolinos

La Chacha €

Zwischen den Modeboutiquen von Torremolinos hat sich eines der wenigen Meeresfrüchte-Lokale erhalten. Die Gerichte sind in einer Vitrine ausgestellt. Muscheln, Riesengarnelen oder Tintenfisch spült man am besten mit einer eiskalten *cerveza* (Bier) hinunter.

195 F2
Palma de Mallorca 3, Torremolinos
kein Telefon
tägl. 11.30–15 und 20–23.30 Uhr

RONDA

El Navasillo €–€€

Dieses unauffällige, weiß getünchte Haus mit einer von Säulen umgebenen Terrasse liegt elf Kilometer außerhalb von Ronda. Über dem langen Holztresen hängen in der

Gaststube *serrano*-Schinken, die im Zigarettenqualm vor sich hin reifen. Schön ist der Blick über die zerklüfteten Berge. Spezialität des Hauses ist Wild.

195 D2
Carretera Ronda San Pedro, Km 11, Ronda
952 11 42 35
tägl. 7–24 Uhr

DAS SHERRY-DREIECK

Las Bóvedas Restaurant €€–€€€
Das exquisite Restaurant (mit Hotel) in einem Barockgebäude liegt in einer Kopfsteinpflastergasse in El Puerto de Santa María. Früher befand sich hier ein Kloster, und Las Bóvedas diente den Nonnen als Wäscherei – wenngleich man sich kaum vorstellen kann, dass unter dem prachtvollen Gewölbe derart Profanes stattfand. Die innovative Küche von Joaquín Ramírez wurde mehrfach preisgekrönt; die Auswahl an Gerichten mit Meeresfrüchten ist hervorragend.

194 C2
Hotel Monasterio San Miguel, Calle Larga 27, El Puerto de Santa María, Cádiz 956 54 04 40
tägl. 21 Uhr bis nachts

El Convento €€
Das Restaurant gehört dem gleichen Besitzer wie das noble kleine Hotel gleichen Namens in der Calle Maldonado in Arcos de la Frontera. An den Palast aus dem 16. Jahrhundert schließt ein von Säulen umgebener *patio* an, der mit Palmen, Skulpturen und Gemälden geschmückt ist; hier kommen die leckersten spanischen Gerichte originell abgewandelt auf den Tisch.

194 C2
Calle Marqués de Torresto 7, Arcos de la Frontera
956 70 32 22
13–16 und 19–22 Uhr; 24. und 31. Dez. geschl.

El Mirador de las Almenas €–€€
In einer kleinen Seitenstraße in der Altstadt von Jerez befindet sich dieses typisch andalusische Restaurant mit bunt bemalten Stühlen, Kübeln mit Geranien und Flamencomusik zur Untermalung. Die Speisekarte ist überaus vielfältig, die gefüllten Folienkartoffeln eine willkommene Abwechslung zu den üblichen Pommes frites. Auf der schattigen Terrasse sitzt man auch bei großer Hitze gut.

194 C2
Calle Pescadería Vieja, Jerez de la Frontera
kein Telefon
tägl. 12–16.30 und 19.30 Uhr bis spät nachts

CÁDIZ

El Faro €€–€€€
Das Restaurant im ehemaligen Hafenviertel hat mit Recht einen guten Ruf. Man kann *tapas* mit Meeresfrüchten an der Bar bestellen, im Restaurant innovativen Genüssen wie mit Krabbenfleisch gefüllter und Parmesan überbackener Paprika frönen oder einfach das *menú del día* bestellen. Das Restaurant ist dezent mit Kacheln, Marmor und Mahagoni ausgestattet; Bilder aus Cádiz hängen an der Wand.

194 C1
Calle San Félix, Cádiz
956 21 10 68
tägl. 13–16 und 20.30–23.30 Uhr; 24. Dez. geschl

Mesón La Nueva Marina €–€€
Serrano-Schinken hängen in dieser Tapas-Bar neben Zöpfen von Knoblauch, getrockneten Pfefferschoten und Schwarzweißfotos. Sherry aus Sanlúcar gibt es vom Fass, das zugehörige Restaurant ist besonders am Wochenende voll. Die Speisekarte bietet jedem etwas, man kann unter 24 Vorspeisen und doppelt so vielen Hauptgerichten wählen, darunter besondere Gaumenfreuden wie *cazó en adobo*, marinierter, frittierter Fisch.

194 C1
Calle Plocia 3, Cádiz
956 28 93 81
tägl. 13–16 und 20 Uhr bis nachts; 24., 25. und 31. Dez. sowie 1. Jan. geschl.

Wohin zum ... Einkaufen?

MÁLAGA

Die Calle Marqués de Larios ist das Modezentrum von Málaga. Hier lohnt sich die schicke spanische Boutiquenkette **Mango** (Larios 1, Tel. 952 22 31 02), ebenso die **Boutique Azulay** (Larios 10, Tel. 952 21 75 39) und für absolut Extravagantes **Agatha Paris** (Larios 5, Tel. 952 60 36 27), wo es auch anmutigen Schmuck gibt.

In den Straßen rund um die Plaza Flores, die Plaza de Félix Sáenz, die Calle Puerta del Mar und die Calle Nueva liegt die klassischere Einkaufszone. Hier finden sich Läden aller Art, etwa **La Mallorquina** (Plaza de Félix Sáenz) mit einer exquisiten Auswahl an Delikatessen. Schräg gegenüber bietet **La Mallorquina Regalos** eine gute Auswahl an edlen Tropfen, darunter auch die Dessertweine aus Málaga.

Die Niederlassung der Kaufhauskette **El Corte Inglés** (Avenida de Andalucía 4–6) hat hier gigantische Dimensionen erreicht. Empfehlenswert ist die Abteilung mit fremdsprachigen Zeitungen sowie Büchern und Landkarten.

RONDA UND SIERRA DE GRAZALEMA

Ronda (➤ 53ff) kann in seiner Hauptstraße, der Calle Espinal, mit einer ganzen Reihe Andenkenläden aufwarten. In einigen erhält man *productos artesanos*, Kunsthandwerk aus einheimischer Produktion. Bei **Márquez** (Espinel 13, Tel. 952 87 29 86) findet man vom Schinken über Wein und Honig so ziemlich alles. In der Altstadt gibt es Geschäfte mit solide gefertigtem Kunsthandwerk.

In den Bergen der Sierra de Grazalema (➤ 66f) bietet **Artesanía Grazalema** in der Touristeninformation von Grazalema (Plaza de España, Tel. 956 13 22 25) Kleidung, Teppiche, Töpferei sowie Käse, Honig, Birnen und Wein.

Schön stöbern lässt es sich auch in **La Jara Cerámica Artesanal** (Calle Agua 19, Tel. 956 13 20 75) mit hochwertigerem Kunsthandwerk und Geschenken. Auf der Straße von Grazalema nach Zahara de la Sierra macht man Halt im **El Vinculo Molino de Aceite Alojamiento Rural** (Tel. 956 12 30 02), wo man edles Olivenöl, Wein und Käse bekommt (➤ 178).

DAS SHERRY-DREIECK

In **Jerez de la Frontera** (➤ 56ff) finden sich in der Fußgängerzone rund um die Calle Larga die besten Einkaufsmöglichkeiten: Mode, Kundsthandwerk, Keramik, Lederwaren und Schmuck.

In jeder *bodega* erhält man den hauseigenen Sherry; **La Casa del Jerez** (The Sherry Shop, Divina Pastora 1, Tel. 956 33 51 84) hat alle Marken auf Lager. Gegenüber gibt es im Laden der **Königlichen Andalusischen Schule der Reitkunst**, der *Real Escuela Andaluza de Arte Ecuestre*(➤ 57), alles, was des Reiters Herz begehrt.

Im Zentrum des Barrio de Santiago ersteht man im **Calle del Flamenco** (Calle Francos 49, Tel. 956 34 01 39) Flamencokleider, Tonbänder, Videos und Accessoires.

Die *manzanilla*- und Sherry-*bodegas* von **El Puerto de Santa María** (➤ 68) und **Sanlúcar de Barrameda** (➤ 67) verkaufen eigene Produkte. Einige Firmen, die Sherry herstellen, etwa Osborne und Terry, bieten Führungen durch ihre Kellereien an.

Meeresfrüchte bekommt man auf dem **Markt**, der jeden Morgen bei der Plaza de San Roque in Sanlúcar stattfindet; in der Ribera del Marisco in Puerto de Santa María bietet der dem Restaurant Romerijo angeschlossene Laden frische Schalentiere.

CÁDIZ UND UMGEBUNG

Unweit der Plaza de las Flores befindet sich der malerische **Morgenmarkt** von **Cádiz** mit bunten Blumenständen.

Die Calle Francisco, Calle Rosario und die Calle Ancha bilden mit ihren Querstraßen die Fußgängerzone mit einer guten Mischung an Läden.

Weiter östlich hat sich **Gibraltar** (➤ 69) als steuerfreies Einkaufsparadies einen Namen gemacht. In der Hauptstraße reiht sich Laden an Laden, Andenken aus Andalusien sind allerdings nicht darunter.

COSTA DEL SOL

In allen Ferienorten gibt es unendlich viele Läden mit Souvenirs, von Schmuck bis zu Leder; das Warenangebot wie auch die Preise differieren kaum.

Wer nach großen Modedesignern wie Versace, Armani, Donna Karan oder Gucci sucht, wird in Marbella (➤ 61f) fündig, etwa in der schicken Ladenkette **Ramón y Cajal** und **Casco Antiguo** (Altstadt) oder im **Muelle Ribera** in **Puerto Banús** (➤ 62) ganz in der Nähe. Eine Niederlassung des Kaufhauses **El Corte Inglés** befindet sich am Ortsrand von Puerto Banús an der Carretera N340, Km 174.

An der Costa macht ein Bummel über die zahlreichen Märkte immer Spaß. Oft verstecken sich zwischen den üblichen kitschigen Andenken schöne Antiquitäten und Kunstobjekte.

Ein Tipp ist der **Markt von Puerto Banús**, der am Samstagvormittag an der Centro Plaza unweit der Stierkampfarena abgehalten wird; noch besser ist der **Markt von Fuengirola** am Dienstagvormittag an der Avenida Jesús Santos Rein. Frischfisch aus diesem südandalusischen Ort geht als *pescado fresco de Fuengirola* nach ganz Spanien. Spanische Lebensmittel und Getränke erhalten Sie im **BRC Hypermarket** in Benalmádena in der Avenida Salvador Vicente 2.

Wohin zum … Ausgehen?

In Andalusien gibt es alles, was man sich an Unterhaltung nur vorstellen kann: In den Großstädten und Ferienorten an der Costa herrscht in den unzähligen Nachtclubs Partystimmung ohne Ende, doch gibt es auch traditionellere Vergnügen wie Stierkampf, Flamenco und *fiestas*, dazu viel Wassersport. Im Landesinneren locken Abenteuer in den Bergen.

VERANSTALTUNGSHINWEISE

Der *Guía Marbella – Día y Noche* ist ein spanisch/englischer Führer, die wöchentlich erscheinende Zeitung *Sur* bietet eine gute Veranstaltungsübersicht; beide sind in den Touristeninformationen erhältlich. *The Entertainer* nennt Veranstaltungen und hat eine eigene Golfseite.

NACHTLEBEN

An der **Costa del Sol** geht es in der Provinz Málaga am lebhaftesten zu. In Puerto Banús ist die **Sinatra Bar** (Muelle Ribera 2, Tel. 952 81 09 50) am Meer Treffpunkt von Stars und Sternchen.

Im benachbarten Marbella tobt die heißeste Party im Viertel Puerto Deportivo. Fuengirola steht dem in nichts nach; ein Tipp ist das **Ministry** (Paseo Marítimo, Tel. 600 02 48 23, Mi–Sa), wo man bis zum Morgengrauen tanzen kann. Beliebt sind auch der große **Kiu Club** (Plaza Solymar, Tel. 952 44 05 18) von Benalmádena Costa und das **Palladium** (Avenida Palma de Mallorca, Tel.

952 38 42 89) in Torremolinos. Wer sein Glück versuchen möchte, geht ins **Casino Marbella** (Bajos del Hotel, Andalucía Plaza, Tel. 952 81 40 00). Eine Mischung aus Kasino und Nachtclub ist das **Casino Torrequebrada y Fortuna Night Club** (N340, Km 220, Tel. 952 44 60 00), wo man zuerst sein Glück an den Spieltischen versuchen kann, um dann anschließend die große Show im benachbarten Nachtclub zu erleben. In beiden Kasinos ist der Pass vorzuzeigen.

Das Nachtleben von **Málaga** konzentriert sich rund um die Plaza de Uncibay mit zahllosen Diskos und Musikbars. In **Jerez de la Frontera** findet man ein ähnliches Angebot um die Calle Divina Pastora, in **Cádiz** um die Plaza de España.

FLAMENCO

In Málaga werden im **Teatro Miguel de Cervantes** (Calle Ramos Marín, Tel. 952 22 41 00) Flamencoshows angeboten, in Ronda in der **Casa Santa Pola** (Calle Santo Domingo 3, Tel. 952 87 92 08). In Jerez de la Frontera hat der Flamenco eine lange Tradition (➤ 16ff); empfehlenswert sind die Shows im **El Laga** (Plaza del Mercado, Tel. 956 33 83 34). In Cádiz geht man ins **La Cava** (Calle Antonio López, Tel. 956 21 18 66).

THEATER

Hervorragende Aufführungen finden im **Teatro Miguel de Cervantes** (Calle Ramos Marín, Tel. 952 22 41 00) von Málaga sowie im **Gran Teatro Falla** (Plaza de Falla, Tel. 956 22 08 28) von Cádiz statt. Über aktuelle Spielfilme informieren die Touristeninformationsstellen.

STIERKAMPF

An der gesamten Costa del Sol finden meist am Sonntag *novilladas* mit jungen Stieren und neuen Toreros statt. In Málaga, Ronda und Jerez sind renommierte Stierkämpfer zu sehen; hier empfiehlt es sich zu reservieren.

GOLF

Die meisten Golfclubs finden sich an der Costa del Sol, für viele braucht man ein Handicap-Zertifikat und sollte lange im Voraus buchen. Preisgünstig sind **Estepona Golf**, Estepona (Apartado 532, Tel. 952 11 30 81), und **Golf Torrequebrada**, Benalmádena Costa (Carretera de Cádiz, N340, Tel. 952 44 27 42).

REITEN

Ausritte sind rund um Ronda mit **Picador La Granja** (Camino de los Molinos, Ronda, Tel. 952 87 59 56) oder in der Sierra de Grazalema mit **Al-hazan** (Carretera CA-5311, Km 3, Tel. 956 23 42 35) möglich. Der Club Hípica International, nahe bei Torremolinos und dem Flughafen von Málaga gelegen (Camino de la Sierra 75, Chariana, Tel. 952 43 55 49), bietet Reitstunden – auch für Dressur- und Springreiter – an.

ABENTEUER

Para- und Hängegleiten bietet der **Club Escuela de Parapente Abdalajís** (Valle de Abdalajís, Tel. 952 48 91 80). In der Sierra de Grazalema (➤ 66) wirbt **Horizon** (Calle Agua 5, Tel. 956 13 23 63) mit Trekken, Klettern, Touren mit dem Mountainbike, Höhlenerkundung und Paragleiten.

WASSERSPORT

Tauchen kann man im **Club Nautico Diving Centre** (Puerta Marina, Benalmádena, Tel. 952 56 07 69) oder im **Centro Buceo Tarifa** (Calle Alcalde Juan Nuñez 10, Tarifa, Tel. 956 68 16 48). Windsurfen bietet **Club Mistral** (Hotel Hurricane, Carretera Cádiz-Málaga, Tel. 956 68 49 19) bei Tarifa. Delphinbeobachtungen organisieren **Dolphin Safari** (Marina Bay Complex, Gibraltar, Tel. 956 77 19 14) und **Whale Watch** (Paseo de la Alameda, Tarifa, Tel. 956 68 47 76).

Granada und Almería

Erste Orientierung

Die Provinzen Granada und Almería im Osten von Andalusien bieten beeindruckende und abwechslungsreiche Landschaften. Um Granada wechseln die mächtigen Berge der Sierra Nevada mit tiefen, bewaldeten Tälern; die wüstenhaften Hügel und trockenen Ebenen an der Küste von Almería erinnern an Nordafrika.

Diese Vielfalt gilt auch für die Städte der Region. Das Kleinod von Granada ist die Alhambra, eine der herrlichsten Palastanlagen der Welt und das beeindruckendste Zeugnis des maurischen Andalusien. Zu Granada gehört aber auch der Albaicín, der einem Maurendorf in den Hügeln gleicht.

Granada wirkt nicht sonnig und überschäumend wie Sevilla, auch nicht lässig-locker wie Málaga oder Cádiz, denn der maurische Einfluss wurde hier im Zuge der christlichen Reconquista umfassender zerstört als irgendwo sonst in Andalusien. Die Straßen und Gebäude von Granada und die Bewohner erinnern eher an Nordeuropa.

Südöstlich von Granada türmen sich die zerklüfteten Berge der Sierra Nevada zu den höchsten Gipfeln Spaniens, um in Kaskaden zu den Ausläufern der Alpujarras wieder abzufallen, wo Wein und Essen hervorragend sind.

Das Landesinnere der Provinz Almería gibt mit seinen ausgedörrten, verwüsteten Schollen und Schluchten eine gute Kulisse für Wildwestfilme ab, während die baumlose Küste fast wie eine Mondlandschaft wirkt. Die Hauptstadt, Almería, übertraf einst Granada als Maurenbastion. Die Veste Alcazaba erinnert noch daran.

Links: Terrassenkultur in den Alpujarras

Vorhergehende Seite: Der Patio de Leones (Löwenhof) in der Alhambra von Granada

★ Nicht verpassen!

Nach Lust und Laune!

Von der schmalen Cuesta de Gomérez geht es steil zur Alhambra von Granada hinauf

Blick vom Mirador de San Nicolás auf die Alhambra

Lassen Sie die Schönheit von Granada auf sich wirken, bevor Sie sich auf den Weg in die dicht bewaldeten Alpujarras machen. Erkunden Sie die Stadt Almería, das wüstenartige Hinterland, und anschließend Spaniens sonnenverwöhnteste Küste.

Granada und Almería in vier Tagen

Erster Tag

Vormittags

Frühstücken Sie in einem der quirligen Cafés an der **Plaza Nueva** von Granada, und besteigen Sie anschließend den Alhambra-Bus (➤ 91), der vom Südende des Platzes bis zum Eingang der **Alhambra** fährt. Besichtigen Sie die eindrucksvolle Palastanlage (➤ 83ff), und speisen Sie im Parador de San Francisco, dem Hotel im Herzen der Alhambra.

Nachmittags

Schön ist eine Mußestunde in den Gärten des **Generalife** (links, ➤ 86) der Alhambra, danach führt der Weg durch schattige Alleen wieder hinunter zur Plaza Nueva. Gehen Sie durch die Puerta de las Granadas (Granatapfeltor) hinunter zur Cuesta de Gomérez, und bummeln Sie durch Andenken- und Intarsienläden.

Zweiter Tag

Vormittags

Spazieren Sie in der Morgensonne durch das arabische Viertel **Albaicín** (rechts, ➤ 87). An der **Plaza de San Miguel Bajo** (➤ 87) können Sie eine Kaffeepause einlegen. Kehren Sie ins Zentrum zurück, und besichtigen Sie die **Capilla Real** (➤ 88f) und die angrenzende **Kathedrale** (➤ 88f).

Nachmittags

In Richtung Süden geht es über die N323 bis zur Abfahrt C333 nach Lanjarón. Fahren Sie weiter bis Órgiva und von dort über die Serpentinenstraße in die **Alpujarras** (➤ 92ff), die Ausläufer der Sierra Nevada. Zu beiden Seiten der Schlucht **Poqueira** liegen drei hübsche Dörfer – Pampaneira, Bubión und Capileira (➤ 92ff).

Dritter Tag

Vormittags

Gleich früh am Morgen geht es Richtung Osten durch die Alpujarras nach **Trevélez** (rechts, ➤ 94f), das für seinen *serrano*-Schinken berühmt ist. Genießen Sie einige Scheiben davon in einem der Cafés im Dorf.

Nachmittags

Auf dem Weg weiter nach Osten kommt man an den Dörfern Juviles, Bérchules und Yegen vorbei und gelangt dann in die Stadt **Almería** (➤ 96ff), die sich zum Übernachten anbietet. Bummeln Sie abends durch das Viertel um die Puerta de Purchena (➤ 98) und probieren Sie einige *tapas*.

Vierter Tag

Vormittags

Besuchen Sie die **Alcazaba**, die maurische Festung von Almería, morgens, wenn es noch nicht so heiß ist. Schlendern Sie über die ruhige **Plaza Vieja** (➤ 98), und essen Sie in der Bar Bahía de la Palma in der Calle Mariana am Nordende des Platzes zu Mittag.

Nachmittags

Fahren Sie nordwärts in Richtung Granada, und machen Sie in **Mini Hollywood** (➤ 102) Halt. Alternativ bietet sich **Guadix** (➤ 102f) mit seinem Höhlensystem und dem zugehörigen Museum an, bevor es zurück nach Granada geht.

0

Granada

Die Alhambra von Granada hoch oben auf dem Berg ist das großartigste Überbleibsel des islamischen Spanien und sicher eines der beeindruckendsten Bauwerke der Welt. Doch die Stadt hat noch sehr viel mehr zu bieten, etwa den Albaicín, das frühere Maurenviertel, die Capilla Real (Königskapelle) und die Kathedrale sowie einige hervorragende Kirchen und Museen. Jenseits der Hauptstraßen, in denen der Verkehr tost, findet man eine verschwiegene Welt mit bunten Plätzen und Fußgängerzonen mit hübschen Cafés, Boutiquen, Galerien und Märkten.

Granada war einst eine Bastion der Mauren in Andalusien. Die Stadt wurde zuerst von Córdoba aus regiert, dann von Sevilla. 1238 stieg sie zur Hauptstadt der Nasriden auf, einer von Ibn al-Ahmar gegründeten Dynastie. 1246 wurden die Nasriden Vasallen des christlichen Königreichs Kastilien, was Granada als maurisches Königreich bis ins 15. Jahrhundert überleben ließ. Über 200 Jahre lang schufen die Nasridensultane die herrlichen Gebäude der Alhambra und ihre wunderschön dekorierten Räume, *patios* und Gärten. 1492 eroberte das christliche Herrscherpaar Ferdinand und Isabella (► 23) Granada für Spanien zurück; der letzte Nasridensultan, Abur Abd Allah, in Spanien bekannt als Boabdil, wurde vertrieben. Die Monarchen bewahrten jedoch weitgehend die islamische Schönheit der Alhambra wie auch des maurischen Albaicín. Heute erhebt sich die Alhambra triumphierend über den bewaldeten Hügeln vor dem Hintergrund der schneebedeckten Gipfel der Sierra Nevada.

Touristeninformation

200 C2 Corral del Carbón s/n (J de A) 958 22 59 90

200 C1 Turismo Municipal, Plaza Mariana Pineda 10 (OMT) 958 22 66 88

Parken

Tiefgaragen gibt es in La Caleta am westlichen Ende der Avenida de la Constitución in der Nähe des Bahnhofs sowie in der Calle San Agustín, nördlich der Kathedrale und bei der Gran Vía de Colón, außerdem unweit der Hauptpost an der Puerta Real (Kreuzung Calle Reyes Católicos und Acero del Darro). Parkplätze finden sich ferner bei der Kasse der Alhambra.

Die Alhambra

Von der Palastanlage auf dem Berg aus lässt sich Granada am besten erkunden. Der weitläufige Komplex besteht aus vier Abschnitten mit Gebäuden und Gärten: Die Alcazaba ist die eigentliche Festung. Der Nasridenpalast diente einst den Sultanen als Standort für Verwaltung, Rechtsprechung und Diplomatie sowie als private Residenz. Der Palacio de Carlos V kam im frühen 16. Jahrhundert hinzu, der Generalife mit seinen Gärten wurde als Sommerpalast und zur Erholung genutzt.

Der Generalife liegt unmittelbar rechts neben dem Haupteingang zur Alhambra, die Alcazaba sowie die Nasridenpaläste befinden sich nicht weit voneinander ganz im Westen der Anlage. In Anbetracht der Größe und Verschachtelung der Alhambra ist es am sinnvollsten, wenn man die Besichtigung am äußersten westlichen Ende mit der Alcazaba, dem historisch ältesten Teil, beginnt. Von hier geht es über den Nasridenpalast und den Palast von Carlos V zurück zum Generalife, wo man in den Gärten mit kühlenden Brunnen und herrlichen Blumen verweilen kann.

Die Gipfel der Sierra Nevada geben eine herrliche Kulisse für die Alhambra ab

Die Alcazaba

Die Alcazaba ist das Kernstück der maurischen Festung aus dem 13. Jahrhundert, von der mächtige Mauern und Türme erhalten blieben. Am westlichen Ende genießt man von der **Torre de la Vela**, dem ehemaligen Glockenturm, einen herrlichen Blick über Granada und den Albaicín sowie die Vega genannte Landschaft. Der große Dichter Granadas, García Lorca, stellte sich die dunstige Vega als eine Bucht im Meer vor und verwirrte einst einen Freund, als er ihn fragte, ob er die Boote am Fuß der Türme habe dümpeln sehen. Südlich der Alcazaba liegen die üppigen, duftenden Terrassen des **Jardín de los Ardaves** mit Ulmen und Zypressen, die sich vor der Kulisse der mächtigen Sierra Nevada über die Hänge der Alhambra bis in die Stadt ziehen.

Die nördliche Arkade des Patio de los Arrayanes (Myrtenhof)

Palacios Real

Der Nasridenpalast ist ein Juwel islamischer Handwerkskunst aus Stein, Holz und Stuck und die Krönung der Alhambra. Die gesamte Anlage spiegelt mit ihrer subtilen Komposition aus Raum, Licht und Wasser die Kunstfertigkeit des Islam wider. Man betritt den Palast durch ein bescheidenes Tor und gelangt zuerst in den **Mexuar**, den Audienz- und Gerichtssaal. Die öffentlichen Räume des Palasts geben mit herrlichem Stuck und Kacheln einen ersten Vorgeschmack auf das, was kommt.
Es folgt der **Serallo**, mehrere Räume, die sich zum **Patio de los Arrayanes** (Myrtenhof) hin öffnen, einem rechteckigen Hof mit einem von Myrten gesäumten Wasserbecken in der Mitte und sanft plätschernden Brunnen. Durch die Arkaden Richtung Norden kommt man in die **Sala de la Barca** (Segenshalle) mit einer schiffsfömigen Decke, und dann in den **Salón del Trono**, der auch Sala de los Embajadores (Thronsaal oder Gesandtensaal) heißt. Hier empfing der Sultan einst Gesandte. Die mit Kacheln und Stuck geschmückten Wände wölben sich zu einer meisterhaft aus Zedernholz geschnitzten Kuppel, die das von Sternen erleuchtete Firmament darstellt.

Der nächste Abschnitt des Palasts umfasst die Privatgemächer der Sultane, dort befinden sich auch die Räume des Harems. Das Kernstück bildet der von Marmorsäulen eingefasste **Patio de los Leones** (Löwenhof). In der Mitte steht ein Brunnen mit zwölf Löwen. Am Südende des *patio* liegt die **Sala de los Abencerrajes**. Im Zentrum steht ein zwölfeckiger Marmorbrunnen, in dem sich die gewaltige Stalaktitenkuppel und der 16-seitige Deckenfries spiegeln. Die dunklen Flecken im Brunnenbecken sollen vom Blut von 16 geköpften Prinzen aus dem Geschlecht der Abencerragen stammen, deren Anführer Zoraya, die Lieblingskonkubine des Sultans Abu al-Hassan, begehrt hatte. Die erheblich prosaischere Erklärung für die Flecken ist wohl einfach Rost, aber die grausige Tat hat sich wohl tatsächlich hier abgespielt.

Am anderen Ende des Löwenhofs liegt eine lange, schmale Halle, die **Sala de los Reyes** (Saal der Könige), wo die alkovenartigen Nebenräume auf Leder gemalte Deckenbilder aufwei-

Dem Untergang nahe

Seit ihren ersten Tagen als Enklave der Mauren wurde die Alhambra immer wieder geplündert. Im 19. Jahrhundert kamen »Kunstliebhaber« aus Nordeuropa, rückten den herrlichen Stuckarbeiten mit dem Hammer zu Leibe und nahmen die Bruchstücke mit nach Hause. Ab 1820 bewohnte der amerikanische Schriftsteller Washington Irving den Nasridenpalast und schrieb dort seine *Geschichten von der Alhambra.* Sie lösten ein so großes Interesse an der Alhambra aus, dass sich die spanischen Behörden schließlich entschlossen, die Palastanlage unter Schutz zu stellen und zu restaurieren.

Die phantastische Sala de las dos Hermanas

sen. Sie sollen Ritterszenen darstellen und sind vermutlich das Werk späterer christlicher Künstler. Die Halle wurde im Sommer für Darbietungen genutzt, die Alkoven dienten vermutlich als Theaterlogen. Gegenüber der Sala de los Abencerrajes gelangt man in die **Sala de las dos Hermanas** (Saal der zwei Schwestern), deren Name sich auf die beiden großen, in den Boden eingelassenen Marmorplatten bezieht. Der Stuckdekor des größten Stalaktitengewölbes ist atemberaubend schön. Es schließt sich nun die **Sala de los Ajimeces** an (Saal der Bogenfenster), die Privatgemächer der Lieblingsfrau des Sultans; der Erker geht auf die üppigen *patios* hinaus.

Palacio de Carlos V

Von der Sala de los Ajimeces gelangt man durch eine Reihe von Räumen und Gängen ins gleißende Licht der Gärten mit *patios* und maurischen Türmen. Man verlässt die Gärten am **Renaissancepalast von Carlos V**, den der spanische König in die maurische Anlage integrierte, indem er einen Teil des Nasridenpalasts zerstören ließ. In einer anderen Umgebung würde der Palast vermutlich eindrucksvoller wirken. Das Herzstück des Palasts ist ein runder Hof, der durch das Spiel von Licht und Schatten belebt wird. Er wurde früher auch als Stierkampfarena genutzt. In den Räumlichkeiten rund um den Hof ist das **Museo Hispano-Musulmán** mit exquisiten Exponaten aus islamischer Zeit untergebracht; am bekanntesten ist der blau und golden verzierte Jarrón de las Gacelas (Gazellen-Vase oder -Zierkrug). Im oberen Stockwerk befindet sich das **Museo de Bellas Artes** (► 91) mit einer Sammlung von Schaustücken der schönen Künste.

Die schattigen Gärten des Generalife

Der Generalife

Im Osten der Alhambra liegt auf dem Cerro del Sol (Sonnenhügel) der Generalife, ein Areal mit kühlen, plätschernden Brunnen, schimmernden Teichen und Gärten mit Terrassen und Blumenbeeten. Die Grünanlagen wurden bereits im 13. Jahrhundert begonnen, und ihr Name soll »erhabenes Gartenparadies« bedeuten. Hier fanden einst Bankette und Theatervorführungen statt. Heute schlendert man durch den **Patio de los Cipreses** mit jahrhundertealten Zypressen und taucht die Hände ins kühle Nass des **Camino de las Cascades.**

201 E2 · Alhambrahöhe · 958 22 09 12; Fax 958 21 05 84 · März–Okt. tägl. 8.30–20 Uhr (Di–Sa 22–23.30 Uhr mit Flutlicht); Nov.–Feb. 8.30–18 Uhr, (Fr/Sa 20–21.30 Uhr mit Flutlicht); 25. Dez. und 1. Jan. geschl.

Restaurants (€€€); Kiosk (€–€€) · Alhambra-Bus alle 10 Min. von der Plaza Isabel la Católica und Plaza Nueva · teuer (Senioren mittel, Behinderte und Kinder unter acht Jahren frei)

Zugang zur Alhambra

Zurzeit können pro Tag 7700 Personen die Alhambra besuchen. Die Eintrittskarte ist für die gesamte Anlage gültig. Der Nasridenpalast muss innerhalb der nächsten halben Stunde nach der auf dem Ticket vermerkten Uhrzeit besucht werden; die Aufenthaltsdauer ist unbegrenzt.

Eintrittskarten kauft man am Haupteingang der Alhambra (maximal fünf Stück pro Person), mit Warteschlangen ist zu rechnen. Wer relativ spät kommt, kann ggf. den Nasridenpalast nicht mehr besuchen, da alle Zeiten vergeben sind. Aus diesem Grund ist es sinnvoll, die Besichtigung im Voraus zu buchen, nämlich über die spanische Banco Bilbao Vizcaya (BBV), zum Beispiel in einer ihrer 2829 Niederlassungen in Spanien. Man kann auch telefonisch einen Tag vorher reservieren (in Spanien Tel. 902 22 44 60, vom Ausland Tel. 003 413 745 420); Bezahlung nur mit Visa- oder MasterCard. Weitere Informationen unter www.alhambra-patronato.es.

Der Albaicín

Das alte maurische Viertel von Granada, der Albaicín, zieht sich über die Flanken des Hügels Sacromonte und blickt auf die Alhambra auf der anderen Seite des Darro-Tals. Hier schlängeln sich die Gassen mit Kopfsteinpflaster dahin, hohe Palmen setzen Akzente zwischen den weiß getünchten Häusern mit bunten Bougainvilleen und Geranien. Dazwischen verstreut liegen begrünte Plätze, und immer wieder taucht zwischen den Häusern plötzlich die Alhambra auf. Ein besonders schöner Aussichtspunkt ist der Mirador San Nicolás (➤ 172) am Abend, wenn die Alhambra im Dunkeln vom Flutlicht erhellt wird.

Im Süden wird der Albaicín von der Carrera del Darro begrenzt, einer schmalen Straße, die am Río Darro entlangführt. Von hier führen immer wieder enge, steile Gassen hinauf ins Herz des Albaicín. In der Carrera del Darro besichtigt man zuerst die **Baños Árabes** aus dem 11. Jahrhundert. Man betritt die maurischen Bäder über einen winzigen Hof mit Garten, ein reizender Auftakt für die Badesäle mit ihren sternförmigen Öffnungen in der Decke. In der Nähe wartet das in einem Renaissancepalast, der Casa de Castril, untergebrachte **Museo Arqueológico** (Archäologisches Museum) mit einer hervorragenden Sammlung prähistorischer, phönizischer, römischer und westgotischer Exponate auf. Vom Balkon des mit Arkaden umgebenen *patio* hat man einen schönen Blick auf die Alhambra.

Abseits vom Touristenstrom – die Calderería Nueva im Albaicín

Weitere Sehenswürdigkeiten sind die **Plaza Larga** mit Geschäften und Bars sowie die **Plaza San Miguel el Bajo** westlich des Mirador San Nicolás. Unter Platanen sitzt man hier gemütlich in der Bar Lara oder im El Yunque bei einem Drink und *tapas*. Vom nahe gelegenen **Mirador de Cruz de Quirós** hat man ebenfalls eine schöne Aussicht. Oben auf dem Hügel Sacromonte gibt es im Osten Höhlen, in denen früher Zigeuner lebten. Heute finden dort teuere Flamencoshows statt.

Den Albaicín erkundet man entweder gezielt mit einer festen Route (➤ 170ff), oder man lässt sich einfach treiben – und überraschen. Bergab geht es jedenfalls immer wieder zurück ins Zentrum von Granada. Tagsüber sollte man sich vor Taschendieben hüten, nachts das Viertel besser ganz meiden.

Baños Árabes
- 201 D3
- Carrera del Darro 31
- 958 22 23 39
- Di–Sa 10–14 Uhr
- Alhambra-Bus (➤ 91)
- frei

Museo Arqueológico
- 201 D3
- Carrera del Darro 41
- 958 22 56 40
- Mi–Sa 9–20, So 9–15, Di 15–20 Uhr
- Alhambra-Bus (➤ 91)
- preiswert (für EU-Bürger frei)

Capilla Real und Catedral

Im Herzen des modernen Granada, unweit der geschäftigen Gran Vía de Colón, befinden sich zwei wichtige Gebäude. Die Kathedrale und die angrenzende Capilla Real (Königskapelle) entstanden nach dem Ende der Maurenherrschaft.

Die **Capilla Real** ist ein beeindruckendes gotisches Gebäude, das der Kathedrale nebenan ein Stück weit die Schau stiehlt. Erstere wurde im frühen 16. Jahrhundert als Grabstätte für die katholischen Monarchen Isabella und Ferdinand erbaut, die Spanien vollständig von der Maurenherrschaft befreit hatten (➤ 23). Eigentlich wollte das Herrscherpaar in Toledo beerdigt werden, doch nach ihrem triumphalen Sieg über die Mauren beschlossen sie, sich selbst eine Begräbniskapelle neben der Kathedrale zu errichten, welche die Große Moschee von Granada ersetzte.

Rechts: Orgel und Decke des Kirchenschiffs in der Kathedrale

Die Kapelle ist mit eleganten Säulen und Bögen und einem herrlichen Altaraufsatz ausgestattet. Ein wunderschönes schmiedeeisernes Gitter umschließt das reich verzierte Mausoleum der Herrscher, die als Marmorstandbilder dargestellt sind. Zur Rechten sieht man ihre Tochter Johanna (die Wahnsinnige) und deren Mann Philipp. Schmale Stufen führen zur Krypta hinunter, wo die Bleisärge von allen Vieren einen etwas gruseligen Anblick bieten. Ob die sterblichen Reste in den Särgen überhaupt von der Königsfamilie stammen, ist ungewiss, weil französische Soldaten während ihres kurzen Aufenthalts im napoleonischen Krieg die Kapelle verwüsteten.

Die Sakristei der Kapelle ist überaus sehenswert. Hier befindet sich neben königlichen Kunstschätzen auch Isabellas persönliche Kollektion italienischer und flämischer Malerei mit Werken von Hans Memling und Rogier van der Weyden.

Relief von Johanna der Wahnsinnigen und Philipp dem Schönen

Die **Renaissance-Kathedrale** von Granada schließt sich unmittelbar an. Türmchen, Giebel und Pfeiler streben zwischen den umliegenden Gebäuden zu einer zentralen Kuppel aufwärts, die noch an die Große Moschee erinnert. Die Kathedrale stand hinter der Königskapelle stets an zweiter Stelle. Mit ihrem Bau wurde ab 1520 begonnen, nachdem die Kapelle bereits fertig gestellt war, vollendet wurde die Kirche allerdings erst im 18. Jahrhundert. Die hohe Kuppel im Zentrum verleiht dem Gotteshaus eine herrliche Leichtigkeit, und ringsum erhellen sich immer wieder die beeindruckenden Kapellen, wenn Besucher eine Münze für die Beleuchtung einwerfen. Es gibt in der Kathedrale schöne Gemälde und Skulpturen, einige

Die Capilla Real, Granadas schönster gotischer Sakralbau, ist ein Touristenmagnet

von Alonso Cano, einem einheimischen Künstler, der im 17. Jahrhundert die Westfassade der Kirche gestaltete.

Südwestlich der Kathedrale liegt ein Viertel mit engen Straßen und hübschen Plätzen, die zu erkunden es sich lohnt. Im Osten, jenseits der geschäftigen Calle Reyes Católicos bis zum Corral de Carbón mit der Touristeninformation in einem gut erhaltenen Gebäude aus dem 14. Jahrhundert befindet sich der Eingang zur **Alcaicería**, einem pseudo-arabischen Suk mit zahlreichen Andenkenläden. Nicht weit ist es zur Calle Zacatín, einer Fußgängerzone, die direkt zur **Plaza Bib-Rambla** führt, einem riesigen Platz mit bunten Blumenständen und vielen Cafés, Bars und Restaurants. Jenseits des Platzes beginnt das Haupteinkaufsviertel von Granada.

KLEINE PAUSE

In der Vía de Colón 13 gleich bei der Grabkapelle und der Kathedrale lockt das **Vía Colona**, wo man vom Frühstück bis zum Snack alles bekommt. Auf der Theke wacht ein Barockengel in Lebensgröße samt einer Harfe über das muntere Treiben.

Capilla Real
200 B2 · Oficios 3 · 958 22 92 39
Mo–Sa 10.30–13 und 16–19 Uhr, So und Feiertage 11–13 und 16–19 Uhr
Busse 1, 3, 4, 6, 7, 8, 9 · preiswert

Catedral
200 B2 · Gran Vía de Colón
958 22 29 59 · Mo–Sa 10.30–13.30 und 16–19 Uhr, So und Feiertage 16–19 Uhr
Busse 1, 3, 4, 6, 7, 8, 9 · preiswert

Monasterio de la Cartuja

Den Besuch des **Monasterio de la Cartuja** (Kartäuserkloster) am nördlichen Stadtrand sollte man unbedingt einplanen; es gehört zu den schönsten Barockgebäuden Spaniens. Von außen wirkt das Kloster aus dem 16. Jahrhundert recht streng, was auch für die Höfe und Kapellen gilt, die voll von bluttriefenden Gemälden sind. Wer dann in die Kirche und Sakristei tritt, ist umso positiver überrascht: Der herrliche Altar, die Wände, Decken und Kuppeln aus Marmor, Jaspis und vergoldetem Holz sind ein Fest für die Sinne. Im Hauptschiff fliegen Tauben unter der zentralen Kuppel herum, von deren höchstem Punkt Engel auf die Gläubigen blicken.

Rechts: Maurische Stuckarbeiten in der Madraza, der alten muslimischen Koranschule gegenüber der Capilla Real

Die Sakristei des Monasterio de la Cartuja, ein barockes Meisterwerk

Parque de las Ciencias

Wer das Naturwissenschaftliche Museum besucht, lernt Granada von seiner modernen Seite kennen. Gerade Jugendliche sind von der interaktiven Präsentation begeistert, dazu gibt es ein gigantisches Schachspiel und Wasserspiele, ein Planetarium, ein Schmetterlingshaus und ein Pflanzenlabyrinth. Das Museum ist zwei Kilometer von der Stadt entfernt; es verkehren regelmäßig Busse.

Monasterio de la Cartuja
200, bei B5 · Calle Real de Cartuja
958 16 19 32
Mo–Sa 10–13 und 14–20 Uhr, So und Feiertage 10–12 und 14–20 Uhr
Bus 8, Bus C · preiswert

Parque de las Ciencias (Naturwissenschaftliches Museum)
200, bei A1 · Avenida del Mediterráneo s/n
958 13 19 00 · Di–Sa 10–19 Uhr, So und Feiertage 10–15 Uhr; Planetarium: jede Stunde Vorführung · Busse 4, 5, 10, 11 · mittel

GRANADA: INSIDER-INFO

Top-Tipps: Im Hauptbüro der **Touristeninformation** geht es meistens sehr hektisch zu. Besuchen Sie lieber das Büro an der Plaza Mariana Pineda.

- Schön ist ein Abendspaziergang durch das **Universitätsviertel** nordwestlich der Kathedrale. In den Straßen drängt sich die Jugend, und man hört aus den Gebäuden immer wieder Musik. Hier sollte man auch nach einigen hübschen Kirchen Ausschau halten (➤ Geheimtipp unten) und auf die bemerkenswerten Barockfassaden achten.
- Der **Alhambra-Bus** (Linie 32) verbindet die Plaza Nueva mit der Alhambra und dem Albaicín. Zwischen 7 und 22 Uhr fährt er im 10-minütigen Takt. Die Plaza Nueva, von der aus Sie in beide Richtungen fahren können, liegt nahe bei der Cuesta de Gomérez, einer schmalen Straße, die zur Alhambra führt. Eimal pro Stunde fährt der Bus vom Albaicín weiter zum Sacromonte.

Geheimtipp: Das renovierte **Monasterio de San Jerónimo** aus dem 16. Jahrhundert liegt im Univiertel (Rector López Argüeta 9, tägl. 10–13 und 16–19 Uhr) und ist ein Hort der Ruhe. In der Kirche finden sich wunderbare Fresken und ein klassischer Altaraufsatz unter einem Tonnengewölbe, dazu mehrere Nischen mit herausragenden Skulpturen und Reliefs. In diesem friedlichen Kloster kann man abends die Gesänge der Nonnen beim Gebet hören.

Muss nicht sein! Wer nicht gerade ein eingefleischter Kunstliebhaber ist, kann das **Museo de Bellas Artes** in den oberen Räumen des Palacio de Carlos V (➤ 85f) in der Alhambra auslassen. Es gibt hier zwar einige schöne Gemälde, doch nichts, das so atemberaubend wie die Alhambra selbst wäre.

2

Las Alpujarras

Die Alpujarras sind eine wunderschöne Gegend mit bewaldeten Hügeln und Tälern, die sich in grünen Wellen von den kargen oberen Regionen der Sierra Nevada herunterziehen. Prähistorische Siedler kultivierten die Terrassenhügel, doch erst die Mauren prägten mit ihren Bewässerungstechniken und marokkanisch wirkenden Flachdachhäusern den Stil der Dörfer. Am hübschesten sind die Oberen Alpujarras im Westen, wo sich schmale Straßen durch Dörfer mit weiß getünchten Häusern winden, die sich in der klaren Bergluft an die bewaldeten Hänge schmiegen. Hier wachsen unter anderem Steineichen und talwärts auch Walnussbäume.

Von Granada gelangt man durch **Lanjarón** in die westlichen Alpujarras. In dem Kurort wird Quellwasser in Flaschen abgefüllt, und man kann in den Kuranlagen von Bädern bis zu Massage alles bekomen. 18 Kilometer weiter östlich biegt man in dem Marktflecken Órgiva Richtung Norden ab und folgt einer Straße, die direkt ins Herz der Poqueira-Schlucht führt. Hier sind die Oberen Alpujarras am schönsten.

Kostprobe aus den Alpujarras – Maronen vom Straßenhändler

Die Dörfer von Poqueira

Die Poqueira-Schlucht ist ein breites, aber steiles, bewaldetes Tal, das die Hügel vor dem zweithöchsten Gipfel der Sierra Nevada, dem Pi-

Typisches Haus mit Flachdach im Herzen von Bubión in der Poqueira-Schlucht

co Veleta (3398 m), durchschneidet. Weiter östlich, aber außer Sichtweite, liegt der noch höhere Mulhacén (3481 m). Die weißen Häuser von drei Dörfern ziehen sich über die Terrassenhänge des Tals. Das erste Dorf ist **Pampaneira** mit einem Häusergewirr rund um die alte Kirche Santa Cruz am Hauptplatz, der Plaza de la Libertad. Hier befinden sich das Nevadensis, ein hervorragendes Informationszentrum für die Alpujarras und die Sierra Nevada, außerdem viele Bars und Andenkenläden, in denen man Tonwaren, Läufer und Decken aus heimischer Produktion erwerben kann. Kein Wunder, dass der Ort von so vielen Ausflugsbussen angefahren wird! Eine schmale Gasse mit einem Wasserkanal unter einer Arkade führt links von der *plaza* hinunter zur Bodega Moralena, einem Geschäft mit Kunsthandwerk und Delikatessen mit einer exzellenten Auswahl an lokalen Produkten.

Links: Die Dörfer Pampaneira, Bubión und Capileira ziehen sich über die Terrassenhügel der Poqueira-Schlucht

Oberhalb von Pampaneira liegt **Bubión,** das ruhigste und am wenigsten besuchte Dorf. Hier scheinen die Straßen den Hang hinunter zur blumengeschmückten Plaza Iglesia mit der Kirche zu purzeln. An der Ecke des Platzes gibt die **Casa Tradicional Alpujarreña** umfassenden Einblick in das Leben der Region.

Wandern in den Alpujarras

In Pampaneira (► 95) erhält man in der Nevadensis-Information mehrere Faltblätter mit Rundwegen in der Gegend um die Poqueira-Schlucht. Sehr oft ist man allerdings gezwungen, einen Teil der Strecke auf der Straße zurückzulegen.

Sehr hübsch ist der Weg, der von Pampaneira zwei Kilometer bergauf zur Plaza Iglesia von Bubión führt. Weniger anstrengend gestaltet sich der Weg von Bubión bergab (Rückfahrt mit dem Bus).

Die meisten Dörfer an den Südhängen der Alpujarras sind durch den mit GR-7 ausgewiesen Wanderweg miteinander verbunden. Man kann die einzelnen Strecken zwischen den Dörfern zu Fuß zurücklegen und dann mit dem Bus zum Ausgangspunkt zurückkehren.

Herbst in den Tälern bei Trevélez

Das Museum ist in einem traditionellen Haus untergebracht, das nie verändert wurde, seit die Bewohner in den Fünfzigerjahren fortzogen. Auf dem Weg zum Platz hinunter kommt man an der **Taller del Telar** (Weberei, ➤ 107) vorbei, wo Wollstoff mit einem Webstuhl hergestellt wird, der einst dem letzten Webermeister von Granada gehörte. Der exquisite Stoff weist schöne Farbtöne auf. Er steht wie auch andere Erzeugnisse, etwa Lampenschirme aus Textil, zum Verkauf.

Das am höchsten gelegene Dorf von Poqueira heißt **Capileira**, es ist sehr beliebt und im Sommer dementsprechend überlaufen. Jenseits der Hauptstraße lohnt jedoch ein Streifzug durch die schmalen Gassen, in denen die typischen Häuser der Region mit Flachdächern aus Ästen und Lehm stehen. Am Ortsende kann man auf einigen Pfaden weiter in die bewaldete Schlucht wandern, wo der Fluss Poqueira in würzig duftenden Kiefernwäldern über glatt geschliffene Kiesel sprudelt.

Trevélez und Umgebung

Die Straße östlich der Poqueira-Schlucht schlängelt sich an einem Hügelvorsprung dahin und führt dabei durch die nicht so häufig besuchten Dörfer Pitres, Pórtugos und Busquístar. Dann biegt sie nach Norden ab und verläuft an den Hängen eines weiteren tiefen Tals entlang nach **Trevélez**. Der am höchsten

Alles über die Alpujarras

In den Zwanzigerjahren lebte der englische Schriftsteller Gerald Brenan im Dorf Yegen. Seine Erfahrungen hielt er in dem Buch *Südlich von Granada* fest, das faszinierende Einblicke in das dortige Leben gibt. Eine Gedenktafel zu seinen Ehren befindet sich an seinem Wohnhaus, der heutigen Casa de Brenan, unweit vom Hauptplatz. 1999 veröffentlichte Chris Stewart, Ex-Drummer der Popgruppe Genesis, der sich in der Nähe von Órgiva als kleiner Bauer niedergelassen hatte, mit dem Titel *Unter den Zitronenbäumen* ein weiteres Buch über die Alpujarras.

LAS ALPUJARRAS: INSIDER-INFO

Top-Tipps: In den Alpujarras dauert das Autofahren viel länger, als man zunächst glaubt. Die 50 Kilometer lange Strecke über eine Serpentinenstraße kann den ganzen Morgen in Anspruch nehmen. Die Versuchung, anzuhalten und die Aussicht zu genießen, ist einfach zu groß.

• Wer genug Zeit hat, sollte ruhig einmal ein Abenteuer riskieren. Pflanzen und Vögel lassen sich auf Wanderungen erkunden, man kann reiten, Rad fahren oder einen Jeep mieten und sogar hängegleiten – alles mit kundigen Führern. Auskunft erteilt Nevadensis in Pampaneira (► Touristeninformation, unten).

Muss nicht sein! In den Wintersportort Solynieve (Sonne und Schnee) in der Provinz Granada gelangt man von Granada aus. Er liegt in 2100 Meter Höhe in der Sierra Nevada und ist im Sommer schlichtweg langweilig. In der Nachsaison sind dank Massen von künstlichem Schnee meist noch Abfahrten möglich.

gelegene Ort Spaniens ist für seinen *jamón serrano*, den luftgetrockneten Schinken, berühmt. Die einzelnen Viertel, die alle ihren typischen Charakter bewahrt haben, ziehen sich den Hügel hinauf. Die Unterstadt, der *barrio bajo*, muss den Preis für die Bekanntheit von Trevélez bezahlen: Der Hauptplatz ist nur noch ein gigantischer Parkplatz, an dem Andenkenläden, Cafés, Restaurants und Geschäfte mit *serrano*-Schinken um die Gunst der Kunden buhlen. Eine steile Straße führt hinauf in den *barrio medio* und von dort zum *barrio alto*, wo hoch oben die Straßen schmäler und die Autos seltener werden.

Östlich von Trevélez führt der Weg durch reizvolle Landschaft mit Bächen und Wäldern aus Buchen, Pappeln, Eichen und Kiefern tiefer in die Alpujarras hinein. Die Straße passiert einige maurische Siedlungen wie **Bérchules** und **Yegen** (Kasten, ► 94), urtümliche Dörfer, die sich an Steilfelsen klammern und durch ihren gemächlichen Lebensrhythmus bezaubern. Hinter Yegen wird die Landschaft gen Osten dann weniger grün und geht in die trockenen Hügel der Provinz Almería über.

Kunsthandwerksläden locken überall in den Alpujarras

KLEINE PAUSE

In Pampaneira macht sich das Bar-Restaurant **Alegrías** eine hübsche kleine Terrasse zunutze, die direkt unter dem gut erhaltenen öffentlichen Waschhaus liegt. Über eine Kopfsteinpflastergasse mit Wasserkanal geht es zur Plaza de la Libertad. Ein schöner Blick bietet sich von der **Bar Albuxarra**.

197 D2

Touristeninformation
✉ Nevadensis, Plaza de la Libertad, Pampaneira ☎ 958 76 31 27
✉ Rustic Blue (privat), Bubión ☎ 958 76 33 81

Casa Tradicional Alpujarreña
✉ Plaza Iglesia, Bubión ☎ 958 76 30 32
Mo–Fr 11–14 Uhr, Sa/So und Feiertage 11–14 und 17–19 Uhr preiswert

3

Almería

Ein altes Sprichwort lautet: »Als Almería noch Almería war, war Granada nichts als ein Bauernhof«. Stolz blickt die ehemalige maurische Festung in phantastischer Lage auf ihre lange Geschichte zurück. Unterhalb der Burg liegt die westliche Altstadt mit engen Gassen und verfallenen Gebäuden neben der Neustadt mit geschäftigen Einkaufsstraßen und frisch asphaltierten Boulevards. In Almería liegen maurisches und mittelalterliches Andalusien und das moderne Spanien des 21. Jahrhunderts dicht beieinander.

Vom 8. Jahrhundert an war Almería der Haupthafen von al-Andalus und gelangte durch seine Handelsbeziehungen mit Nordafrika und dem östlichen Mittelmeerraum zu Reichtum. 1490 fiel die Stadt an die Christen, und der Bruch mit Nordafrika hatte den Niedergang zur Folge, der durch mehrere verheerende Erdbeben im 16. Jahrhundert noch beschleunigt wurde. Im 19. Jahrhundert blühte Almería erneut auf. Heute begünstigen die *plasticultura* (Gewächshauskultur, ➤ 181) und der zunehmende Tourismus die Entwicklung der modernen Stadt.

Die Alcazaba

Im 10. Jahrhundert nutzten die Baumeister der Alcazaba das raue Gestein oben auf dem Hügel, und bis heute wirken die restaurierten Mauern und Türme der Festung wie natürliche Erweiterungen der Klippen. Die Auffahrtsstraße zur **Alcazaba** windet sich steil nach oben zur **Puerta de la Justicia** (Gerechtigkeitstor), dem perfekten Beispiel eines maurischen Eingangstors mit doppeltem Hufeisenbogen und einem versetzten Innentor, das mög-

Unten: Blick vom Hafen auf die Alcazaba von Almería; der Name bedeutet »Spiegel des Meeres«

Von der Alcazaba führen Stufen hinunter ins alte maurische Viertel der Stadt

lichen Angreifern die Orientierung nehmen sollte. Dahinter kommt der **Erste Befestigungsring**, den die Mauren bei Belagerungen als Lager und Zufluchtsstätte für die Bürger nutzten. Inzwischen wurden hier mehrere Gärten angelegt. Weiter geht es hinauf zu einer kühlen Oase mit Bäumen, die auf die hohen Mauern des **Zweiten Befestigungsrings** ihre Schatten werfen. In diesem weitläufigen Areal finden sich die markanten Ruinen der Gemächer, die den ehemaligen Reichtum Almerías im 10. und 11. Jahrhundert widerspiegeln, zuerst unter dem Kalifat Córdobas, dann als unabhängiges Fürstentum und schließlich als Teil des muslimischen Granada. Der **Dritte Befestigungsring** beherbergt die bemerkenswerte innere Festung, welche die christlichen Eroberer nach 1492 an der Stelle des ehemaligen Bergfrieds anlegten. Von hier hat man einen herrlichen Blick übers Meer.

Direkt unterhalb erstreckt sich der **Barrio de Chanca**, das alte Fischerviertel von Almería mit bunt bemalten Fassaden, Flachdachhäusern und Höhlenwohnungen in den Felsen. Hier lebt die ärmere Bevölkerung Almerías.

Weitere Sehenswürdigkeiten

Die **Catedral** wurde ab 1520 an der Stelle der früheren Moschee errichtet. Die wehrhaften Mauern sollten das Gebäude vor Piratenüberfällen schützen. Innen herrscht düstere Gotik vor, doch die Schnitzereien des Chorgestühls sind herrlich und der Altar aus dem 18. Jahrhundert in rotem und schwarzem Jaspis ist ein Schmuckstück. An der Südwand führt ein Tor zu einem schattigen *patio*.

Das **Museo Arqueológico** (Archäologisches Museum) soll in Kürze wieder eröffnet werden (fragen Sie bei der Touristeninformation nach). Bis dahin können Sie Exponate aus Los Millares, einer bronzezeitlichen Fundstätte (Kasten, ► 103), und Objekte der Römer und Mauren in der Bibliothek von Almería östlich der Kathedrale bewundern.

Das im Jahr 2000 eröffnete **Centro de Artes** (Kunstgalerie) liegt nicht weit vom Zug- und Busbahnhof entfernt und zeigt traditionelle und zeitgenössische Kunst.

Central Almería wird von der Rambla de Belén, einem breiten Boulevard, der zum Hafen hinunterführt, in ein westliches und ein östliches Viertel geteilt. Hier wachsen Palmen und stehen Brunnen, die mit Wasserkanälen verbunden sind. Im Westen liegt die Hauptstraße der Stadt, der schick renovierte Paseo de Almería mit Läden und Café-Bars. An seinem nördlichen Ende erhebt sich inmitten des Verkehrs die Puerta de Purchena. Die Plaza Manuel Pérez García wurde als Fußgängerzone gestaltet und führt von der Puerta de Purchena im Westen zur attraktiven Einkaufsstraße Calle de las Tiendas und weiteren Straßen mit Geschäften, Bars und Restaurants.

KLEINE PAUSE

Hervorragender *jamón*, Fisch-*tapas* und Fischgerichte werden samt exquisitem Sherry in der **Bodega las Botas** in der Calle Fructuosa Pérez 3 serviert, die Tische sind Sherryfässer.

197 E2

Touristeninformation

Parque Nicolás Salmerón s/n (J de A)
950 27 43 55 Avenida Federico García Lorca (OMT) 950 28 07 48

Parken

An der Ostseite der Rambla de Belén gleich beim Kreisverkehr in Richtung Meer befindet sich eine Tiefgarage.

Alcazaba

Almanzor s/n 950 27 16 17
tägl. 9–18.30 Uhr
preiswert (frei für EU-Bürger)

Catedral

Plaza de la Catedral
Mo–Fr 10–16.30 Uhr, Sa 10–13 Uhr
preiswert

Museo Arqueológico

Biblioteca Pública (vorübergehend), Calle Hermanos Machado 1 950 62 10 21
Di–Fr 9–14 Uhr, Sa 9.30–13.30 Uhr
preiswert (frei für EU-Bürger)

Centro de Artes (Museo Almería)

Plaza Barcelona s/n 950 26 96 80
Mo–Fr 11–14 und 18–21 Uhr, Sa 18–21 Uhr, So und Feiertage 11–14 Uhr
frei

ALMERÍA: INSIDER-INFO

Topp-Tipps: Die Sonne kann hier stechend sein, benutzen Sie **Sonnencreme** mit hohem Lichtschutzfaktor, und tragen Sie einen **Hut**, besonders in der Alcazaba.
• Der hübsche **Morgenmarkt** von Almería findet in der Calle Aguilar de Camo statt, wohin man auf halbem Weg vom Paseo de Almería bergab gelangt.

Geheimtipp: Auf der von Arkaden umgebenen **Plaza Vieja** (Alter Platz) aus dem 17. Jahrhundert können Sie sich ausruhen. Hohe Palmen umgeben ein weißes Denkmal. Es erinnert an aufständische Bürger, die sich 1824 gegen die Unterdrückung durch König Ferdinand VII. zur Wehr setzten und hingerichtet wurden.

Muss nicht sein! Den alten **Barrio de la Chanca** sieht man am besten von der Alcazaba (➤ oben) aus. Das Viertel selbst zu besuchen, ist, besonders nachts, nicht ratsam.

Nach Lust und Laune!

4 Cabo de Gata

Diese Halbinsel auf der Ostseite des Golfs von Almería soll der trockenste und heißeste Ort in ganz Europa sein, eine Landschaft mit langen, einsamen Stränden, Salzpfannen und rauen Vulkanhügeln. An der Südspitze steht am eigentlichen Kap ein einsamer Leuchtturm, von dem aus man eine atemberaubende Sicht auf die zerklüfteten Klippen und die Felsen im Meer hat. Der Reiz des Cabo de Gata liegt in seinen menschenleeren Stränden, der Pflanzen- und Vogelwelt und der Abgeschiedenheit der Klippen und Buchten im Nordosten des Kaps. Die Strände am Golf von Almería an der Straße zwischen dem Dorf San Miguel de Cabo de Gata und dem Leuchtturm sind am besten zugänglich. Mittags kann es hier allerdings sehr windig sein. Kurz vor dem Leuchtturm führt eine schmale, mit *Acceso Sendero Vela Blanca* ausgeschilderte Straße einige Kilometer Richtung Norden zur äußersten Landspitze, wo neben einem Radiosender der alte maurische Wehrturm Vela Blanca emporragt. Von hier schlängelt sich eine Piste durch die Berge zu einigen kleinen, verschwiegenen Stränden.

197 E1 El Naranjero in San Miguel de Cabo de Gata (€€); Café beim Leuchtturm nach Jahreszeit (€)

Touristeninformation

Los Amoladeros Centro de Interpretación

Cabo de Gata Leuchtturm (Infos am Kiosk je nach Jahreszeit)

Naturreservat Cabo de Gata

Im **Parque Natural de Cabo de Gata Níjar** stehen Pflanzen und Vögel unter Schutz. Zu den Pflanzen, die in diesem wüstenartigen Gebiet gedeihen, zählen die Jujube, ein Gebüsch mit dornigen Blättern und Ästen, die sich wie ein Schirm über der Erde entfalten, um der Erde darunter die Feuchtigkeit zu bewahren. Eine andere seltene Pflanze ist die Zwergfächerpalme, die einzige europäische Palmenart. Hinter dem Dorf San Miguel de Cabo de Gata liegen **Las Salinas**, ein weites Gebiet mit Salzfeldern, wo man unter anderem Flamingos, Säbelschnäbler, Störche und Silberreiher beobachten kann. Das Informationszentrum des Naturparks, **Los Amoladeros Centro de Interpretación** (Tel. 950 16 04 35, Sommer tägl. 10–14 und 17.30–21 Uhr, Winter Di–So 10–15 Uhr), zwischen Almería und San Miguel zeigt Ausstellungen zur Natur und verkauft Andenken.

Nordöstlich vom Leuchtturm am Cabo de Gata liegt das reizende Dorf San José

Der mit Kacheln und Fischköpfen verzierte Brunnen von Níjar zeugt von der langen Handwerkstradition des Ortes

Etwas weiter weg

Die Küste der Provinzen Granada und Almería ist unter dem Namen Costa Tropical bekannt und bietet nur wenige Ferienorte. Fast die gesamte Westküste von Almería widmet sich der *plasticultura* (➤ 181), und so blitzen überall Kunststofftreibhäuser in der Sonne auf. Die Küste von Granada ist kaum 60 Kilometer lang und eignet sich aufgrund ihrer zerklüfteten Klippen zum Glück nicht für Treibhauskultur. Die schönsten Ferienorte hier sind Almuñécar und Salobreña.

5 Níjar

Das Dorf Níjar mit seiner Keramikindustrie geht auf die Mauren zurück. Es liegt in den Ausläufern der Sierra de Alhamilla, 30 Kilometer nordöstlich von Almería. Unterhalb des Ortes erstreckt sich die karge Ebene Campo de Níjar mit zahlreichen Treibhäusern (Kasten, ➤ 181). Die Töpfer von Níjar haben sich auf lebhafte, bunte Farben spezialisiert, die aus Mineralien gewonnen werden. Man kann die Artikel in der Hauptstraße, der **Avenida García Lorca**, kaufen, wo sich Kunsthandwerksläden und Töpfereien aneinander reihen. Die wichtigsten Ateliers und Ausstellungsräume befinden sich jedoch im **Barrio Alfarero**, der am oberen Ende der Avenida García Lorca beginnt. Es werden hier auch bunte Teppiche und Decken verkauft. Unterhalb der Avenida García Lorca liegt in der Altstadt die **Plaza la Glorieta**. Die Kirche Santa María de la Anunciación (16. Jahrhundert) besitzt eine schöne *mudéjar*-Decke. Hinter der Kirche führt der Weg zur **Plaza del Mercado** mit einem riesigen Baum in der Mitte und einem blau gekachelten Brunnen. Schöne Keramik kann man in La Tienda de los Milagros (➤ 107) in der Calle Lavadero unweit des Platzes erstehen.

197 E1

Touristeninformation

Calle Maestros

Café-Bar La Glorieta

6 Mojácar

Mojácar ist in der Provinz Almería der wichtigste Ferienort am Meer und dementsprechend überlaufen. Wer gut zugängliche Strände mit allen modernen Einrichtungen sucht, ist hier genau richtig. Mojácar besteht aus zwei Teilen: Der Küstenort **Mojácar Playa** zieht sich mit herrlichen Stränden an der Hauptstraße entlang. Hier finden sich direkt am Meer viele Hotels, Geschäfte, Cafés und Restaurants, dazu lebhafte Bars und Diskos. Nur zwei Kilometer landeinwärts liegt auf einem Hügel

Mojácar Pueblo, das eigentliche Dorf mit Häusern, die an Würfelzucker erinnern. Der maurische Einfluss blieb bis ins 20. Jahrhundert erhalten; es heißt, dass die Frauen hier vor 50 Jahren noch verschleiert gingen. Trotz der vielen Touristen, die sich im Sommer durch die Gassen und Geschäfte drängen, hat das Dorf seinen Charme bewahrt.

197 F2

Touristeninformation

Calle Glorieta 1, Mojácar

950 47 51 62

Avenida de Andalucía s/n, Mojácar Playa

950 61 50 25

7 Sorbas

40 Kilometer nordöstlich von Almería liegt das Dorf Sorbas, in dem ebenfalls Tonwaren verkauft werden. Im Barrio Alfarero (► 107) kann man Werkstätten und Ausstellungsräume besichtigen. Wer durch die Gassen schlendert, stößt irgendwann auf zum Teil schon verfallene, aber dennoch elegante Fassaden von Anwesen aus dem 17. Jahrhundert, die die wohlhabenden Grundbesitzer zu jener Zeit bewusst nicht im *mudéjar*-Stil erbauten.

Südlich vom Dorf ist der Weg zu den **Cuevas de Sorbas** (Höhlen) ausgeschildert, die mitten in den Kalksteinhügeln liegen. Sie können an einer zweistündigen Führung durch das Höhlensystem teilnehmen, die zwar ein wenig abenteuerlich ist, aber auch kleinere Kinder nicht überfordert. Helme und Lampen werden gestellt, Schlamm und Lehm hinterlassen allerdings Spuren auf der Kleidung.

197 E2

Touristeninformation

Calle Terraplén 9

950 36 44 76

Cuevas de Sorbas

197 F2

950 36 47 04; Reservierung empfehlenswert

In den Gassen von Mojácar findet man das ursprüngliche Andalusien

In Mini Hollywood bei Tabernas lebt der Wilde Westen weiter

tägl. 10–20 Uhr im Sommer zu jeder vollen Stunde, im Winter 10–13 und 15–18 Uhr
teuer

8 Mini Hollywood

Nördlich von Almería liegt die an Arizona erinnernde Landschaft Tabernas, wo so berühmte Westernklassiker wie *Die Glorreichen Sieben* oder *Für eine Hand voll Dollar* gedreht wurden. Die Wildweststädte, die für diese Filme zwischen Bergschluchten und baumlosen Wüsten errichtet wurden, haben als Touristenattraktion überdauert.

Von den drei zurzeit noch betriebenen Städten ist Mini Hollywood die größte und interessanteste. Sie liegt unweit der Carretera Nacional, etwa zehn Kilometer westlich des Dorfes Tabernas. In der Hauptstraße gibt es Saloons, das Büro des Sheriffs, Westernläden und das klassische Bestattungsunternehmen samt Friedhof. Man kann sich in Cowboykleidung fotografieren lassen.

Zu bestimmten Zeiten werden Cowboyshows vor dem Office des Sheriffs mit Gefängnisausbrüchen, Schusswechsel und Hinrichtungen veranstaltet. Kinder sind immer begeistert. Angeschlossen ist zudem ein Zoo mit vielen Raubkatzen und Gehegen mit Hirschen, Zebras, Bisons, Löwen und Nilpferden.

197 E2
950 36 52 36 (Mini Hollywood), 950 36 29 31 (Zoo)
Juli–Sept. tägl. 10–21 Uhr, Okt.–Juni 10–19 Uhr; Western-Show tägl. um 12 und 17 Uhr, Juni–Sept. auch 20 Uhr; Cancan-Tanzshow: tägl. 13 und 16 Uhr, Juni–Sept. auch 19 Uhr; Papageien-Show tägl. 11, 15 und 18 Uhr
Restaurant und Café (€–€€)
preiswert (Hunde nicht gestattet)

9 Guadix

Die lebhafte Bischofsstadt 60 Kilometer östlich von Granada bietet bemerkenswerte Höhlenwohnungen, die in den weichen Tuffstein gegraben wurden. Es handelt sich dabei um komplette Behausungen mit allen Annehmlichkeiten, wobei die fensterlosen Räume eine ausgeglichene Temperatur aufweisen. Viele Höhlen haben weiß getünchte Anbauten und auch Gärten. In der **Cueva Museo** (Museumshöhle), die man vom Stadtzentrum per Bähnchen erreicht, wurden mehrere Räume konserviert und mit traditionellem Mobiliar ausgestattet.

Die eigentliche Stadt Guadix wird von einer wunderschönen Barockkathedrale aus rotem Sandstein beherrscht. Gegenüber vom Haupteingang führt ein Torbogen zur Plaza de la Constitución, auch bekannt als Plaza Mayor. Von hier geht es über Kopfsteinpflaster durch enge Gassen hinauf zu den Renaissancegebäuden der Oberstadt.

197 D2

Touristeninformation

Carretera de Granada

958 66 26 65

Abseits der Touristenwege

Wer Zeit für eine ganz besondere Erfahrung hat, besucht die prähistorische Stätte **Cueva de los Millares** einige Kilometer nördlich von Almería inmitten von Hügeln (197 E2, April–Sept. Mi–Sa 9.30–14 und 16–18 Uhr, So 9–14.30 Uhr; im Winter bei der Touristeninformation von Almería, Tel. 608 95 70 65, nachfragen). Zu der frühbronzezeitlichen Ausgrabungsstätte gehören Verteidigungswälle, runde Steinhütten und Bienenstockgräber, von denen eines rekonstruiert wurde. Vom Eingang am Straßenrand muss man etwa einen Kilometer zu Fuß gehen; über Mittag kann es extrem heiß sein.

Höhlenhäuser bei Guadix

Cueva Museo

Plaza del Padre Poveda

616 35 48 29

Juli–Sept. Mo–Sa 10–14 und 17–19 Uhr, So 10–14 Uhr;
Okt.–Juni Mo–Sa 10–14 und 16–20 Uhr, So 10–14 Uhr

teuer

Wohin zum ... Übernachten?

Preise
Mit folgenden Preisen müssen Sie pro Person pro Nacht rechnen:
€ unter 36 Euro **€€** 36–96 Euro **€€€** über 96 Euro

GRANADA

Casa del Aljarife €€
Diese Pension liegt an einem kleinen Platz im Herzen des Albaicín mit herrlichem Blick auf die Alhambra. Das Haus aus dem 17. Jahrhundert wurde liebevoll restauriert und hat einen hübschen Hof und eine Dachterrasse – es ist im wahrsten Wortsinn *jarife*, also prunkvoll. Die vier Zimmer sind klein, haben aber viel Flair und nutzen den Raum.

200 C3
Placeta de la Cruz Verde 2, Albaicín, Granada
958 22 24 25;
E-Mail: most@wanadoo.esoo.es

Hostal Britz €
Vom Britz kann man die Alhambra zu Fuß erreichen. Das Haus bietet viel für wenig Geld: Die Zimmer sind einfach, aber angenehm, einige haben sogar eine Terrasse und ein schön gefliestes Bad. Aufgrund der Lage an der Plaza Nueva kann es laut werden, dafür hat man schnell die Straßencafés erreicht.

200 C2
Cuesta de Gomérez 1, Granada
958 22 36 52

Hotel Los Tilos €€
Das preiswerte Hotel ohne Schnickschnack ist komfortabel und modern eingerichtet und liegt zentral an einem hübschen Platz, auf dem jeden Tag ein Blumenmarkt stattfindet. Am schönsten ist die Terrasse im vierten Stock, auf der man etwas trinken, lesen oder den Blick auf die Stadt genießen kann.

200 B2
Plaza Bib-Rambla 4, Granada
958 26 67 12; Fax 958 26 68 01

LAS ALPUJARRAS

Las Terrazas €
Wie der Name sagt, liegt das Haus hoch oben am Berg mit drei großen Terrassen, von denen aus man das herrliche Bergpanorama genießen kann. Man fühlt sich hier gleich wie zu Hause. Der Inhaber hilft bei Problemen und hält Mountainbikes für die Gäste bereit. Die Zimmer sind schlicht, jedoch mit gewebten Bettüberwürfen aus der Region und Terrakottaböden ausgestattet. Das Frühstück ist im Preis inbegriffen.

196 C2 **Plaza del Sol 7, Bubión**
958 76 30 34; Fax 958 76 32 52
Jan. geschl.

Villa Turística de Bubión €€
Selbst wenn es seltsam klingt: Das sorgsam geplante Dorf lebt wirklich. Die 43 Häuser sind Nachbauten traditioneller Gebäude und liegen in einer üppigen Landschaft mit schattigen Bereichen zum Ausruhen. Jedes verfügt über eine eigene Terrasse oder einen Garten mit traumhafter Aussicht.

196 C2
Barrio Alto s/n, Bibión
958 76 31 12; Fax 958 76 31 366

ALMERÍA

Hotel La Perla €€
Das älteste Hotel der Stadt ist noch immer ein Familienbetrieb. La Perla wurde gern von den Stars besucht, als die Italo-Western gedreht wurden. Es wurde inzwischen aufgestockt, bewahrte jedoch seinen alten Charme. Bitten Sie um ein Zimmer mit Blick auf die *plaza*. Zur Ausstattung gehört eine Klimaanlage.

197 E2
Plaza del Carmen 7, Almería
950 23 88 77; Fax 950 27 58 16

Wohin zum … Essen und Trinken?

Preise
Für ein Essen inklusive Wein und Service zahlen Sie pro Person:
€ unter 12 Euro **€€** 12–30 Euro **€€€** über 30 Euro

GRANADA

El Acebreche €–€€
Man springt aus dem Alhambra-Bus (► 91) und macht sich auf der Plaza San Miguel el Bajo, einem hübschen Platz im Albaicín mit Kastanienbäumen, auf die Suche nach einem Platz im Freien. Die Marokkanerin María Jiménez bereitet gesunde, würzige Gerichte zu, darunter viel Vegetarisches. Man sollte ihr leckeres Couscous probieren oder sich gleich morgens ein gesundes Frühstück genehmigen.

200 C4 Plaza San Miguel el Bajo 6, Albaicín, Granada 958 27 31 01
tägl. 9 Uhr bis spät

La Gran Taberna €
In dieser typischen Tapas-Bar im Zentrum stehen die Stühle um Fässer und Schinken, Knoblauch und Chilischoten baumeln über der Bar von der Decke. Wer gern in aller Ruhe etwas trinken möchte, ist hier fehl am Platz, besonders wenn ein Fußballspiel übertragen wird und die Spanier mitfiebern. Die *tapas* sind jedoch hervorragend, probieren Sie Forelle mit Hüttenkäse, Roquefort mit Rüben, Ziegenkäse-Kanapees oder traditionellere Sorten.

200 C2 Plaza Nueva 12, Granada
958 22 88 46
tägl. 9–15 und 19–24 Uhr

El Jardín de los Sueños €
In einer von marokkanischen Cafés, Bäckereien, Läden und Restaurants gesäumten Straße liegt diese versteckte *tetería* (Teestube), in der man auf Kissen auf dem Boden sitzt und Backgammon spielen kann. Neben einer großen Auswahl an Tees gibt es auch Milchshakes; Banane, Mandel und Pistazie munden besonders gut. Wer wenig Zeit hat, sollte sich zumindest einen klebrigen Mandelkuchen mitnehmen – er schmeckt so lecker, wie er aussieht!

200 C3
Calderería Nueva 23, Granada
958 22 70 50
Di–So 15–24 Uhr

Rabo de Nube €
Studenten und Globetrotter kehren gern in dieser absolut preiswerten Bar mit toller Sicht auf die Alhambra ein. Zum *serrano*-Schinken oder zum krümeligen *manchego*-Käse ist ein Bier köstlich; es gibt viele verschiedene Sandwiches. Für wenig Geld kommen Berge von Pasta mit einfallsreichen Soßen – zum Beispiel mit Roquefort – auf den Tisch.

201 E3
Paseo de los Tristes 1, Granada
958 22 04 21
tägl. 12 Uhr bis spät

San Nicolás €€€
Wählen Sie einen Tisch am Fenster mit herrlichem Blick auf die Alhambra (besonders bei Sonnenuntergang). Das Restaurant wirkt elegant mit Marmor, blassgrünen Wänden und schön gedeckten Tischen. Auf der Karte steht andalusische Nouvelle Cuisine wie mit Lavendel und Honig gefüllte Schweinshaxen. Schön sitzt man auf der Terrasse, besonders abends bei romantischem Kerzenlicht. Der Luxus hat natürlich seinen Preis, doch schon das Panorama ist viel wert.

201 D4
Calle San Nicolás 3, Albaicín, Granada
958 80 42 62
Mi–Mo 13–16 und 20–2 Uhr; So mittags und Di geschl.

LAS ALPUJARRAS

La Artesa Restaurante €–€€
Dieses reizende Restaurant mit Bar serviert ungewöhnliche landestypische Spezialitäten wie *gacás pimentonas* (vegetarischer Paprikaeintopf mit Knödeln) oder *migas con chicharrones* (Brotwürfel mit Schweinefleisch), dazu natürlich gängige Gerichte. Dunkles Holz und bunte Kacheln verleihen dem Lokal andalusisches Flair. Am Wochenende wird wegen der vielen Gäste noch ein Speiseraum geöffnet.

196 C2
Calle Carretera, Bubión
958 76 30 82
tägl. 13.30–16 und 20–23 Uhr; 24. und 31. Dez. geschl.

La Fragua €€
Vom holzgetäfelten Speisesaal des alten Hauses im Dorf Trevélez hat man einen schönen Blick über die Dächer bis zum Tal. Die Gerichte sind einfach und aus der Region wie Räucherschinken oder Schweinelende mit gemischten Kräutern. Dazu gibt es herrliches Brot aus der Dorfbäckerei und hervorragende Nachspeisen.

197 D2
Calle San Antonio 4, Trevélez
958 85 86 26; Fax 958 85 86 14
tägl. 12–17 und 20–23 Uhr; 10. Jan.–10. Feb. geschl.

Restaurant Ruta de Las Nieves €–€€
Das Restaurant wirkt ländlich mit seiner Holzbalkendecke und den traditionellen Möbeln. Von der Terrasse hat man einen schönen Blick übers Tal. Neben preiswerten *raciones* wie pikantes Huhn (*pollo en salsa*) oder Schinken und Kroketten (*croquetas*) gibt es ein günstiges Tagesmenü mit Forelle, Schinken, den typischen Bratwürsten, Eiern mit Schinken und *patatas pobres* (Bratkartoffeln mit Zwiebeln und Knoblauch) als Beilage.

196 C2
Carretera de la Sierra s/n, Capileira
958 76 31 06
tägl. 13.30–16 und 20.30–22.30 Uhr

ALMERÍA

Asador Torreluz €€€
Das Restaurant ist eines der schicksten der Stadt und deshalb für besondere Anlässe geeignet. Die Innenausstattung wirkt eher französisch mit Brokatstühlen, Glasmalerei und Blattgold, die Bedienung ist diskret und aufmerksam, die Gerichte sind mit frischen Zutaten schmackhaft zubereitet. Zu den Spezialitäten zählen *cochinillo* (Spanferkelbraten) aus dem Holzofen, gegrilltes Fleisch und frischer Fisch.

197 E2
Plaza Flores 1, Almería
950 23 45 45
Mo–Sa 13.30–16 und 20.30–24 Uhr

El Alcázar €
Diese *marisquera* (Meeresfrüchtelokal) ist eine von vielen in der Straße und bei den Einheimischen sehr beliebt. Das Essen ist einfach, aber frisch, die Auswahl hervorragend. Probieren Sie *gambas pil pil*, wenn Sie Garnelen gern pikant mit Chili mögen, oder *sopa de pescado* (Fischsuppe). Es gibt innen ein paar Tische, aber eigentlich spielt sich das Geschehen draußen auf der Straße ab. Man kann sich auch einfach etwas mitnehmen.

197 E2
Calle Tenor Iribarne 2, Almería
950 23 89 95
Mo–Sa 12–16.30 und 19–24 Uhr

Salsitas & Beach Restaurante €–€€
Direkt im Zentrum der schicksten Einkaufsstraße verbindet dieses Restaurant günstige Preise und große Auswahl. Auf der Speisekarte stehen für den Hunger zwischendurch Sandwiches mit Pitta-Brot (*tortas*), Paella, Pizza und Burger, weshalb Familien besonders gern kommen. An der Bar können Sie Tapas oder Bratkartoffeln mit Zwiebeln und Knoblauch essen.

197 E2
Calle Conde Ofalia 5, Almería
950 24 64 24
Di–So 11–16 und 20–24 Uhr

Wohin zum ..
Einkaufen?

Die Provinzen Granada und Almería blicken auf lange Handwerkstradition zurück, die in Granada von Holzarbeiten mit Intarsien bis hin zu bunten Töpferwaren aus Níjar sowie Textilien und Kleidung aus den Alpujarras reicht.

GRANADA

Das Haupteinkaufsgebiet der Stadt Granada liegt zwischen den beiden wichtigsten Durchgangsstraßen, der Calle Reyes Católicos und der Gran Vía de Colón. In der **Reyes Católicos** finden sich mehrere kleine, aber sehr trendige Modegeschäfte. Ein paar Meter von hier entfernt liegt die **Alcaicería,** ein pseudoarabischer Suk, voll gepfropft mit Andenkenläden, die Handwerkskunst aus Granada anbieten, u. a. Messing- und Kupferarbeiten, geprägtes Leder und Töpferwaren. In der Nähe liegt die schmale Fußgängerzone **Zacatín** mit einer guten Auswahl an Bekleidungs- und Souvenirläden. Typische Andenken aus Granada sind die *taraceas* (Holzeinlegearbeiten), die in mehreren Geschäften in der **Cuesta de Gomérez** angeboten werden, einer engen Straße, die steil von der Plaza Nueva zur Alhambra hinaufführt. Eine sehr gute Adresse ist **González Ramos Taller de Taracea** (Cuesta de Gomérez 16, Tel. 958 22 70 62). In dieser Straße haben sich neben Andenkenläden einige der besten Gitarrenbauer Andalusiens niedergelassen.

Artikel aller Art führt das Kaufhaus **El Corte Inglés** in Acero del Darro, der breiten Verlängerung der Calle Reyes Católicos. Zu den besten Lebensmittelläden zählt die breit sortierte **Mantequería Castellano** (Calle Almireceros 6, Tel. 958 22 48 40) gleich bei der Gran Vía de Colón gegenüber der Kathedrale. In der **Calderería Vieja** und **Calderería Nueva** im Herzen des Albaicín findet man eine ganze Reihe von Läden, die arabische Gewürze, Parfüm, Essen und Andenken verkaufen. Lederwaren, zum Beispiel Taschen, Geldbörsen und Untersetzer, finden Sie in der **Artesanía Albaicín** (Calle del Agua 19, Tel. 958 27 90 56).

LAS ALPUJARRAS

In den Oberen Alpujarras werden in Dorfläden, zum Beispiel in Pampaneira (➤ 93), Souvenirs, Tonwaren und die traditionellen *jarapas* (Läufer und Bettüberwürfe) verkauft. In Pampaneira lohnt die **Bodega La Moralea** (Calle Verónica, Tel. 958 76 32 25) einen Besuch, wo sowohl einheimische Nahrungsmittel als auch Kunsthandwerk in großer Auswahl feilgeboten werden. In Bubión (➤ 93) folgt man der Beschilderung zur **Taller del Telar** (Tel. 958 76 31 71) mit exquisiten Textilien und Stoffen. Den leckeren luftgetrockneten *jamón serrano* ersteht man am besten in Trevélez (➤ 94).

STADT UND PROVINZ ALMERÍA

Die Haupteinkaufszone von Almería ist die **Calle de las Tiendas** mit vielen kleinen Gassen ringsum, die südlich der Puerta de Purchena und westlich des oberen Endes des Paseo de Almería liegen. Auf dem **Morgenmarkt** in der Calle Aguilar de Campo beim Paseo de Almería herrscht buntes Treiben.

Wer etwas edlere Tonwaren erstehen möchte, fährt nach Níjar (➤ 100), wo es auch leuchtend bunte *jarapas* gibt.

Man halte hier nach **La Tienda de los Milagros** (Calle Lavadero 2, Tel. 950 36 03 59) Ausschau, denn das Angebot an Tonwaren ist dort besonders phantasievoll. Schöne Keramik gibt es außerdem in Sorbas (➤ 101), wo die Ateliers im unteren Stadtviertel eher funktionale Produkte anbieten.

In Níjar finden Sie dagegen kunstvoll gestaltete Objekte der Töpferei, etwa in der **Alfarería Juan Simón** (Calle Alfarerías 25, Tel. 950 36 40 83).

Wohin zum ... Ausgehen?

Fragen Sie in der Touristeninformation von Granada nach dem *Guía de Granada*, der alle Veranstaltungen enthält. Die Tageszeitung der Stadt, *Ideal*, enthält Ausgehtipps in spanischer Sprache. Allwöchentlich erscheint in englischer Sprache *The Entertainer* mit allem, was in der Stadt Almería los ist.

NACHTLEBEN

Viele Clubs und Musikbars in Granada haben sich auf die unzähligen Studenten eingestellt. Ein bisschen schicker ist das **Granada 10** (Cárcel Baja, Tel. 958 22 40 01) gleich bei der Gran Vía de Colón in der Nähe der Kathedrale. Vor Mitternacht ist es ein Kino, dann beginnt die Musik. Das Publikum ist hier trendiger, und dementsprechend liegen auch die Preise höher als andernorts. Das Szenelokal **El Camborio** (Camino del Sacromonte) ist nicht ganz so teuer. Es gibt mehrere Tanzflächen und eine Gartenterrasse mit Blick auf die Alhambra. Auch hier ist frühestens ab Mitternacht etwas los.

Almería bietet rund um die Calle San Pedro mehrere Musikbars, und im Sommer werden am Paseo Marítimo am östlichen Ende der Rambla de Belén in Richtung Meer **Disko-Zelte** aufgestellt. Sie sind recht laut und für die Kids gedacht, aber die Jugendlichen in Spanien haben nichts gegen Ältere, und so kann jeder hier vorbeischauen.

TANZ

Das **Teatro Alhambra** (Calle de Molinos 56, Tel. 958 22 04 47) bringt Flamenco, Ballett und modernen Tanz, dazu Stücke in Spanisch auf die Bühne. Zu den Musikveranstaltungen gehören Kammermusik, Sinfonien und Jazz.

In Granada gibt es eine Reihe von Flamencobühnen. Eine der populärsten ist **Jardines Neptuno** (Calle Arabal, Tel. 958 52 25 33), wenngleich die Show nicht reiner Flamenco ist, sondern auch Kabarett enthält und außerdem ein Essen serviert wird.

Etwas authentischer sind **El Corral del Príncipe** (Campo del Príncipe, Tel. 958 22 80 88) und **Tarantos** (Camino del Sacromonte 9, Tel. 958 22 45 25).

AKTIVITÄTEN IM FREIEN

In der Sierra Nevada und den Alpujarras (➤ 92ff) gibt es im Freien viel zu unternehmen.

Die Alpujarras sind zum **Wandern** ideal, und wer geübt und gut ausgerüstet ist, kann die Gipfel der Sierra Nevada stürmen. Bücher und Landkarten erhält man im **Nevadensis** (Plaza de la Libertad, Pampaneira, Tel. 958 76 31 27), dem hilfreichen Informationsbüro des Parque Natural Sierra Nevada.

Wer **reiten** möchte, setzt sich in Verbindung mit **Rutas a Caballo** (Bubión, Tel. 958 76 30 38) oder **Cabalgar Rutas Alternativas** (Bubión, Tel. 958 76 31 35), die vom Ausritt bis zur neuntägigen Trekkingtour alles organisieren, sogar Jeepfahrten durch die Berge. Spaß am Abenteuer hat man beim Klettern und Paragleiten, aber auch bei Wanderungen und Ausritten. Informationen bieten Nevadensis (➤ oben) oder **Rustic Blue** (Barrio la Eremita, Bubión, Tel. 958 76 33 81). Freunde des **Wassersports** fahren zum Cabo de Gata (➤ 99), wo Puerto Deportivo de San José (San José, Tel. 950 38 00 41) Informationen bereithält.

Córdoba und Jaén

Erste Orientierung

Die Provinzen Córdoba und Jaén im Norden von Andalusien mit Kulturdenkmälern aus der Zeit der Mauren und der Renaissance, ruhigen Orten und beschaulichen Dörfern stehen in wohltuendem Kontrast zu überfüllten Küsten und quirligen Städten wie Sevilla oder Granada.

In diesen beiden Provinzen ist die Stadt Córdoba ist am besten erreichbar und auch am beliebtesten, was sicher nicht nur mit der magischen Anziehungskraft der Mezquita, der Großen Moschee, zu tun hat. Die Stadt bietet noch jede Menge anderer Attraktionen, vom alten Maurenpalast, dem Alcázar, mit seinen entspannenden Brunnen und Gärten bis

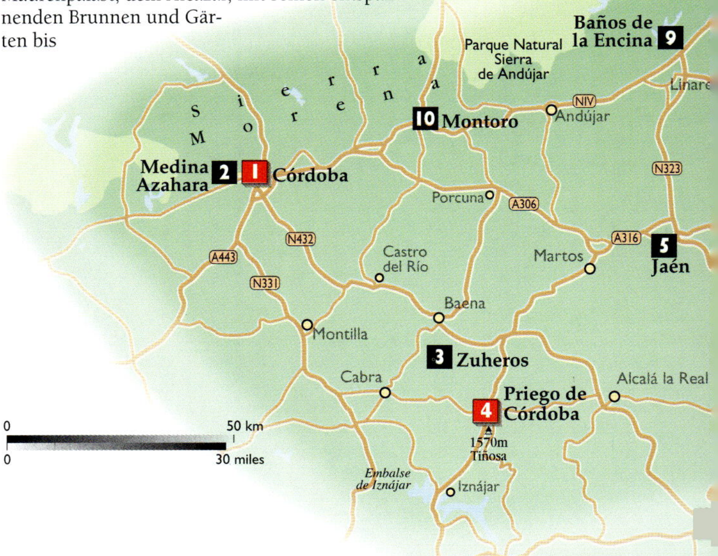

hin zu hübschen Renaissancekirchen und Anwesen, in denen Museen und Kunstgalerien untergebracht sind.
Wer diese Mischung aus Mauren- und Renaissancekultur in bescheideneren Dimensionen erleben möchte, fährt durch die Olivenhaine und hübschen Bergdörfer in den Sü-

Vorhergehende Seite: Cazorla mit Olivenhainen in der Provinz Jaén

★ Nicht verpassen!

- **1 Córdoba** ➤ 114
- **4 Priego de Córdoba** ➤ 120
- **6 Baeza** ➤ 122
- **7 Parque Natural de Cazorla y Segura** ➤ 124
- **8 Úbeda** ➤ 126

Nach Lust und Laune!

- 2 Medina Azahara ➤ 128
- 3 Zuheros ➤ 128
- 5 Jaén ➤ 128
- 9 Baños de la Encina ➤ 130
- 10 Montoro ➤ 130

den von Córdoba, etwa nach Priego de Córdoba mit schönen Gebäuden und eleganten Monumenten.

Die Provinz Jaén ist nicht ganz so günstig zu erreichen und auch nicht so lohnend, hat aber dennoch Schätze vorzuweisen. In der Stadt Jaén erhebt sich eine gewaltige Kathedrale, außerdem herrscht hier ein reges kulturelles Leben. Mehr Charme versprühen jedoch die kleineren Nachbarorte Baeza und Úbeda. Beide besitzen exquisite Renaissancegebäude aus honigfarbenem Stein und pflegen einen provinziell-lockeren Lebensstil. Wer gerne im Freien etwas unternimmt, findet in der herrlichen Bergwelt der Sierra de Cazorla an der Ostgrenze von Jaén Ruhe und Frieden für Wanderungen durch die Wälder und kann verstreute Dörfer erkunden.

Links: Enge Gassen mit typischen Häusern im Bergdorf Zuheros

Rechts: Der Alcázar von Córdoba, eine Oase der Ruhe

Erkunden Sie das maurische Córdoba, und fahren Sie durch das Weinbaugebiet zu den Barockschätzen von Priego de Córdoba. Durch die Olivenhaine der Provinz Jaén geht es weiter zu den Renaissanceorten Baeza und Úbeda und schließlich durch die bergige Sierra de Cazorla zurück nach Córdoba.

Córdoba und Jaén in fünf Tagen

Erster Tag

Vormittags

Besichtigen Sie die **Mezquita** (rechts, ➤ 115f) von Córdoba, bummeln Sie durch die **Judería** (➤ 117), und schauen Sie sich die alte **Synagoge** (➤ 117) an. Mittagessen gibt es im Pepé de la Judería oder im El Rincón de Carmen, beide in der Calle Romero.

Nachmittags

Erkunden Sie den Palast und die Gärten des **Alcázar de los Reyes Cristianos** (➤ 117), und halten Sie eine kurze Siesta. Genehmigen Sie sich anschließend ein paar *tapas*, oder genießen Sie ein opulentes Abendessen, ehe Sie im Tablao Cardenal (➤ 136) gegenüber der Mezquita klassischen Flamencoklängen lauschen.

Zweiter Tag

Vormittags

Spazieren Sie durch die ruhigeren Straßen östlich der Mezquita, oder statten Sie den weniger bekannten Sehenswürdigkeiten von Córdoba einen Besuch ab, zum Beispiel dem **Museo Arqueológico** (➤ 118) oder dem **Palacio Museo de Viana** (➤ 119).

Nachmittags

Richtung Südosten geht es durch das Weinbaugebiet Montilla nach **Priego de Córdoba** (➤ 120), wobei man in dem reizenden Bergdorf **Zuheros** (links, ➤ 128) Halt machen kann. In Priego lässt man im weichen Licht des Spätnachmittags oder frühen Abends die Barockkirchen und Brunnen sowie die hübsche Altstadt, den Barrio de la Villa, auf sich wirken.

Dritter Tag

Vormittags
Fahren Sie über die Panoramastraße nördlich von Priego und über die A316 ostwärts nach **Jaén** (➤ 129f), und besichtigen Sie dort die Kathedrale (links) und die Arabischen Bäder. Anschließend geht es weiter nach **Baeza** (➤ 122).

Nachmittags
Schauen Sie die Renaissancegebäude von Baeza wie den **Palacio de Jabalquinto** und die **Kathedrale** an, und genießen Sie den Abend am Paseo de la Constitución. Übernachten Sie in Baeza.

Vierter Tag

Vormittags
Frühstücken Sie mit den Einheimischen in der Cafetería Mercantil an der Ecke der Plaza de España, fahren Sie dann 50 Kilometer bis **Cazorla** (➤ 124), am Westrand der Sierra de Cazorla.

Nachmittags
Machen Sie nach dem Essen eine Spazierfahrt mit schönen Ausblicken in den **Parque Natural de Cazorla y Segura** (➤ 124f), oder streifen Sie durch die Kiefernwälder. Übernachtung in Cazorla.

Fünfter Tag

Vormittags
Richtung Westen geht es nach **Úbeda** (➤ 126f), zur von Prachtbauten gesäumten Plaza de Vázquez de Molina. Planen Sie Zeit für das Museo de Alfarería (Keramikmuseum) und, wenn möglich, für die Calle de Valencia (➤ 135) ein, wo Sie besonders schöne Keramikarbeiten bewundern können.

Nachmittags
Fahren Sie nach dem Essen zurück nach Córdoba. Unterwegs lohnt ein Besuch des hoch gelegenen Dorfes **Baños de la Encina** mit seiner gewaltigen maurischen Burg (➤ 130, rechts).

0

Córdoba

Im Herzen von Córdobas Altstadt unweit des Río Guadalquivir ragt das bedeutendste islamische Gebäude aller Zeiten, die Mezquita (Große Moschee), hoch in den Himmel empor. Hier drängen sich natürlich immer viele Menschen, aber nur ein paar Straßen weiter ist man ganz für sich allein und kann sich von einem schönen Gebäude, Denkmal oder Museum zum nächsten treiben lassen und weiter zu Boutiquen und Galerien mit Kunsthandwerk und den besten Bars in Andalusien.

Das ursprünglich römische Córdoba wurde von den Westgoten und im 8. Jahrhundert von den Mauren besetzt. Innerhalb von 200 Jahren verwandelten die muslimischen Herrscher Córdoba in eine schillernde islamische Stadt, die mit Bagdad und Damaskus wetteiferte. 1236 fiel Córdoba an die Christen, die den Ort vernachlässigten und dem Niedergang preisgaben. Erst im 20. Jahrhundert blühte die Stadt als Zentrum für Leichtindustrie, Ackerbau und Tourismus wieder auf.

Oben: Die Mezquita überragt Córdoba

Unten: Ein Kutscher in Córdoba legt eine Pause ein

198–199

Touristeninformation

198 B2 ✉ Calle de Torrijos 10 (J de A)
☎ 957 47 12 35
198 B2 ✉ Plaza Judá Levi (OMT) ☎ 957 20 05 22

Die Mezquita

Vom islamischen Córdoba hat viel überdauert, vollkommen herausragend ist jedoch die Mezquita. Die Moschee stammt ursprünglich aus der Zeit zwischen dem 8. und 12. Jahrhundert, das eigentlich Bemerkenswerte sind aber der christliche Chor und Hochaltar im Zentrum des Gebäudes, die im 16. Jahrhundert nach der Reconquista hinzugefügt wurden.

Der berühmte Säulenwald in der Mezquita von Córdoba

Die massiven Außenmauern der Mezquita sind typisch für den maurischen Stil. Dekor spielte außen kaum eine Rolle, außerdem wurden öffentliche Gebäude immer so gebaut, dass sie auch zu Verteidigungszwecken genutzt werden konnten. So deuten nur die Steinmetzarbeiten an den Torbögen auf die Schätze hin, die einen im Innern erwarten.

Man geht durch die Puerta de Perdón neben der Torre de Alminar in den **Patio de los Naranjos** (Orangenhof), wo die muslimischen Gläubigen einst ihre rituellen Waschungen vornahmen. Ein Kiosk an der rückwärtigen Wand des Hofes verkauft Eintrittskarten für die Moschee, in die man durch die bescheidene Puerta de las Palmas direkt gegenüber der Puerta del Perdón gelangt. Innen verzweigen sich ganze Säulenwälder in alle Richtungen. Über 1000 Stück – einige schlicht, andere mehrfarbig aus Marmor, Jaspis und Onyx – tragen halbrunde und hufeisenförmige Bögen, die abwechselnd aus rotem Ziegel und weißem Stein gefertigt sind. Sie lassen die Moschee außergewöhnlich tief, zugleich aber intim und geheimnisvoll wirken. Zur Zeit der Mauren fiel zu den Gebetszeiten durch die geöffneten Türen Licht vom Patio de los Naranjos, doch diese Türen bleiben heute stets verschlossen.

Das schönste Beispiel für islamischen Dekor findet sich am Ende des Gebäudes. Wo der breiteste Gang aufhört, liegt die *maksura*, der Bereich, in dem einst die Kalifen beteten, mit dem *mihrab*, der

Not amused
König Karl V. verurteilte, dass in die Mezquita eine Kathedrale gebaut wurde. Er hatte den Plan zwar ursprünglich unterstützt, war jedoch entsetzt, als er das Resultat sah. Er beschuldigte den Erzbischof von Córdoba, »das einzigartigste Bauwerk der Welt« zerstört zu haben.

nach Mekka ausgerichteten Gebetsnische. Der Begriff Nische ist hier irreführend, es handelt sich nämlich um eine separate Kammer, in die man durch einen herrlichen Hufeisenbogen gelangt. Die Besucher werden durch eine Absperrung in respektvollem Abstand gehalten, doch selbst von dort aus ist man überwältigt vom Licht, das sich in den farbigen Mosaiken der Wände und des Daches spiegelt. Die zentrale Kuppel unmittelbar vor dem *mihrab* wird von Kreuzrippen, die einen Stern bilden, getragen, eine Bauweise, die damals neu war, später jedoch von christlichen Baumeistern in ganz Europa kopiert wurde. Derartige dekorative Strukturelemente sind für die Architektur der Mauren typisch und in der Mezquita perfekt umgesetzt. In der Mitte der Mezquita wurde 1523 von den christlichen Herrschern von Córdoba ein offener **Kathedralenchor** sowie die **Capilla mayor**, eine Kapelle mit Hochaltar, hinzugefügt. Selbst wenn sie in der Moschee als Gesamtkunstwerk wie Fremdkörper wirken, weisen Chor und Kapelle keine Mauern auf und werden in gewisser Weise von den maurischen Säulen, die sie umgeben, kaschiert. Für sich allein betrachtet, sind die Elemente aus Gotik und Renaissance von großer Schönheit, ebenso das herrlich geschnitzte, barocke Chorgestühl und die gedrehten Säulen. Nach dem Abzug der Mauren kamen außerdem 1258 die **Capilla Real** und im 14. Jahrhundert die **Capilla de Villaviciosa** hinzu, in der sich ein *mihrab* aus dem frühen 9. Jahrhundert befindet. Beide Kapellen sind in schönstem Mudéjar-Stil (► 8) gehalten.

Die *maksura* und der *mihrab* aus dem 10. Jahrhundert, herausragende Beispiele islamischer Architektur in der Mezquita

198 B2 · Calle Torrijos 10
957 47 05 12
April–Sept. Mo–Sa 10–19 Uhr; Okt.–März 10–17 Uhr; So und Feiertage 15.30–19 Uhr
teuer

Es findet jeden Morgen eine Messe in der Kathedrale statt. Zu dieser Zeit ist der Eintritt zur Mezquita frei (Mo–Sa 9–10, So 9–11 Uhr). Sie müssen allerdings bis zum Ende der Messe bleiben.

Die Judería und der Alcázar

Im Westen der Mezquita verzweigt sich das Gassengewirr der Judería, das mittelalterliche Judenviertel der Stadt Córdoba.

Rund um die Mezquita sind die Straßen voll von Andenkenläden, doch stößt man immer wieder auf verschwiegene Ecken wie den mit Blumen geschmückte Callejón de las Flores, eine enge Sackgasse, deren Mauern den Glockenturm der Mezquita einrahmen. Im Herzen der Judería liegt an der Plaza Maimónides das **Museo Taurino** (Stierkampfmuseum) mit Stierköpfen und Insignien blutrünstiger Tapferkeit. Links vom Museum gelangt man in der Calle Judíos zur beeindruckenden Statue von Moses Maimónides, dem großen jüdischen Philosophen und Theologen aus dem 12. Jahrhundert, der in Córdoba geboren wurde. Etwas weiter steht die kleine, gut erhaltene **Synagoge** aus dem 14. Jahrhundert, die einzige, die seit der Vertreibung der Juden 1492 in Andalusien erhalten blieb. In der Nähe befindet sich die moderne Rekonstruktion eines **Zoco**, eines arabischen Markts; Kunsthandwerksläden und eine Bar gehen auf einen reizenden *patio* hinaus. Die Calle Judíos führt zur **Puerta de Almodóvar**, einem Tor aus dem 14. Jahrhundert in der alten Stadtmauer von Córdoba.

Jenseits der Judería steht am Fluss der **Alcázar de los Reyes Cristianos** (Palastburg der christlichen Könige). Er wurde im späten 13. Jahrhundert von den christlichen Eroberern von al-Andalus errichtet und sollte den maurischen Alcázar ersetzen, der sich neben der Mezquita befand. Er diente jahrhundertelang als Zentrum der Inquisition und wurde im 19. Jahrhundert als Gefängnis genutzt. Heute lassen die herrlichen Gärten mit Brunnen und Wasserbecken die grausige Vergangenheit vergessen. Die verbliebenen Gebäude sind relativ schlicht, doch wurden einige schöne Mosaiken aus der römischen Epoche hier zusammengetragen.

Eine Statue in der Judería erinnert an den berühmten Philosophen Moses Maimonides aus Córdoba

Alcázar de los Reyes Cristianos
198 B1
Plaza Campo Santo de los Mártires
957 42 01 51
Di–Sa 10–14 und 16.30–18.30 Uhr, So und Feiertage 9.30–15 Uhr
mittel (Fr frei)

Museo Taurino
198 B2
Plaza Maimónides 5
957 20 10 56
Di–Sa 10–14 und 16.30–18.30 Uhr, So und Feiertage 9.30–15 Uhr
mittel (Fr frei)

Sinagoga (Synagoge)
198 A2
Calle Judíos
957 20 29 28
Di–Sa 10–13.30 und 15.30–17.30 Uhr, So 10–13.30 Uhr
preiswert (frei für EU-Bürger)

Weitere Sehenswürdigkeiten

Links: Abkühlung an der Plaza de las Tendillas

Rechts: Das Gemälde *El Pecado* (Die Sünde) von Julio Romero de Torres ist voll von erotischer Symbolik

Nördlich der Mezquita erstreckt sich ein Viertel mit engen Gassen, das viel weniger besucht ist als die Judería (➤ 117). Dort befindet sich Córdobas **Museo Arqueológico** (Archäologisches Museum) in einem Renaissancegebäude, dem Palacio de los Paéz, an der von Bäumen beschatteten Plaza Jerónimo Páez. Der Palast weist Kassettendecken und elegante Treppenhäuser auf, ausgestellt sind Exponate aus prähistorischer Zeit sowie der Epoche der Römer und der Mauren. Zu den Höhepunkten zählen römische Mosaiken und die edle Bronzefigur eines Hirschs, die in Medina Azahara, den Ausgrabungen einer Palaststadt aus dem 10. Jahrhundert sechs Kilometer westlich von Córdoba, gefunden wurde (➤ 128).

Unweit vom Fluss liegt die **Plaza del Potro** (Fohlenplatz) mit der Statue eines sich aufbäumenden Pferdes auf dem Brunnen in der Mitte. Auf diesem Platz fand früher der Viehmarkt statt; hier entdeckte der Schriftsteller Luis de Góngora (1561–1627) Vorbilder für seine Protagonisten. Am westlichen Ende des Platzes befindet sich die Posada del Potro, die schon im *Don Quijote* von Cervantes erwähnt wird und heute ein Kulturzentrum beherbergt. Gegenüber steht das Hospital de la Caridad, in dem das **Museo de Bellas Artes** (Museum der schönen Künste) untergebracht ist. Die verzierten Decken der Räume im Erdgeschoss sind ebenso schön wie einige der Gemälde. Die Sammlung bietet Werke von Zurbarán, Goya und Murillo. Auf der anderen Seite des *patio* in der Mitte widmet sich ein weiteres Museum einem Künstler aus Córdoba, Julio Romero de Torres, der recht kitschige erotische Darstellungen schuf.

Im Herzen der Neustadt speien die Brunnen an der **Plaza de las Tendillas** Wasser aus dem Boden. Wer in einem Café Platz nimmt, hört die Uhr Flamencoklänge von sich geben. Von hier kann man Richtung Westen die Einkaufsstraße Conde de Gondomar bis zur Fußgängerzone, der Avenida del Gran Capitán, hinunterbummeln.

KLEINE PAUSE

Leiten Sie den Abend mit einem Sherry in der beliebten Bar **El Caballo Rojo** (Calle Cardenal Herrero 28) ein, die zu den ältesten Lokalen der Stadt zählt.

CÓRDOBA: INSIDER-INFO

Top-Tipps: Am Freitag wird für viele Sehenswürdigkeiten kein Eintritt erhoben, nämlich für den Alcázar, das Museo Taurino und das Museo Julio Romero de Torres. Auch an anderen Tagen müssen EU-Bürger oft nichts bezahlen, wenn sie ihren Pass vorzeigen.
• Die Öffnungszeiten der Sehenswürdigkeiten und Museen in Córdoba ändern sich. Fragen Sie bei der Touristeninformation nach.

Geheimtipps: In der ersten Maiwoche findet in Córdoba die **Fiesta de los Patios** statt. Dann sind die mit Blumen geschmückten Höfe der Privathäuser öffentlich zugänglich; zur Untermalung wird auch Musik, vor allem Flamenco, geboten.
• Der **Palacio Museo de Viana** (199 D5, Rejas de Don Gomez 2, Tel. 957 48 01 34, Eintritt mittel) aus dem 14. Jahrhundert hat 12 *patios*, jeder mit einem Brunnen, mit Rosen, Jasmin, Bougainvilleen und Geranien. Die Führungen (auf Spanisch) durch die Räume sind oft recht überlaufen.

Muss nicht sein! Wer den **Puente Romano** (Römische Brücke) über den schlammigen Río Guadalquivir überquert, hat zwar eine schöne Sicht auf die Mezquita, aber die Gehsteige sind schmal und der Verkehr ist enorm.

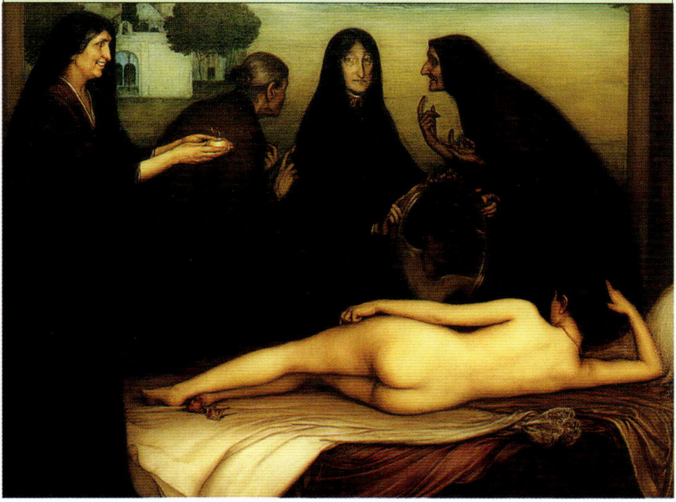

Museo Arqueológico
198 C3 Plaza Jerónimo Páez
957 47 40 11
Mi–Sa 9–20, Di 15–20 Uhr, So und Feiertage 9–15 Uhr preiswert (für EU-Bürger frei)

Museo de Bellas Artes
199 D3 Plaza del Potro 1
957 47 33 45
Mi–Sa 9–20 Uhr, Di 15–20 Uhr, So und Feiertage 9–15 Uhr
preiswert (für EU-Bürger frei)

Museo Julio Romero de Torres
199 D3 Plaza del Potro 1
957 49 19 09
Di–Sa 10–14 und 16.30–18.30 Uhr, So und Feiertage 9.30–14.30 Uhr mittel (Fr frei)

4

Priego de Córdoba

Die ruhige Provinzstadt Priego de Córdoba zeichnet sich durch viele Barockkirchen und einen bemerkenswerten Renaissancebrunnen aus. Im maurischen Viertel, dem Barrio de la Villa, winden sich Gassen zwischen weiß getünchten Häusern hindurch, die mit Blumen geschmückt sind.

Priego liegt an einem Steilabbruch am Fuße des höchsten Berges der Provinz Córdoba, dem La Tinosa (1570 m). Die Stadt entstand zur Zeit der Römer und wurde im 13. und 14. Jahrhundert von Mauren und Christen umkämpft. Erst die Seidenproduktion im 18. Jahrhundert bescherte Priego seine wunderschönen Gebäude.

Im Zentrum trifft man sich auf der **Plaza de Andalucía** und der angrenzenden **Plaza de la Constitución** zum morgendlichen Plausch. Das historische Priego erstreckt sich östlich der Plaza de Andalucía. Hier fällt neben anderen schönen Gebäuden das berühmteste Bauwerk der Stadt ins Auge, die **Iglesia de la Asunción**. Das schlichte weiße Gotteshaus birgt zwei der schönsten Barockschätze Spaniens: ein herrlich geschnitztes Altarstück und den Sagrario, die achteckige Umgangskapelle mit Vorraum samt weißen Stuckarbeiten, die sich in die Kuppel emporschwingen.

Von der Plaza de Santa Ana an der Kirche führt die Calle Real in den **Barrio de la Villa**, wo an den weißen Hauswänden Körbe mit Geranien und Bougainvilleen hängen. Das Viertel ist für

Die Fuente del Rey (unten und rechts), ein extravaganter Barockbrunnen (18. Jahrhundert) auf einem ruhigen Platz

Üppiger Blumenschmuck auf dem Barrio de la Villa in Priego de Córdoba

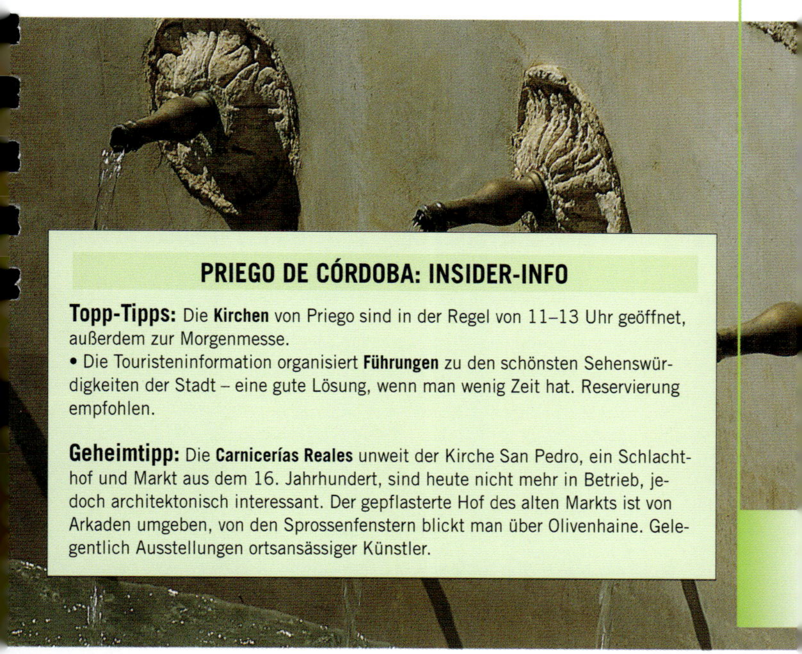

PRIEGO DE CÓRDOBA: INSIDER-INFO

Topp-Tipps: Die **Kirchen** von Priego sind in der Regel von 11–13 Uhr geöffnet, außerdem zur Morgenmesse.
- Die Touristeninformation organisiert **Führungen** zu den schönsten Sehenswürdigkeiten der Stadt – eine gute Lösung, wenn man wenig Zeit hat. Reservierung empfohlen.

Geheimtipp: Die **Carnicerías Reales** unweit der Kirche San Pedro, ein Schlachthof und Markt aus dem 16. Jahrhundert, sind heute nicht mehr in Betrieb, jedoch architektonisch interessant. Der gepflasterte Hof des alten Markts ist von Arkaden umgeben, von den Sprossenfenstern blickt man über Olivenhaine. Gelegentlich Ausstellungen ortsansässiger Künstler.

Autos gesperrt, nicht jedoch für Motorräder. Am östlichen Ende liegt der **Paseo de Adarve**, eine Promenade, von der aus man einen herrlichen Blick auf die Landschaft ringsum hat. Im Nordwesten des Viertels wartet die **Iglesia de San Pedro** mit einem schönen Altargemälde auf.

Nicht verpassen sollte man auch die elegante **Fuente del Rey**, den Brunnen an einem friedlichen Platz im Westen der Stadt, den man von der Plaza de Andalucía über die Calle del Río erreicht. Das Wasser sprudelt aus grimmigen Gesichtern in mehrere Wasserbecken. In der Mitte der schillernden Wasserfläche stehen die Meeresgötter Neptun und Amphitrite.

Hinter der Fuente del Rey steht ein weiterer Brunnen, die italienisch anmutende **Fuente de la Virgen de la Salud** aus dem späten 16. Jahrhundert.

KLEINE PAUSE

Wenn Sie sich am üppigen Barockdekor der Iglesia de la Asunción erfreut haben, sollten Sie im Straßencafé **El Alijibe** (➤ 134) ein Glas Wein genießen.

195 F3

Touristeninformation
Calle del Río 33
957 70 06 25

Parken
Parkplatz an der Plaza Palenque, am westlichen Ende der Carrera de las Monjas. Morgens schnell besetzt.

Iglesia de la Asunción
Plaza de Abad Palomino
tägl. 11–13.30 und 17.30–19 Uhr

6

Baeza

Mit Baeza erreichen Sie den ruhigeren Teil Andalusiens. Die Stadt blieb von modernen Übergriffen weitgehend verschont, weshalb Gebäude aus der Epoche der Gotik und Renaissance sowie reizvolle Plätze und Straßen erhalten sind.

Baeza liegt an einem Steilhang mit Blick auf Olivenhaine und Weizenfelder. Am besten beginnt man seine Entdeckungstour an der **Plaza del Pópulo** mit edlen Renaissancegebäuden. Sie heißt auch Plaza de los Leones, weil steinerne Löwen den verwitterten Brunnen zieren. Vom Platz blickt man auf die attraktive Fassade des alten Schlachthofs und den Zwillingsbogen, die maurische Puerta de Jaén sowie den Arco de Villalar aus dem 16. Jahrhundert. Am oberen Ende des Platzes steht die elegante Casa de Pópulo, das ehemalige Gericht, in dem sich die Touristeninformation befindet.

Links davon gelangt man über einige Treppen, die Escalerillas de la Audiencia, in eine schmale Gasse, die Calle Romanones, die zur Plaza Santa Cruz und zum **Palacio de Jabalquinto** führt. Seine gotische Fassade ist mit rautenförmigen Verzierungen versehen. Im von doppelstöckigen Arkaden umgebenen Hof steht ein Brunnen. Über eine Barocktreppe gelangt man ins Obergeschoss. Dem Palast gegenüber wartet die kleine romanische **Iglesia de Santa Cruz** mit Resten westgotischer Bögen und der Moschee auf, die hier einst stand.

Wegen der Löwen am Brunnen heißt die Plaza del Pópulo auch Plaza de los Leones

Von der nahe gelegenen Plaza Santa Cruz gelangt man zur ruhigen Plaza de Santa María mit einem Brunnen in der Mitte, der die Form eines Triumphbogens hat. Der Platz wird von der **Catedral de Santa María** beherrscht, deren weitläufiges Schiff aus der Renaissance stammt. Entworfen wurde es von Andrés de Vandelvira, auf den auch viele Gebäude in Úbeda (➤ 126f) zurückgehen. Den Hauptaltar ziert ein reich geschmückter Altaraufsatz, außerdem findet man zahlreiche *rejas*, schmiedeeiserne Gitter, welche die Seitenkapellen abtrennen. Die Kathedrale steht über den Fundamenten der alten Moschee, von der im gotischen Kreuzgang einige Überreste erhalten blieben.

Unterhalb vom historischen Viertel Baezas ist rund um die Plaza de España und den Paseo de la Constitución viel los. Hier spielen Jugendliche Fußball und kurven wild mit dem Rad herum. Gebäude mit Arkaden und zahlreichen Bars und Cafés säumen den Paseo. Von hier aus bummelt man Richtung Westen, um in der Calle Benavides einen Blick auf das Rathaus mit der Fassade aus dem 16. Jahrhundert zu werfen.

KLEINE PAUSE

Gesellen Sie sich in der Bar **La Góndola** (➤ 134) zu den Einheimischen, und probieren Sie *patatas baezanas*.

Von Baeza aus blickt man in die Ebene der Provinz Jaén hinunter

196 C3

Touristeninformation
Plaza del Pópulo (Plaza de los Leones)
953 74 04 44

Parken
Man findet rund um die Plaza de la Constitución Parkplätze; morgens und abends ist es allerdings schwieriger.

Palacio de Jabalquinto
Plaza Santa Cruz
Di–So 10–13 und 16–18 Uhr
frei

Iglesia de Santa Cruz
Plaza Santa Cruz
Mo–Sa 11–13 und 16–18 Uhr
frei

Catedral de Santa María
Plaza de Santa María
tägl. 10.30–13 und 16–18 Uhr
frei

BAEZA: INSIDER-INFO

Top-Tipps: Für den Besuch der Kathedrale sollte man ausreichend Kleingeld dabei haben. An der Westseite der Kirche befindet sich ein wenig interessantes Gemälde des hl. Petrus, wirft man jedoch eine Münze ein, gibt das Bild den musikalisch untermalten Blick auf die **silberne Monstranz** frei, die bei Prozessionen verwendet wird.

• Abends sind in Baeza auffällig viele Polizisten unterwegs. Bei den meisten handelt es sich um junge Leute, die an der Academia de Guardias de la Guardia Civil ihre Ausbildung absolvieren.

Geheimtipp: Auf halber Höhe in der Calle Romanones zweigt links eine schmale Seitenstraße ab, die Calle Arcos de las Escuelas. Haus Nummer 2 beherbergt den Laden und das **Atelier des Bildhauers Diego Lozano Jiminéz**, der mehrere Gebäude von Baeza als Marmorreproduktion ausstellt.

7

Parque Natural de Cazorla y Segura

Im Parque Natural de Cazorla y Segura ragen zerklüftete Berge über 2000 Meter hoch auf, dazwischen liegen tiefe, felsige Schluchten und dicht bewaldete Täler. Kleine Dörfer ducken sich an die Felsen. Zugang zum Park hat man über die attraktive Stadt Cazorla.

Cazorla liegt am Westrand der Sierra de Cazorla, direkt unterhalb der großartigen Felsen des Berges Peña de los Halcones (Falkenfelsen). Die Stadt zieht sich am Fuß des Berges entlang, der am geschäftigen Hauptplatz, der Plaza de la Constitución, beginnt. Von dort führt auch die Calle Dr. Muñoz weiter zur erheblich älteren Plaza de la Corredera mit Cafés und Geschäften.

Gassen winden sich bergauf bis zu einem Aussichtspunkt, dem **Balcón del Pintor Zabaletato**, mit herrlichem Blick auf die Ruinen der Kirche Santa María und die halb verfallene Burg **La Yedra**, die auch Las Cuatro Esquinas – vier Ecken – heißt. Unterhalb liegt die Plaza Santa María mit ihrem Renaissancebrunnen – ein beliebter Treffpunkt.

Der hier noch schmale Río Guadalquivir plätschert durch die Wildnis der Sierra de Cazorla

Der Naturpark

Die Sierra de Cazorla y Segura bildet zusammen mit einigen kleineren Gebirgen den größten Naturpark Andalusiens mit einer Gesamtfläche von 214 000 Hektar. Die Berge hier sind bewaldet; heimisch gemacht wurden immergrüne Eichen und Kiefern sowie Erlen, Ahorn und Wacholder. Insgesamt gibt es über 1200 verschiedene Pflanzenarten. Zu den Tieren zählen Rotwild, Füchse, Wildkatzen, Steinböcke und Wildschweine. Von Beobachtungsposten am Straßenrand kann man auch Greifvögel beobachten, die sich in den Sierras sammeln, darunter Gänsegeier, Steinadler und Wanderfalken. Das gut ausgebaute Straßennetz macht die Autofahrt durch den Park zu einem Vergnügen. Rund um Cazorla kann man gut wandern, tiefer in den Bergen gibt es nur noch wenige markierte Wege. Örtliche Veranstalter bieten organisierte Tagestouren an, auch per Pferd, Mountainbike oder mit dem Jeep in entlegenere Gebiete (➤ 136). Diese Aktivitäten lassen sich in Cazorla buchen.

Der Park beginnt zwei Kilometer östlich von Cazorla beim Dorf Iruela, dessen winzige Burg auf einem Felsen thront. Fährt man 34 Kilometer in

Wanderfalken gehören zur Tierwelt der Sierra de Cazorla

PARQUE NATURAL DE CAZORLA Y SEGURA: INSIDER-INFO

Top-Tipps: Besorgen Sie sich die *Mapa y Guía Excursionista*, ein Büchlein mit Karten und Informationen (nur auf Spanisch) über den Park. Die Landkarten zeigen Straßen, Wege und Wanderpfade; der Text erläutert Flora und Fauna und beschreibt einige der Wanderwege.
• Wer auf einem unmarkierten Weg durch die Sierra wandert, sollte sich an jeder Abzweigung eine Notiz machen, damit er wieder zurück findet.
• In Carzorla findet auf der Plaza del Mercado, zwischen Parkplatz und Haupteinkaufsstraße, täglich ein **Markt** mit einheimischen Produkten und Kunsthandwerk statt.

Geheimtipp: Der restaurierte Turm der Burg La Yedra in Cazorla beherbergt ein **Heimatmuseum**, in dem Geräte wie Ölpressen, aber auch eine Rekonstruktion des Lebens auf einer ländlichen *plaza* zu sehen sind (Plaza de Santa María, Cazorla, Juni–Sept. Mo–Sa 9–14.30 Uhr, So 10–12.30 Uhr, Eintritt frei).

nordöstlicher Richtung durch die Berge, erreicht man das Centro de Interpretación Torre del Vinagre. Hier ist im Sommer immer viel los, aber die Ausstellungen, die das Ökosystem des Parks erläutern, sind hervorragend. In der Nähe befindet sich ein Botanischer Garten mit Pflanzen, die in der Sierra wachsen.

197 E4

Parque Natural de Cazorla y Segura Touristeninformation
Parque Natural Information Centre: Calle Martínez Falero 11, Cazorla
953 72 01 25 oder 953 71 30 40

Cazorla Touristeninformation
Paseo del Santo Cristo 17
953 71 01 02

Parken
Unterhalb der Plaza de la Constitución gibt es einen Parkplatz.

Blick von den Felsen hinunter auf Cazorla

8

Úbeda

Úbeda wartet mit einem architektonischen Kleinod auf. An der Plaza de Vázquez de Molina im Herzen der Stadt steht ein in Spanien einmaliges Ensemble prächtiger Renaissancegebäude.

Der Platz wurde im Mittelalter von den vornehmsten Familien der Stadt angelegt, den Cobos und Molinas, die im 16. Jahrhundert durch die Textilindustrie zu großem Reichtum kamen. Um sich ein steinernes Denkmal zu setzen, stellten beide Familien herausragende Baumeister und Künstler ein, darunter den besten Architekten der Zeit, Andrés de Vandelvira.

Er schuf die wunderschöne **Sacra Capilla del Salvador**, die auf einem Entwurf von Diego de Siloé basiert. Die Hauptfassade verbindet klassische Elemente mit Motiven aus der Gotik. Es handelt sich um ein herausragendes Beispiel für den so genannten Platereskenstil, vom Gesamterscheinungsbild bis zu den filigranen Arbeiten (*plateria*) der mittelalterlichen Silberschmiede. Ein gotisches Gewölbe, vergoldete Altaraufsätze und Renaissanceschnitzereien zieren den Innenraum. Der Chor wird vom Schiff durch ein herrliches Gitter getrennt, der Altaraufsatz zeigt eine einfühlsam restaurierte Schnitzfigur der *Verklärung Christi*. Das Gotteshaus wurde ursprünglich als Privatkapelle für Francisco de los Cobos errichtet und ist bis heute in Privatbesitz.

Der Palacio de las Cadenas, eines der Gebäude an der Plaza de Vázquez de Molina

Andere bemerkenswerte Gebäude an der *plaza* sind der **Palacio de las Cadenas** (Kettenpalast), den Vandelvira für Juan Vázquez de Molina mit einer klassizistischen Fassade entwarf. Heute befindet sich hier das Rathaus. Das **Museo de Alfarería** (Keramikmuseum) im Tiefgeschoss des Palasts zeigt viele Beispiele der grün glasierten Keramik, die auf die Zeit der Mauren zurückgeht und Úbeda bekannt machte. Direkt gegenüber erhebt sich die Kirche **Santa**

196 C4

Touristeninformation
Palacio del Contadero, Calle Baja del Marqués
953 75 08 97

Capilla del Salvador
Plaza de Vázquez de Molina
tägl. 10–14 und 17–19.30 Uhr

Museo de Alfarería (Keramikmuseum)
Plaza de Vázquez de Molina 953 75 04 40
Mo–Sa 10.30–14.30 und 16.30–19 Uhr

Die Hügel von Úbeda

Im Mittelalter war Úbeda gleichbedeutend mit »aus dem Sinn«. Bis heute sagt man in Spanien zu vergesslichen oder verträumten Menschen, dass sie »über die Hügel von Úbeda wandern«. Der Legende zufolge verpasste einst ein junger christlicher Ritter eine entscheidende Schlacht, weil er seine Geliebte, eine schöne Muslimin, besuchte. Als König Ferdinand III. wissen wollte, wo er gewesen war, antwortete der Ritter: »In den Hügeln, Majestät.«

María de las Reales Alcázares, deren gotischer Kreuzgang auf den Fundamenten der früheren Moschee steht.

Ein Stück nördlich liegt der alte Marktplatz, die **Plaza del Primero de Mayo**, wo Stierkämpfe und während der Inquisition schreckliche Ketzerverbrennungen stattfanden. Hier erheben sich auch das alte Rathaus mit eleganten Arkaden und die Kirche **San Pablo** mit einem schönen gotischen Portal und einer Galerie. Schmale Straßen führen durch ein herrliches Tor aus dem 13. Jahrhundert mit doppelten Hufeisenbögen, die Puerta de Losal, nach Norden. Um die Calle de Valencia liegen die Töpferateliers, aus denen die bekannte Úbeda-Keramik stammt (➤ 135).

KLEINE PAUSE

Lassen Sie sich bei einem Kaffee im *parador* (16. Jahrhundert) an der Plaza de Vázquez de Molina (➤ 134) in die Renaissanc versetzen.

Oben: Die Iglesia de la Trinidad (18. Jahrhundert), eine der wenigen Barockkirchen in Úbeda

ÚBEDA: INSIDER-INFO

Top-Tipps: Folgen Sie in Úbeda den Schildern mit der Aufschrift *Zona Monumental* zur Plaza de Vázquez de Molina.

• In der Calle Real, der langen, schmalen Straße zwischen dem Hauptplatz, der Plaza de España und der Plaza de Váquez de Molina, finden sich Geschäfte, in denen die bekannten **Esparto-Grasarbeiten** verkauft werden.

Geheimtipp: Gehen Sie rechts an der Capilla del Salvador vorbei zur Plaza de Santa Lucía hinunter. Vom dortigen Aussichtspunkt hat man einen schönen Blick über Olivenhaine bis zu den dunstigen Bergen der Sierra de Cazorla.

Nach Lust und Laune!

Zuheros und die maurische Burg mit Olivenhainen im Hintergrund

2 Medina Azahara

Die Ruinen der Palaststadt aus dem 10. Jahrhundert sind rund sieben Kilometer von Córdoba entfernt. Mit dem Bau der Anlage wurde 936 begonnen, in ihrer Blütezeit stellte sie ein Paradebeispiel für die maurische Bau- und Dekorationskunst dar. Ein Großteil wird noch restauriert.

Hauptattraktion der nach einer Lieblingsfrau des Kalifen benannten Anlage ist der exquisite Raum von Abd al-Rahman III. mit besonders sehenswerten Marmorarbeiten. Am besten erreichen Sie Medina Azahara mit dem Auto, es gibt aber auch einen Bus von Córdoba sowie organisierte Ausflüge.

196 A3
7 km westlich von Córdoba
April–Sept. Di–Sa 10–14 und 18–20.30 Uhr, So und Feiertage 10–14 Uhr; Okt.–März Di–Sa 10–14 und 16–18.30, So und Feiertage 10–14 Uhr
preiswert

3 Zuheros

Die engen Gassen von Zuheros zu erkunden, macht richtig Spaß. Der Charme des Ortes resultiert aus der Lage auf einem Berg mitten in der Sierra Subbética unweit von Priego de Córdoba. In den Felsen über den Häusern sind die Ruinen einer maurischen Burg zu sehen. An der Plaza de la Paz steht die **Iglesia de la Virgen de los Remedios**. Das **Dorfmuseum** zeigt prähistorische Funde und Exponate aus der Zeit der Römer und der Mauren. Zuheros ist bekannt für Olivenöl und Käse. Die **Cueva del Cerro de los Murciélagos** (Fledermaushöhle) mit beeindruckenden Gesteinsformationen liegt etwa vier Kilometer östlich von Zuheros.

196 B3

Touristeninformation

Am nördlichen Dorfeingang von Zuheros (A316) 957 69 47 75

Museum von Zuheros

Plaza de la Paz
957 69 45 45
Sa/So 12.30–14.30 und 16.30–18.30 Uhr
preiswert

Cueva del Cerro de los Murciélagos

196 B3
957 69 45 45
April–Sept. Di–Do, Sa/So 11–13 und 16–18 Uhr stündlich Führungen
preiswert

5 Jaén

Die Stadt Jaén ist schon ihrer majestätischen Kathedrale, der arabischen Bäder und der Altstadt wegen einen Besuch wert. An der Plaza de Santa María wurde die **Kathedrale** ab 1540

in über 250 Jahren errichtet. Die gewaltige Westfassade präsentiert sich als Komposition aus eleganten korinthischen Säulen und Figurenschmuck und wird an beiden Seiten von hohen Türmen flankiert. Innen beeindruckt die Kirche mit einem Wald aus korinthischen Säulen; der Chor besticht durch exquisite Schnitzarbeiten. In der Kathedrale befindet sich das Santo Rastro, das »heilige Gesicht«, ein

Die imposante Fassade mit den Doppeltürmen der Kathedrale von Jaén überragt die Stadt

Schweißtuch, mit dem die hl. Veronika Jesus auf dem Weg zur Kreuzigung die Stirn gewischt haben soll. Es wird jeden Freitag ausgestellt.

Die restaurierten **Baños Árabes** liegen unter dem Palacio de Villadompardo (mit Museum für Kunsthandwerk und Kunst). Das Mauerwerk ist durch sternförmige Oberlichter unterbrochen und wird von typisch maurischen Säulen und Hufeisenbögen getragen. Durch einen Glasfußboden blickt man auf Reste aus der Römerzeit. Das **Museo Provincial** zeigt Artefakte aus der Zeit der Phönizier, Römer und Mauren; in einem Seitenanbau sind zudem Steinskulpturen aus dem 5. Jahrhundert v. Chr. zu sehen. In den Vierteln **La Magdalena** und **San Juan** an den nordöstlichen Hängen des mit Gebüsch bewachsenen Stadtbergs Santa Catalina blieb im Gassengewirr der maurische Charakter von Jaén besonders gut erhalten. Über allem wachen die Ruinen der maurischen Burg.

196 C3

Touristeninformation
Calle Arquitecto Bergés 1
953 22 27 37

Catedral
Plaza de Santa María
tägl. 8.30–13 und 17–20 Uhr
frei

Baños Árabes
Plaza de Santa Luisa de Marillac
953 23 62 92
Di–Fr 9–20 Uhr, Sa/So 9.30–14.30 Uhr

frei für EU-Bürger

Museo Provincial
Paseo de la Estación 27
953 25 06 00
Mi–Sa 9–20 Uhr, Di 15–20 Uhr, So 9–15 Uhr
frei für EU-Bürger

9 Baños de la Encina

Dieser Ort wartet mit einer der schönsten Burgen Spaniens auf, die hoch auf dem Berg thront. Die 14 Türme und der gewaltige Bergfried der maurischen Festung beherrschen das winzige Dorf darunter. 967 bis 986 bauten die Kalifen von Córdoba die Festung zur Verteidigung gegen kriegerische Clans aus der Sierra Morena und der Sierra de Cazorla (➤ 124f). Wer die Burg besichtigen möchte, bittet in der Touristeninformation oder im Rathaus an der Plaza de la Constitución um den Schlüssel. Innen wartet nichts als weite Leere, doch kann man den Bergfried, die Torre del Homenaje, erklimmen, von wo aus man einen herrlichen Panoramablick hat. Aber Achtung: Das Treppenhaus ist nicht beleuchtet, und es können plötzlich im Dunkeln Tauben auffliegen. Die schmale, nicht gesicherte Brustwehr läuft um die inneren Mauern; man sollte sie lieber meiden.
196 C4

Touristeninformation
Casa de la Juventud bei der Plaza de la Constitución

10 Montoro

Freundliche Straßen und alte Gemäuer prägen das Bild von Montoro. Der Ort liegt in einer Schleife des Río Guadalquivir, der von einer hübschen Brücke aus dem 15. Jahrhundert überspannt wird. Über die lange Hauptstraße, die Calle Corredera, gelangt man zur Plaza de España mit dem dreistöckigen Turm der Kirche San Bartolomé. Gegenüber steht der alte Herzogspalast, heute das Rathaus. Im Norden des Platzes führt eine enge Gasse in ein noch älteres Viertel mit der Kirche Santa María de la Mota, heute ein Museum für Mineralien und Archäologie. Wer Zeit hat, besucht die innen wie außen mit Muscheln verzierte Casa de las Conchas in der Calle Grajas 17.
196 B4

Touristeninformation
Plaza de España
957 16 00 89

Santa María de la Mota
Plaza de Santa María
Sa 6–20 Uhr, So 11–13 Uhr

Abseits der Touristenwege

Rund 20 Kilometer südlich von Priego de Córdoba liegt ein großer Stausee, der **Embalse de Iznájar**, wo man segeln kann.

Nordöstlich von Jaén gelangt man über unzählige Haarnadelkurven in das hoch auf einem Berg gelegene Dorf **Segura de la Sierra** mit einer maurischen Burg, arabischen Bädern, einer Renaissancekirche, einem Fischbrunnen und der kleinsten Stierkampfarena Andalusiens.

Vorhergehende Seiten und unten: Panoramablick auf das Dorf Baños de la Encina

Wohin zum … Übernachten?

Preise
Mit folgenden Preisen müssen Sie Person pro Nacht rechnen:
€ unter 36 Euro **€€** 36–96 Euro **€€€** über 96 Euro

CÓRDOBA

Hostal Deanes €
Dieses zum *hostal* umgewandelte Privathaus hat viel altmodischen Charme. Eine schmale Tapas-Bar bietet beeindruckend klingende Spezialitäten wie Disteln in Mandelsoße, an den Wänden werden Fotos von Stierkämpfern stolz zur Schau gestellt. Dem großen *patio* mit Tischen und Stühlen sieht man an, dass er gern benutzt wird. Die Zimmer sind einfach und trotz zentraler Lage weit weg von der Straße.

198 B2
Calle Deanes 6, Córdoba
957 29 37 44

Hotel and Hostal Maestro €–€€
Vom Preis einmal abgesehen, besteht kein großer Unterschied zwischen dem Hotel und dem *hostal*, die einen Häuserblock vom Fluss entfernt in einer ruhigen Seitenstraße liegen. Von den Zimmern blickt man auf einen lichten, von Arkaden gesäumten Innenhof. Die Möbel im kastilischen Stil und die edlen Gemälde verleihen dem Ganzen einen Hauch von Eleganz. Die Zimmer im *hostal* sind kleiner, der *patio* mit Blumenkübeln, Pflanzen und Kanarienkäfig am Eingang ist typisch für Córdoba.

199 D2
Calle Romero Barros 4 und 6
957 47 24 10; Fax 957 47 53 95

Hotel Marisa €€
Das Hotel präsentiert sich mit der traditionellen, weiß getünchten Fassade. Das Haus liegt gegenüber der Mezquita zwischen Unmengen von Andenkenläden, es hat 28 Zimmer und ist 35 Jahre alt; von Vorteil ist die Tiefgarage. Die rustikal und bequem ausgestatteten Zimmer sind geräumiger als üblich, die meisten blicken auf einen hübschen *patio*. In der Bar unten und im Aufenthaltsbereich geht es angenehm locker zu.

198 B2
Calle Cardenal Herrero 6, Córdoba
957 47 31 42; Fax 957 47 41 44

Mezquita Hotel €€
Das Haus (16. Jh.) gehörte einst dem bekannten Maler aus Córdoba, Julio Romero de Torres. Gemälde und Antiquitäten verleihen dem Hotel heute noch historisches Flair. Die Originalsäulen und das Originalmauerwerk blieben erhalten, dazu ein reizender *patio*, in dem im Sommer das Essen serviert wird. Die Zimmer bieten allen Komfort und sind mit geschnitzten Möbeln und Satinvorhängen ausgestattet. Die Lage gegenüber vom Haupteingang der Mezquita ist ideal.

198 C2
Plaza Santa Catalina 1, Córdoba
957 47 55 86; Fax 957 47 62 19

Los Omeyas €€
Mitten im Gassengewirr des früheren Judenviertels von Córdoba spiegelt dieses frisch renovierte Hotel mit Bögen im Stil der Mezquita, weißem Marmor und Gitterwerk das maurische Erbe der Stadt wider. Über den *patio* in der Mitte gelangt man zu den komfortabel und geschmackvoll eingerichteten Zimmern mit Klimaanlage. Vom obersten Stockwerk blickt man auf den Turm der Mezquita. Das Frühstück ist im Preis nicht enthalten.

198 C2
Calle Encarnación 17, Córdoba
957 49 22 67;
Fax 957 49 16 39

PRIEGO DE CÓRDOBA

Hostal Rafi €

Als eines der wenigen kleinen Hotels liegt das Rafi mitten im Zentrum mit Geschäften und Barockkirchen ringsum. Die Zimmer sind nichts Besonderes, die Bäder dafür geräumig und modern. Von der Lobby gelangt man in die angrenzende Bar, die meist brechend voll mit Einheimischen ist. Sie alle schätzen die gute Auswahl an *tapas* und kleinen Gerichten.

196 B3
Isabel La Católica 4, Priego de Córdoba
957 54 07 49

JAÉN

Parador Castillo de Santa Catalina €€

Dieser *parador* zählt zu den imposantesten in ganz Spanien. Er liegt hoch oben auf dem Cerro de Santa Catalina zwischen den Türmen einer mittelalterlichen maurischen Burg. Die Zimmer sind mit luxuriösen Himmelbetten ausgestattet und haben Balkons mit herrlichem Blick. Die Räumlichkeiten sind generell prunkvoll mit hohen Decken und maurischem Dekor. Das Restaurant, in dem Gerichte aus Jaén serviert werden, ist ebenfalls empfehlenswert.

196 C3
El Castillo de Santa Catalina, Jaén
953 23 00 00; Fax 953 23 09 30; E-Mail: jaén@parador.es

BAEZA

Hospedería Fuentenueva €€

Kaum vorstellbar, dass dieses edle, kleine Hotel einst als Frauengefängnis diente. Die Steinmauern blieben erhalten, doch wurde das Ambiente extravagant mit lachsfarbenen, mit Druckornamenten versehenen Wänden, Marmorböden, modernen Möbeln und sprudelnden Brunnen gestaltet. Außerdem gibt es ein hervorragendes Restaurant und einen Pool im Freien.

196 C3
Paseo Arca del Agua, Baeza
953 74 31 00; Fax 953 74 31 00; www.rgo.net/fuentenueva

Hostal El Patio €

Das *hostal* in einem Palast aus dem 16. Jahrhundert liegt in einer gepflasterten Seitenstraße, die zu einer alten Kirche führt. In dem Familienbetrieb fühlt man sich gleich wie zu Hause. Der Name des Hauses passt: Der *patio* ist weitläufig; zwischen den Originalsäulen stehen Sofas und Armsessel. Die Zimmer sind schlicht eingerichtet, aber dennoch behaglich, außerdem ist die Lage zentral, und es herrscht himmlische Ruhe.

196 C3
Calle Conde Romanones 13, Baeza
953 74 02 00

CAZORLA

Hotel Guadalquivir €

Der Familienbetrieb im Stadtzentrum besteht schon seit 25 Jahren und ist besonders bei Rucksackreisenden beliebt, die das Haus wegen des günstigen Preises und der freundlichen Atmosphäre schätzen. Die Zimmer sind groß und neu ausgestattet. Das Frühstück wird extra berechnet. Der Eigentümer Pedro gibt gute Tipps – von den besten Tapas bis hin zum schönsten Spaziergang.

197 D3
Calle Nueva 6, Cazorla
953 72 02 68

ÚBEDA

María de Molina €€

Das Hotel wurde Mitte 2000 am historischen Hauptplatz neu eröffnet. Es ist in einem Palast aus dem 16. Jahrhundert untergebracht, in dem ein *patio* mit Säulen, Wandteppiche und ein Steinbrunnen an alte Zeiten erinnern. Rattanmöbel, ockerfarbene Wände, Palmen und andere Pflanzen verschönern den Aufenthalt in der Lobby und im Restaurant. Die Zimmer sind solide mit dunklen Holzmöbeln und begehbaren Schränken ausgestattet; vom Balkon hat man einen schönen Blick auf die Plaza.

196 C3
Plaza del Ayuntamiento s/n, Úbeda
953 79 53 56; Fax 953 79 36 94; E-Mail: hotelmm@hotel-maria-de-molina.com

Wohin zum … Essen und Trinken?

Preise
Für ein Essen inklusive Wein und Service zahlen Sie pro Person:
€ unter 12 Euro **€€** 12–30 Euro **€€€** über 30 Euro

CÓRDOBA

El Burlaero €€–€€€

Ins Restaurant kommen Spanier, um Gerichte mit Wildschwein, Taube, Rebhuhn oder Kaninchen zu genießen. In der Bar herrscht ein gemütliches Durcheinander aus Gitarren, *matador*-Umhängen, Schinken, Fässern und Fotos. Das Haus war früher in jüdischem Besitz, heute erstreckt sich das Restaurant über mehrere Räume mit niedrigen Balkendecken und einem typischen *patio*. Beginnen Sie das Menü mit einem *salmonerejo*, einer dickflüssigen, kalten Suppe aus Tomaten, Knoblauch und Eiern.

198 B2
Calleja de la Hoguera 5, Córdoba
957 47 27 19; Fax 957 48 15 52
tägl. 11–16.30 und 19.30–23 Uhr

Los Califas €€

Hinter der schmalen Fassade mit geranienbepflanzten Balkonen liegt die gemütliche Bar. Hier trifft man mehr Einheimische als Touristen. Die Innenausstattung besteht aus warmem Kalkstein, glänzenden blauen Kacheln und alten Ziegeln. Von der Terrasse blickt man auf den Turm der Mezquita. Auf der Speisekarte stehen traditionelle Gerichte aus Córdoba sowie marokkanisch angehauchte Speisen.

198 D2
Calle Deanes 3, Córdoba
957 47 13 20; Fax 957 48 55 86
Di–So 13–16.30 und 20–24 Uhr

El Rincón de Carmen €€–€€€

Das Lokal eignet sich für ein romantisches Abendessen zu zweit. Es liegt mitten im ehemaligen Judenviertel in einem Gebäude aus dem 18. Jahrhundert und umfasst auch einen nach Jasmin duftenden *patio*. Die Speisekarte ist überaus reichhaltig, wobei das Hauptgewicht auf Reisgerichten liegt, unter anderem gibt es auch schwarzen Reis, der mit Tintenfisch-Tinte gefärbt wurde, oder Dauerbrenner wie Paella valenciana. Im angrenzenden Café stehen gepolsterte Bambussessel.

198 B2
Romero 4, Córdoba
957 29 10 55
tägl. 12–16 und 20–23.30 Uhr

Taberna Platerors €

Dieses Lokal wurde schon im 17. Jahrhundert eröffnet. Über die große Gaststube mit *patio* gelangt man in weitere Räumlichkeiten und in die traditionelle Bar, wo sich Geschäftsleute gern treffen. Die Wände sind mit Fotos von Manolete, dem Torero aus Córdoba, geschmückt, der *patio* mit Kacheln und Mauersteinen. Auf den Tisch kommt solide Hausmannskost.

199 D2
San Francisco 6, Córdoba
957 47 00 42
Di–Sa 8–16 und 19.30–24 Uhr

Restaurante Vallina €€–€€€

Anfang 2000 wurde das kleine Hotel mit angeschlossenem Restaurant eröffnet. Das Gebäude liegt hinter der Mezquita und ist schon 1600 Jahre alt, wovon die römischen Säulen und der alte Brunnen zeugen. Die Fleischgerichte sind der Stolz des Hauses: Steaks werden auf einem Rost direkt am Tisch zubereitet. Unter den Nachspeisen finden sich mehr Leckereien als der übliche Karamellpudding und Eis.

198 C2
Corregidor Luis de la Cerda 83, Córdoba
957 49 87 50; Fax 957 49 87 51
tägl. 20.30–1 Uhr

PRIEGO DE CÓRDOBA

El Alijibe €–€€

Das Lokal liegt direkt an der Ecke des Hauptplatzes. Dunkles Holz, Ziegel und Terrakottafliesen sorgen für eine behagliche und lockere Atmosphäre. Die Auswahl an Tapas ist gut, es gibt ungewöhnliche regionale Spezialitäten wie mit Schinken gefüllte Datteln. Für ein dreigängiges *menú del día* muss man weniger berappen als zu Hause für eine Runde Getränke.

196 B3
Calle Abad Palomino 7, Priego de Córdoba
957 70 18 56
tägl. 12.30–24 Uhr, Karwoche und Mitte Sept. *(feria)* geschl.

BAEZA

Casa Juanita €€

Die Eigentümer Juan und Luisa setzen gern alte Rezepte aus der Region auf die Speisekarte, die Gerichte sind dementsprechend ungewöhnlich und lecker. Kaltgepresstes Olivenöl aus der hauseigenen Presse ist eine Standardzutat. Zu den Spezialitäten zählen Rebhuhnsalat, Rinderfilet mit Tomaten und Paprika oder *alcachofas Luisa*, Artischockenherzen mit Tomaten und Knoblauch. Das Restaurant liegt im Hotel gleichen Namens.

196 C3
Plaza del Arca del Agua s/n, Baeza
953 74 00 40
Di–Sa 13.30–15 und 20.30–23.30 Uhr; 24. und 31. Dez. geschl.

La Góndola €

Alte Männer bevölkern die Bar, Familien belagern die Tische. Im Winter knistert hinter der Bar ein Feuer, die niedrige Balkendecke und die Mischung aus Ziegel und Kacheln machen Bar wie Restaurant zu einem gastlichen Ort. Probieren Sie als Vorspeise die *patatas baezanas*, die Spezialität des Hauses aus Bratkartoffeln mit Pilzen, Petersilie und Knoblauch.

196 C3
Portales Carbonería 13, Baeza
953 74 29 84
tägl. 20–24 Uhr

CAZORLA

Juan Carlos €–€€

Wer wegen der vielen Wildschweinköpfe an der Wand glaubt, dass es hier hauptsächlich Wildgerichte gibt, wird mit innovativen Vorspeisen wie Melonensuppe mit Minze überrascht. Das hausgemachte Feigeneis schließt die Mahlzeit erfrischend ab.

197 D3
Plaza Consuelo Mendieta 2, Cazorla
953 72 12 01
tägl. 11.30–15.30 und 19.30–23.30 Uhr

ÚBEDA

Deán Ortega €€

Zu diesem Hotel in der Innenstadt gehört ein hervorragendes, elegant in warmen Ocker- und Cremetönen gehaltenes, subtil beleuchtetes und modern möbliertes Restaurant. Hier kann man wunderbar einen Kaffee trinken, ein leichtes Mittagessen einnehmen oder sich auch *menú del día* mit drei Gängen gönnen, Regionalküche mit einem Touch Nouvelle Cuisine.

196 C4
Hotel María Molina, Plaza del Ayuntamiento s/n, Úbeda
953 79 53 56; Fax 953 79 36 94
tägl. 20–24 Uhr

Parador Restaurante Nacional del Condestable Dávalos €€–€€€

Das Restaurant des *parador* wurde 2001 neu eröffnet. Es genießt einen hervorragenden Ruf und ist für seine Zutaten frisch vom Markt sowie für Rezepte bekannt, die seit Generationen tradiert werden, zum Beispiel Rebhuhn mit Pflaumen oder gedünstete Nieren mit Pinienkernen. Die Atmosphäre in dem Palast aus dem 16. Jahrhundert entspricht der guten Küche; der Service ist förmlich und aufmerksam. Man sollte einen Blick in den Weinkeller werfen, wo unter den originalen Steingewölben schlichte Holztische und gigantische Weinfässer stehen.

196 C4
Plaza de Vázquez de Molina, Úbeda
953 75 03 45
tägl. 12–16 und 19–24 Uhr

Wohin zum … Einkaufen?

Die alteingesessenen Leder- und Silberwerkstätten in Córdoba produzieren wunderbare Waren. Südlich der Stadt liegt rund um Priego de Córdoba ein Gebiet, das für Wein und Olivenöl bester Qualität bekannt ist. In Úbeda in der Provinz Jaén findet man die schönste Keramik.

PROVINZ CÓRDOBA

In der Stadt Córdoba geht man am besten in dem Viertel zwischen der Plaza de las Tendillas (➤ 118) und der autofreien Avenida del Gran Capitán zum Einkaufen, besonders in der Conde de Gondomar, welche die beiden Straßen verbindet. Hier gibt es schicke Modegeschäfte, die es mit denen von Sevilla aufnehmen können, zum Beispiel **Modas Pilar Morales** (Conde de Gondomar 2, Tel. 957 41 12 54).

Das Kaufhaus **El Corte Inglés** befindet sich in Córdoba an der Kreuzung der Avenida del Gran Capitán und der Avenida Ronda de los Tejares. Rund um die Mezquita (➤ 115f) findet man viele Mitbringsel und Postkarten. Wer jedoch die berühmten Lederarbeiten erstehen möchte, geht besser in bekannte Ateliers wie **Meryan** (Calleja de las Flores 2/Encarnación, Tel. 957 47 59 02), wo neben Ledersachen auch Keramik und anderes Kunsthandwerk angeboten wird. **Artesanía La Corredera** (Calle Rodríguez Marín, Tel. 957 48 97 16) und **Artesanía Cordobesa** (Calle Romero 10, Tel. 957 9 03 84) bieten auch eine gute Auswahl an handgearbeiteter Keramik.

Im **Zoco**, dem Kunsthandwerksmarkt (➤ 117), gibt es mehrere Geschäfte, die filigrane Silberarbeiten verkaufen. Ein überaus unterhaltsamer **Markt** wird in der Plaza de la Corredera abgehalten. Hier werden jeden Tag Kleidung, Kunsthandwerk und Kuriositäten aller Art feilgeboten; samstags ist besonders viel los. Wer exquisites Olivenöl erstehen möchte, geht in **La Tienda del Olivo** (Calle San Fernando 124b, Tel. 957 47 44 97).

Wenn man Richtung Süden nach Priego de Córdoba fährt, gelangt man ins Oliven- und Weinbaugebiet Montilla. Die sherryähnlichen Weine, denen kein weiterer Alkohol zugesetzt wird, laufen unter dem Namen Moriles, dem wichtigsten Weinort der Region. Man kann so ziemlich überall einen Montilla kaufen, ebenso Olivenöl und Käse, empfehlenswert ist aber die **Touristeninformation in Zuheros** (➤ 128).

PROVINZ JAÉN

Die wunderschöne Keramik von **Úbeda** (➤ 126f) ist an ihrer dunkelgrünen Glasierung zu erkennen. Die Calle de Valencia ist das Keramikviertel der Stadt, wo es so schöne Werkstätten gibt wie die **Alfarería Paco Tito** (Calle Valencia 22, Tel. 953 75 14 96) oder in der Nähe die **Alfarería Góngora** (Cuesta de la Merced 32, Tel. 953 75 46 05). In der Calle Real, der alten Hauptstraße von Úbeda, finden sich ein oder zwei Geschäfte, die bis heute Waren aus Esparto-Gras verkaufen, eine Handwerkskunst, die in dieser Gegend eine lange Tradition hat. Versuchen Sie Ihr Glück im **Acuario** (Calle Real 61, Tel. 953 75 40 14), wo es auch gute Keramikkacheln gibt. Ein weiteres Geschäft für hochwertige Keramik und anderes Kunsthandwerk ist **Artificis** (Calle Juan Ruiz González 19, Tel. 953 75 81 50), gleich bei der Plaza Váquez de Molina.

In der Sierra de Cazorla unternimmt man in **Cazorla** einen Streifzug auf dem **Markt**, der jeden Tag an der Plaza del Mercado abgehalten wird, und schaut sich die Läden in der Calle Dr Muñoz an, wo Produkte der Region zum Verkauf stehen. Wer ein Mitbringsel aus der Sierra sucht, findet im **Centro de Interpretación** in Torre del Vinagre (Tel. 953 72 01 02) eine Auswahl.

Wohin zum ... Ausgehen?

Fragen Sie in Córdoba nach einem kostenlosen Exemplar des monatlich erscheinenden Veranstaltungskalenders *Qué Hacer en Córdoba?* oder der englischen Zeitung *Córdoba in ...* Es gibt auch eigens einen Führer durch die Tapas-Bars der Stadt. Die spanische Tageszeitung heißt einfach *Córdoba*. Viele Informationen über Szenelokale bieten die jungen Stadtführer von *Cicerones de Córdoba*. Man findet sie am Alcázar, an der Puerta de Almodóvar, der Plaza de las Tendillas und am Palacio de Viana.

NACHTLEBEN

Auch wenn Córdoba längst nicht so kosmopolitisch wie Sevilla, Granada und Málaga und das Nachtleben dementsprechend ruhiger ist, findet man Tanz- und Musikbars an der Calle Cruz Conde nördlich der Plaza de las Tendillas.

FLAMENCO

In der Stadt **Córdoba** kann man klassischen Flamenco im **Tablao Cardenal** (Calle Torrijos 10, Tel. 957 48 31 12) direkt gegenüber der Mezquita erleben. Die Show wird in einem entzückenden *patio* in schöner Atmosphäre präsentiert. Es gibt eine Bar und ein Restaurant, die Flamencoaufführungen beginnen um 22.30 Uhr. Es empfiehlt sich zu reservieren. Eine gute Alternative ist **La Bulería** (Calle Pedro López 3, Tel. 957 48 38 39) in der Nähe der Plaza de la Corredera.

Baeza bietet einen Flamencoclub, den **Peña Flamenco** (Conde Romanones 6), in dem gelegentlich auch Aufführungen stattfinden. Genaueres weiß die Touristeninformation. Ein ähnlicher Club in Úbeda ist **Peña Flamenco El Quejío** (Alfareros 4). Auch hier sollte man sich bei der Touristeninformation erkundigen.

THEATER

Córdoba besitzt ein schönes Theater, das **Gran Teatro** (Avenida del Gran Capitán 3, Tel. 957 48 02 37), in dem auch Konzerte, Tanz und Schauspiele stattfinden. Das Theater und die Touristeninformation halten Monatsprogramme bereit.

STIERKAMPF

In der Arena von Córdoba (Avenida Gran Vía Parque, Tel. 957 23 25 07) finden den ganzen Sommer über Stierkämpfe statt. Die Touristeninformation hat die genauen Daten. Wo in den Provinzstädten und auf dem Land *corridas* abgehalten werden, wissen die jeweiligen Touristeninformationen.

AKTIVITÄTEN IM FREIEN

In Córdoba kann man ein Rad mieten und auf Radwegen die Stadt allein oder im Rahmen einer Führung erkunden. **Córdoba en Bici** (Calle Lucano, Tel. 639 42 58 84) nicht weit von der Plaza del Potro organisiert solche Touren.

Wer das Abenteuer unter freiem Himmel liebt, kommt im bergigen Parque Natural de Cazorla y Segura (➤ 124f) auf seine Kosten. Man kann allein losgehen, aber das Team von **Quercus** (Calle Juan Domingo, Tel. 953 72 01 15) im Ort Cazorla lässt sich alle möglichen Unternehmungen wie Jeepfahrten in abgelegenere Gebiete und Exkursionen per Pferd oder Mountainbike einfallen. Das **Centro de Interpretación** in Torre del Vinagre (Tel. 953 71 30 40) organisiert ebenfalls Jeeptouren in den Park sowie Ausritte und Mountainbiketouren. Ein ähnliches Programm bietet die **Hospedería de Montaña**, **El Hornico** (Pozo Alcón, Tel. 953 12 41 37.

Sevilla und Huelva

Erste Orientierung

In keiner Stadt sind die typischen Merkmale Andalusiens so ausgeprägt vorhanden wie im spontanen, optimistischen Sevilla. Orangenbäume und üppig blühende Parks prägen das Bild; aus den Bars dringt Flamencomusik, und in stillen Straßen hört man das Geklapper von Pferdekutschen. Moderne Gebäude bilden mit Palästen aus der Maurenzeit, erhabenen Kirchen und mittelalterlichen Gassen eine gelungene Synthese. Einige der besten Tapas-Bars Spaniens laden zum Verweilen ein.

Links: Blick auf die Reales Alcázares von Sevilla, ein Kleinod der *mudéjar*-Architektur

Oben: Die Puerta de Sevilla, das alte römische Tor zur Stadt Carmona

In der Provinz rund um Sevilla kann man weniger bekannte, aber nicht minder faszinierende Orte wie die alte Römerstadt Itálica, das von einem Mauerring umgebene Carmona mit maurischen Straßen und einer römischen Nekropole sowie das historische Écija besichtigen.

Etwas weiter entfernt ist die Provinz Huelva, die von Touristen oft vernachlässigt wird, weil Sevilla sie so sehr beeindruckt. Die Stadt Huelva ist vorrangig ein Industriehafen und bietet keine großartigen Monumente, doch im Norden der Provinz liegen die friedlichen Hügel der Sierra Morena, die Huelva mit der Nachbarprovinz Sevilla teilt. Hier besucht man die nette, in den Bergen gelegene Stadt Aracena mit der Gruta de las Maravillas, einem Kalksteinhöhlensystem, dann schlängelt sich die Straße weiter zu heiteren Dörfern mitten in Korkeichenwäldern, wo man sich die Beine vertreten kann und frische Bergluft atmet. Die Küste ganz im Süden der Provinz Huelva heißt Costa de la Luz und zählt zu den längsten und abgeschiedensten Andalusiens. Dahinter erstrecken sich das Delta des Río Guadalquivir und der Parque Nacional Coto de Doñana mit weitläufigen Feuchtgebieten, Sand, Dünen und Steppen, in denen viele wilde Tiere leben.

Vorhergehende Seite: Der elegante Giralda-Turm in Sevilla, ein Paradebeispiel der maurischen Architektur

★ Nicht verpassen!

1 **Sevilla** ➤ 142
2 **Carmona** ➤ 154
5 **Aracena und die Gruta de las Maravillas** ➤ 156
7 **Parque Nacional de Doñana** ➤ 158

Nach Lust und Laune!

3 Écija ➤ 160
4 Itálica ➤ 160
6 Río Tinto ➤ 161
8 Costa de la Luz (Huelva) ➤ 161
9 El Rocío ➤ 162

In Sevillas Museo de Artes y Costumbres Populares mischen sich verschiedene Stile

Besichtigen Sie das zauberhafte Sevilla, und fahren Sie anschließend in die alte Stadt Carmona und zu den imposanten Kalksteinhöhlen von Aracena. Erkunden Sie dann das größte Naturreservat Europas, den Parque Nacional Coto de Doñana.

Sevilla und Huelva in vier Tagen

Erster Tag

Vormittags

Besuchen Sie in aller Frühe die **Kathedrale** von Sevilla und den **Giralda-Turm** (rechts, ➤ 143ff), bummeln Sie dann durch die Straßen und über die Plätze des **Barrio de Santa Cruz** (➤ 148).

Nachmittags

Legen Sie nach dem Besuch der **Reales Alcázares** (➤ 146f) im schattigen **Parque de María Luisa** (➤ 151) eine Pause ein, bevor Sie sich über die **Plaza de España** (➤ 151) auf den Rückweg machen. Genehmigen Sie sich im **Barrio de Santa Cruz** einige Tapas, später dann noch ein leichtes Abendessen in einem der Restaurants des Viertels (➤ 164f), oder mischen Sie sich unter die Einheimischen in den geschäftigen Einkaufsstraßen **Sierpes** und **Tetuán** (➤ 166f)

Zweiter Tag

Vormittags

Begeben Sie sich zum **Museo de Bellas Artes** (➤ 148ff), um einige der schönsten Gemälde Spaniens zu bewundern. Lohnend ist auch ein Besuch in der **Casa de Pilatos** (➤ 150f), wo man den *mudéjar*-Sti zu sehen bekommt.

Nachmittags

Fahren Sie über die NIV in Richtung Córdoba, und übernachten Sie in **Carmona** (rechts, ➤ 154f). Schön ist der Besuch der **Necrópolis Romana** (➤ 154), danach erkundet man die engen Gassen der von einer Mauer umgebenen alten Stadt und die Kirche **Santa María la Mayor**.

Dritter Tag

Vormittags

Die Fahrt führt in Richtung Sevilla, dann über die N630 nach Norden, wo in **Itálica** (➤ 160) die Ruinen einer römischen Stadt warten. Weiter geht es nach Norden durch die Hügel der Sierra Morena bis nach **Aracena** (➤ 156f).

Nachmittags

Besuchen Sie zunächst die berühmten Höhlen von Aracena, die **Gruta de las Maravillas** (links, ➤ 156f), und erklimmen Sie dann in aller Ruhe den Hügel mit der maurischen Burg und der Kirche.

Vierter Tag

Vormittags

Früh am Morgen geht es Richtung Süden zur **Costa de la Luz** (➤ 161), wo Sie ein bis zwei Stunden baden oder über die ruhige **Playa Cuesta de Maneli** (➤ 162) durch Sanddünen mit aromatisch duftenden Bäumen und Gebüsch wandern können. Am besten nehmen Sie ein Picknick mit, denn hier gibt es weit und breit keine Cafés oder Bars.

Nachmittags

Fahren Sie zum Centro de Recepción del Acebuche, dem Hauptzugang zum **Parque Nacional Coto de Doñana** (➤ 158f). Wer keine Zeit für eine längere, im Voraus gebuchte Tour durch das Areal (➤ 168) hat, sollte zumindest die Vogelreservate in Zentrumsnähe oder **Las Rocínas** (➤ 159) besuchen.

0

Sevilla

Sevilla, auf beiden Seiten des Río Guadalquivir gelegen, besticht durch Lebendigkeit und Eleganz. Die theatralische Kulisse eignet sich hervorragend für das überschäumendste Fest Spaniens, die Feria de Abril, während der eine Woche lang Flamenco, Pferde und Sherry regieren. Auch zu anderen Zeiten genießen die *sevillanos* das Leben in Bars, Luxusrestaurants und schicken Einkaufsstraßen.

Die Region um Sevilla fiel im Jahr 712 an die Mauren, ihre Siedlung Ishbiliyya bildet den Kern der heutigen Stadt. Sevilla gelangte unter der Herrschaft der Christen zu Wohlstand und war im 16. Jahrhundert Spaniens wichtigster Auslaufhafen nach Amerika. Im 17. Jahrhundert folgte der Niedergang, als der Guadalquivir versandete. Rund 200 Jahre träumte Sevilla vor sich hin, bis Ende des 18. Jahrhunderts Reisende von der Schönheit und Dekadenz des Ortes zu schwärmen begannen. Das 20. Jahrhundert brachte dann den Aufschwung. 1929 fand hier die Iberoamerikanische Ausstellung statt, von der viele wunderschöne öffentliche Gebäude erhalten blieben. 63 Jahre später hieß Sevilla seine Gäste zur Expo 92 willkommen – und profitierte von den vielen modernisierten oder neuen Bauten, die mit dem Charme vergangener Tage gut harmonieren.

Man braucht – physisch wie psychisch – eine gute Kondition, um mit dem Tempo von Sevilla mithalten zu können. Hier kommen nicht nur kulturell Interessierte auf ihre Kosten – man denke nur an die gewaltige gotische Kathedrale oder die geschichtsträchtigen Reales Alcázares. In den Hauptstraßen, in den Bars und Cafés ist immer etwas los, doch findet man etwas abseits begrünte *plazas*, weniger stark frequentierte Kneipen und Kirchenportale, die den Weg zu Oasen der Ruhe freigeben.

Der Salón de los Embajadores (Gesandtensaal), einer der Höhepunkte der Reales Alcázares

Touristeninformation

202 B3 Avenida de la Constitución 21 (J de A) 954 22 14 04/21 81 57; Fax 954 22 97 53

Calle Arjona 28 954 50 56 00

Paseo de las Delicias 9
954 23 44 65

Parken

Außerhalb des Zentrums parkt man in der Nähe des Bahnhofs Santa Justa, in der Calle Luis de Morales, gleich bei der Avenida de Luis Montoro, der Zufahrtstraße von der Costa del Sol, Málaga und Granada. Parkplätze sind an der inneren Ringstraße von Sevilla ausgeschildert.

Kathedrale und Giralda

Die Kathedrale von Sevilla, Santa María de la Sede, ist die größte gotische Kirche der Welt, ein architektonisches Kleinod mit herausragenden Skulpturen, Gemälden und Kunsthandwerk. Die Kathedrale beherrscht das Herz der Stadt; sie ist nicht nur das Ergebnis genialer Baukunst, sondern auch in Stein gemeißeltes Symbol des Thriumphs der Christen über die Mauren.

Die Giralda überragt die Fialen und Pfeiler der Kathedrale

Nachdem Ferdinand III. 1248 Sevilla den Mauren abgenommen hatte, wurde die Moschee der Stadt für christliche Gottesdienste genutzt, bis Anfang des 15. Jahrhunderts Pläne für eine Kathedrale entstanden. Der größte Teil der Moschee wurde zerstört; innerhalb von hundert Jahren entstand das Hauptschiff der Kathedrale. Der Ehrgeiz der Baumeister wird in folgendem überlieferten Ausspruch deutlich: »Wir wollen eine Kirche bauen, die so gewaltig ist, dass jeder, der sie sieht, uns für verrückt hält.«

Die Giralda

Blickfang der Kathedrale ist die **Giralda**, ein Turm, der 97 Meter hoch in den Himmel ragt. Er ist das Wahrzeichen von Sevilla, das die *sevillanos* verehren – das Besteigen des Turms überlassen sie allerdings lieber den Touristen. Die Giralda geht auf das Minarett aus dem 12. Jahrhundert zurück, dessen Vorbild das Minarett der Koutoubia-Moschee von Marrakesch war, und wurde von den maurischen Almohaden von 1184 bis 1198 errichtet. Im 16. Jahrhundert fügten die Spanier den Glockenturm hinzu. Ganz oben thront eine Wetterfahne (*giraldillo*) in Form einer Statue, die den »Glauben« symbolisiert; von ihr hat der Turm seinen Namen. Berühmt ist die Giralda wegen der maurischen Strukturelemente, einem Meisterwerk filigraner Steinmetzkunst mit geometrischem Maßwerk, das durch die wechselnden Lichtverhältnisse seine Wirkung verändert. Der Turm wurde mit 35 Rampen anstelle von Treppen versehen, sodass die Wächter mit dem Pferd zu ihrem Dienst reiten konnten. Die christlichen Soldaten, die Sevilla 1258 angriffen, waren von dem Minarett so begeistert, dass sie den Mauren drohten,

Mit dem Pferdewagen durch Sevilla

Eine Fahrt mit dem Pferdewagen durch Sevilla ist teuer, bei Touristen aber dennoch sehr beliebt. Sie können die gut gepflegten Kutschen mit den gelben Rädern an der Plaza Virgen de los Reyes neben der Kathedrale besteigen. Die einstündige Rundfahrt kostet für vier Personen ca. 24 €.

sie zu exekutieren, falls der Turm irgendwie beschädigt würde. Niemand rührte den Turm auch nur an. Die Eroberer fügten dann etwas schwerfällige Balkone und den besagten Glockenturm hinzu, doch die Eleganz des Minaretts blieb erhalten.
Der Eingang zur Giralda befindet sich links in der Nordostecke der Kathedrale, unweit der Puerta de la Concepción. Hat man den Turm bestiegen, bietet sich durch die vergitterten Fenster eine etwas eingeschränkte Sicht auf die angrenzende Kathedrale mit ihren Dächern, auf unzählige Spitztürme und die fast horizontalen Strebepfeiler. Turmfalken fliegen umher, und man kann die Schwimmbecken auf den Dachterrassen von Sevilla zählen.

Das Kolumbusgrab in der Kathedrale von Sevilla

Die Kathedrale

In die riesige gotische Kathedrale, welche die christlichen Eroberer an das Minarett anbauten, gelangt man durch die **Puerta del Perdón** (Gnadentor). Einige islamische Strukturelemente blieben erhalten, etwa die mit Bronze beschlagenen Türen. Dahinter liegt der **Patio de los Naranjos** (Orangenhof), der ebenfalls aus maurischer Zeit stammt; hier wurden einst rituelle Waschungen vorgenommen, bevor die Gläubigen die ehemalige Moschee betraten. Über dem Hof erhebt sich die Fassade der **Puerta de la Concepción** (Empfängnistor), durch die man das Innere der Kathedrale betritt. Man sollte die gigantischen Dimensionen erst einmal auf sich wirken lassen. Im Zentrum des Hauptschiffs befindet sich die **Capilla Mayor**, der Altarraum, mit dem **Coro** (Chor) rechts. Der vergoldete und bemalte Altaraufsatz ist das Prunkstück der Kathedrale; er besteht aus 45 geschnitzten Tafeln, die Szenen aus dem Leben Jesu darstellen, und zeigt über tausend biblische Gestalten. Im Zentrum dieses Ehrfurcht gebietenden Meisterwerks der Gotik steht eine Statue der Virgen de la Sede. Das Chorgestühl umfasst 117 herrlich geschnitzte Sitze.

Hinter der Capilla Mayor säumen Kapellen die Ostwand der Kathedrale, darunter auch die **Capilla Real** (Königliche Grabkapelle) mit einem imposanten Altarstück aus Stein. Geht man nun in Richtung Süden, gelangt man zur **Sacristía Mayor**, einem Raum im Platereskenstil des 16. Jahrhunderts mit Kuppel. Hier befinden sich viele Kirchenschätze, darunter eine Silbermonstranz (16. Jahrhundert) und mehrere Gemälde von Zurbarán wie die *Hl. Theresia* oder Murillos *Hl. Leonhard* und *Hl. Isidor*. Links von der Sacristía Mayor liegt die ovale **Sala Capitu-**

Öffnungszeiten

Vor dem Eingang bilden sich zu jeder Tageszeit lange Schlangen, besonders schlimm wird es, wenn am späteren Vormittag die Bustouristen eintreffen. Letzter Einlass ist eine Stunde vor Schließung. Meistens ist der Zutritt zu bestimmten Stellen in der Kathedrale ganz oder teilweise gesperrt.

lar (Kapitelsaal) mit einer Kuppel, Marmorboden und herrlichen Gemälden wie Murillos *Unbefleckter Empfängnis*. Rechts an die Sacristía Mayor schließt sich die **Sacristía de los Cálices** mit weiteren Gemälden an, darunter ein Meisterwerk von Goya, *Die Heiligen Justa und Rufina*, das die Schutzpatrone von Sevilla darstellt.

An die Sacristía de los Cálices schließt sich das **Kolumbusgrab** an: Es besteht aus vier gekrönten Figuren, die den Sarg des großen Seefahrers emporheben und die mit Gewändern, welche die Symbole der spanischen Königreiche Kastilien, Aragón, León und Navarra tragen, geschmückt sind. Das Grab soll die Gebeine von Kolumbus, seinem Sohn Diego und seinem Enkel Luis enthalten. Es bestehen allerdings Zweifel an der Authentizität, da sie mehrmals über den Atlantik von und nach Kuba geschifft wurden.

KLEINE PAUSE

Gut schmeckt ein Bier in der **Cervecería Giralda** in der Calle Matéos Gago 1 mit hervorragendem Blick auf die Kathedrale.

Kathedrale Santa María de la Sede and Giralda
202 B3 · Plaza Virgen de los Reyes · 954 21 49 71/56 33 21
Mo–Sa 11–17 Uhr, So und Feiertage 14–18 Uhr · C1, C2, C3, C4
teuer (So frei)

Hundert Jahre Arbeit stecken im Altaraufsatz in der Capilla Mayor, einem der Schmuckstücke der Kathedrale

Reales Alcázares

Diese schöne Palastanlage ist ein herrliches Refugium abseits vom Trubel der Stadt. Nach den maurischen Herrschern nahmen die christlichen Königen den imposanten Palast im *mudéjar*-Stil in Besitz, der genauso kunstvoll ist wie die Alhambra von Granada.

Der Grundriss des Palasts lässt das klassische Schema muslimischer Architektur mit zentralen Innenhöfen erkennen, von denen nach allen Seiten unterschiedliche Hallen und Räumlichkeiten abgehen. Es finden sich hier bemalter Stuck und *azulejos* (➤ 8), Kacheln, im Überfluss, die sich zu wunderbaren geometrischen Mustern zusammenfügen. Die herrlichen Gärten sind besonders einladend.

Mit dem Bau des Alcázar von Sevilla wurde Anfang des 8. Jahrhunderts begonnen, und zwar auf den Ruinen einer römischen und westgotischen Festung. Das Innere des Gebäudes stammt fast völlig aus dem späten Mittelalter und verdankt dem Ehrgeiz von Pedro I., der die besten Kunsthandwerker anstellte, besonders viel. Die christlichen Monarchen fügten in der Folgezeit weitere Anbauten hinzu.

Das nüchterne Äußere des Palasts (oben links) lässt nichts von den architektonischen Schätzen im Innern erahnen; der Salón de los Embajadores (Gesandtensaal, oben rechts) gehört zu den Hauptsehenswürdigkeiten

Besichtigung der Reales Alcázares

Nur jeweils einige hundert Personen können im 30-Minuten-Takt die Kontrolle passieren; mit Warteschlangen ist zu rechnen.

Hinter dem Eingang liegt der **Patio del León** (Löwenhof), dahinter der größere **Patio de la Montería** (Jagdhof). Rechts davon erstreckt sich der **Salón del Almirante** (Admiralssalon), den Isabella von Kastilien 1503 zur Planung der Reisen nach Amerika nutzte. Am schönsten ist die **Sala de Audiencias** (Audienzsaal) mit einer Artesonado-Decke, einem beeindruckenden Modell des Schiffes von Kolumbus, der *Santa María*, und dem herrlichen Altarstück *Madonna der Seefahrer* aus dem 16. Jahrhundert, das unter anderen Kolumbus und Amerigo Vespucci zeigt.

Unterwegs in Sevilla

Am Kartenschalter gibt es offizielle Führer durch die Reales Alcázares. Sie können auch Kassettenführungen in unterschiedlichen Sprachen ausleihen, die das Wichtigste zu den einzelnen Sehenswürdigkeiten erläutern.

Unten rechts: Die herrlichen Gärten der Reales Alcázares

Im eigentlichen Palast Pedros I. besticht der zentrale Hof, der **Patio de las Doncellas** (Damenhof) mit üppigen Fächerbögen, Steingitterwerk und einem Fries aus *azulejos*. In der Mitte speit ein Brunnen schlanke Wassersäulen in die Luft. Der Hof ist von reich dekorierten Räumen umgeben, die durch schmale Durchgänge miteinander verbunden sind. Im Zentrum befindet sich der **Patio de las Muñecas** (Puppenhof). Der **Salón de los Embajadores** (Gesandtensaal) ist das Prunkstück des Alcázar. Hufeisenbögen setzen an den herrlich gekachelten Wänden Akzente. Diese

scheinen sich zu einer Kuppel aus Zedernholz emporzuschwingen, von der Stalaktiten zu hängen scheinen. Alles ist in Grün, Rot und Gold gehalten.

Eine Treppe in der Ecke des Patio de las Doncellas führt in die düsteren **Salones de Carlos V**, die Privatgemächer Karls V. aus dem 17. Jahrhundert. Man geht gleich weiter in die Gärten mit gekachelten Wegen, Brunnen, schattigen Sitzgelegenheiten, Orangenhainen und Bäumen, die heute allerdings wenig Ähnlichkeit mit der subtilen Gartenkunst der Mauren und Pedros I. haben.

Nicht weit vom Estanque del Mercurio (Merkurbecken) gelangt man an einer Cafeteria vorbei zum Apeadero mit einer Sammlung von Kutschen und weiter zum Ausgang.

202 B3
Plaza del Triunfo
954 50 23 23
Juni–Okt. Di–Sa 9.30–20 Uhr, So und Feiertage 9.30–18 Uhr; Nov.–Mai Di–Sa 9.30–18 Uhr, So und Feiertage 9.30–14.30 Uhr
Café
C1, C2, C3, C4
teuer (Kinder unter 12 Jahren und Senioren frei)

Die ruhigen Straßen im Viertel Santa Cruz im Herzen von Sevilla

Barrio de Santa Cruz

Bei der Kathedrale und den Reales Alcázares gibt es viele schmale Gassen sowie die *plazas* des Viertels Santa Cruz, eine willkommene Abwechslung von den verkehrsreichen Hauptstraßen. Santa Cruz war im mittelalterlichen Sevilla die *aljama*, das Judenviertel. Viel wurde hier 1492 nach einem Pogrom zerstört, dennoch blieb manches trotz der Modernisierungsmaßnahmen zu Beginn des 20. Jahrhunderts erhalten. Wer durch die Straßen streift, kann immer wieder durch schmiedeeiserne Gitter einen Blick auf einen hübschen *patio* werfen. Eine kleine Oase der Ruhe ist die **Plaza de Santa Cruz**. Das Kreuz in der Mitte symbolisiert die Iglesia de Santa Cruz, eine Kirche, die von den Truppen Napoleons zerstört wurde. Ebenfalls reizvoll ist die Plaza Doña Elvira mit einem Brunnen. Das **Hospicio de los Venerables Sacerdotes** an der Plaza de los Venerables, einst ein Hospiz für pensionierte Priester, beherbergt heute eine Galerie mit zeitgenössischer Malerei und Bildhauerei führender spanischer Künstler. Der *patio* des Gebäudes ist hübsch. Am Ostrand des Viertels liegen die angenehm schattigen **Jardines de Murillo** (Murillo-Gärten); überall gibt es Bars und Cafés.

Museo de Bellas Artes

Eine der herausragendsten Kunstgalerien Spaniens ist im ehemaligen Convento de la Merced Calzada untergebracht, das sich in nördlicher Richtung unweit der Kathedrale erhebt. Mit seinem *patio* und den Galerien ist das Gebäude als solches schon sehenswert, die Besucher kommen aber in erster Linie, um Meisterwerke der spanischen Malerei vom frühen Mittelalter bis zum 20. Jahrhundert zu sehen.

Die Dauerausstellung verteilt sich auf 14 Räume. Höhepunkt ist **Saal V**, die frühere Klosterkapelle. Man kommt seitlich herein und sieht sich sogleich der *Apotheose des hl. Thomas von Aquin* gegenüber, einem Meisterwerk von Francisco de Zurbarán aus dem 17. Jahrhundert. Wendet man sich nach rechts, überblickt man den Saal in seiner ganzen Pracht. Selbst die Kuppel der Kapelle ist noch mit restaurierten Gemälden bestückt. An der Wand der früheren Apsis wird das Werk des in Sevilla geborenen Malers Bartolomé Esteban Murillo (1618–82)

Hospicio de los Venerables Sacerdotes
202 C3
10–14 und 16–20 Uhr (Führungen)
mittel

Museo de Bellas Artes
202 A4 Plaza del Museo
954 22 07 90 Mi–Sa 9–20 Uhr, Di 15–20 Uhr, So und Feiertage 9–14 Uhr C1, C2, C3, C4
preiswert (für EU-Bürger frei)

Mit dem Bus durch Sevilla

Sevirama (Tel. 954 56 06 93) bietet Stadtrundfahrten in offenen Panoramabussen. Sie starten ab 10 Uhr früh alle 30 Minuten an der Torre del Oro (➤ 152) und fahren an verschiedenen Sehenswürdigkeiten vorbei zur Plaza de España (➤ 151), durch Triana (➤ 152) und zur Isla Mágica (➤ 152). Über Kopfhörer werden die Highlights in der gewünschten Sprache erläutert. Mit dem Tagesticket können Sie jederzeit zu- und aussteigen.

gefeiert, darunter *Die unbefleckte Empfängnis* und *Die Heiligen Rufina und Justa*. In einer kleinen Nische rechts hängt Murillos *Muttergottes mit Kind*, das als *La Virgen de la Servilleta* bekannt ist, da der Maler das Gemälde auf eine Serviette skizziert haben soll. In **Saal VII** finden sich noch mehr Murillos, **Saal X** ist Zurbarán gewidmet. Ausgestellt werden ferner Werke von Goya, Velázquez, El Greco und von Murillos Zeitgenossen Juan de Valdés de Leal sowie von Bildhauern wie Pedro Millán, der

***Die Apotheose des hl. Thomas von Aquin* von Zubarán zählt zu den Schätzen des Museo de Bellas Artes**

Mit dem Boot durch Sevilla

Zwischen 11 und 22 Uhr starten alle 30 Minuten Boote zu einstündigen Rundfahrten. Die Touren beginnen gegenüber der Torre del Oro (➤ 152), wo sich auch der Kartenschalter befindet (Tel. 954 21 55 96).

im 15. Jahrhundert in Sevilla geboren wurde. Seine *Grablegung* hängt in **Saal I**.

Die **Säle XII** und **XIV** zeigen Kunst aus dem 19. und 20. Jahrhundert. In Saal XII sollten Sie das etwas kitschige Gemälde von Gonzalo Bilbao betrachten, das die Welt der Carmen in der Tabakfabrik (➤ 12) heraufbeschwört, oder auch nach seiner *Sommernacht in Sevilla* sehen. Weitere Höhepunkte sind *Bulerías* von José García Ramos und sein Porträt eines trinkenden Mannes mit dem Titel *Hasta Verte Cristo Mío*.

Casa de Pilatos

In diesem Renaissancegebäude am Ostrand des Viertels Santa Cruz kamen traditionelle *mudéjar*-Materialien – Holz, Stuck, *azulejos* und Ziegel – zur Verwendung, aus denen ein Privathaus von seltener Schönheit entstand. Das Anwesen wurde größtenteils vom Sohn des Gouverneurs von Andalusien erbaut, der sich vom Haus des Pilatus in Jerusalem hatte inspirieren lassen. Ab 1950 wurde das Haus in seiner alten Pracht restauriert. Man betritt das Anwesen durch den **Apeadero**, einen von Arkaden umgebenen und von Bougainvilleen bewachsenen Kutschhof. Dahinter liegt der **Patio Principal**, der zentrale Hof. In diesem Renaissancehof gehen Elemente der Gotik eine gelungene Synthese mit *mudéjar*-Dekor ein; es gibt einen Brunnen und klassische Skulpturen der Göttinnen Pallas Athene und Minerva. Bei einer Führung

Der zentrale Innenhof in der Casa de Pilatos

kann man die herrlich ausgestatteten Räume kennen lernen. In den kleinen, nach innen gelegenen Gärten finden sich Palmen und Blumen, römische Statuen und italienisch anmutende Loggien.

Plaza de España und Parque de María Luisa

Von all den Plätzen und Parks in Sevilla sind die Plaza de España und der **Parque de María Luisa** am schönsten. Beide entstanden 1929 als Vorzeigeobjekte für die Iberoamerikanische Ausstellung. Im Parque de María Luisa kann man im Schatten der Bäume die Hitze gut ertragen. Der Park ist eine Oase aus bunten Gärten mit Geranien und Bougainvilleen, Bäumen, farbenfrohen Kacheln, Brücken und Pavillons. Im Osten liegen an der hübschen Plaza de América das **Museo Arqueológico** (Archäologisches Museum) mit einer Sammlung prähistorischer bis maurischer Altertümer sowie das **Museo de Artes y Costumbres Populares** (Volkskundemuseum), das Kunsthandwerk und Trachten aus dem 18. und 19. Jahrhundert präsentiert. Beide entstanden im Rahmen der Ausstellung 1929.

Unten: Rast an der Plaza de España

Im Norden des Parque de María Luisa erstreckt sich jenseits der Avenida de Isabel la Católica die **Plaza de España**, ein riesiger halbkreisförmiger Platz mit geschwungenen Treppen, die zu Ziegelgebäuden mit Arkaden hinaufführen. Unten stellen bunte Kachelmosaiken historische Szenen und die Wappen der spanischen Provinzen dar. Vor dem Halbrund des Platzes spannen sich dekorative Brücken über einen künstlichen See, auf dem man mit dem Ruderboot fahren kann.

Die halbmondförmige Plaza de España

Plaza de San Francisco und Calle Sierpes

Die Calle Sierpes ist als Fußgängerzone die Haupteinkaufsstraße Sevillas

Im Norden der Kathedrale und am Ende der geschäftigen Avenida de la Constitución liegen zwei aneinander angrenzende Plätze. Die **Plaza Nueva** ist architektonisch nicht besonders reizvoll, doch ist hier am Abend viel los, wenn sich die Menschenmenge hin und her schiebt und das Gehupe der Autos kein Ende nimmt. Nicht weniger umtriebig ist die **Plaza de San Francisco**, wo schon seit dem 16. Jahrhundert das Herz Sevillas schlägt. Politische Kundgebungen und andere Veranstaltungen werden zwischen dem Ayuntamiento (Rathaus) aus dem 16. Jahrhundert mit seiner schönen Renaissancefassade und den mit Balkonen versehenen Gebäuden aus dem 19. Jahrhundert gegenüber abgehalten. Von hier bummelt man durch die **Calle Sierpes**, die wichtigste Einkaufsstraße der Stadt. In den Seitenstraßen drängen sich die Menschen zwischen Tapas-Bars und Barockkirchen. Am Ende der Sierpes gelangt man zur **Campaña** mit einem farbenfrohen Markt für Kunsthandwerk. In der Confitería La Campaña, einem beliebten Straßencafé mit Konditorei, gönnt man sich noch einen leckeren Kuchen.

Rechts: In La Maestranza, Sevillas Arena (18. Jahrhundert), finden die aufregendsten Stierkämpfe Spaniens statt

Torre del Oro, Plaza de Toros da la Maestranza und Triana

Sevilla liegt wunderschön am Guadalquivir; beide Flussufer sind es wert, erkundet zu werden. Auf der Ostseite grenzt an die Altstadt die **Torre del Oro**, ein maurischer Turm aus dem 12. Jahrhundert, in dem heute ein kleines Schifffahrtsmuseum untergebracht ist. Weiter nördlich erreicht man am Paseo de Cristóbal Colón die riesige barocke Stierkampfarena von Sevilla, **La Maestranza** (► 168) – angeblich die schönste der Welt. Ein Stückchen weiter südlich kann man den Guadalquivir über den Puente de Isabel II überqueren und gelangt so ins Viertel **Triana**, Heimat der Zigeuner, des Flamenco (► 16ff) und der Keramikproduktion.

Die Expo-Insel

Die Expo 92 fand in Sevilla auf der **Isla de La Cartuja** statt, die von den beiden Armen des Río Guadalquivir umschlossen wird. Das Kartäuserkloster, auf das sich der Name der Insel bezieht, wurde für die Expo restauriert (Tel. 955 03 70 70, Di–Sa 10–21 Uhr, So und Feiertage 10–15 Uhr, Di für EU-Bürger frei). Auf der Ostseite der Insel liegt der riesige Vergnügungspark **Isla Mágica** (Mai–Sept. tägl. 11–24 Uhr).

Casa de Pilatos

202 C4 ✉ Plaza de Pilatos 1 ☎ 954 22 52 98 Juli–Sept. tägl. 9–20 Uhr; Okt.–Juni 9–18 Uhr C1, C2, C3, C4 (zur Plaza San Agustín) mittel

Plaza de España and Parque de María Luisa

202 C2 ✉ Avenida de Isabel la Católica Bus C1, C2, C3, C4 frei

Museo Arqueológico

202 C1 ✉ Plaza de América ☎ 954 23 24 01 Mi–Sa 9–20 Uhr, Di 15–20 Uhr, So und Feiertage 9–14 Uhr preiswert (für EU-Bürger frei)

Museo de Artes y Costumbres Populares

202 C2 ✉ Plaza de América ☎ 954 23 25 76 Mi–Sa 9–20 Uhr, Di 15–20 Uhr, So und Feiertage 9–14 Uhr preiswert (für EU-Bürger frei)

SEVILLA: INSIDER-INFO

Top-Tipps: Oft ist es schwierig, in der Haupttouristeninformation in der Avenida de la Constitución detaillierte **Auskünfte** zu bekommen, da dort immer viel los ist. Probieren Sie Ihr Glück bei der Stadtinformation in der Calle Arjona 28, ein paar Straßen südlich der Kathedrale am Puente de Isabel II (oder Puente de Triana).

- Wer der Hitze am Nachmittag entkommen möchte, ist im **Museo de Bellas Artes** (➤ 148) gut aufgehoben, das über Mittag nicht schließt.
- Ins Zentrum von Sevilla gelangt man am einfachsten mit den **Bussen** C1 oder C3, die Nummern C2 und C4 fahren in entgegengesetzter Richtung. Busfahrpläne halten die Touristeninformationen (➤ 142) oder das Büro von Transportes Urbanos de Sevilla (TUSSAM) in der Calle Diego de Riaña 2 bereit.

Geheimtipp: Die **Capilla de San José** steht in einer schmalen Seitenstraße der Calle Sierpes (links von der Plaza de San Francisco) unweit der Calle Jovellanos im Herzen des Einkaufsviertels. Der spätbarocke Altar der Kapelle zählt zu den schönsten in ganz Andalusien.

2

Carmona

Die alte, von einer Mauer umschlossene Stadt Carmona östlich von Sevilla war zur Römerzeit von Bedeutung – wie die Necrópolis, die Gräberstadt etwas außerhalb bezeugt –, später eroberten und befestigten die Mauren die Stadt. Diesem historischen Erbe begegnet man in der Stadt auf Schritt und Tritt, dazu kommen Kirchen und Gebäude späterer Epochen in einem Gewirr aus engen Gassen und hübschen Plätzen.

Die **Necrópolis Romana** umfasst über 900 Familiengräber in Form von Kolumbarien, tief in den Fels geschlagenen Grabnischen. Führungen werden angeboten, aber man findet sich auch gut allein zurecht. Zu den Höhepunkten zählt die **Tumba del Elefante** (Elefantengrab), deren Name sich auf einen Steinelefanten bezieht, vermutlich dem Symbol für langes Leben. Am größten ist die **Tumba de Serviliam,** ein Patrizierhaus mit Säulen und überdachten Galerien und Kammern. Das zur Ausgrabungsstätte gehörige Museum präsentiert Mosaiken, Grabsteine und Urnen.

Die Stadt Carmona betritt man durch ein beeindruckendes römisches Tor, die **Puerta de Sevilla**, die auch maurische Elemente aufweist. Auf die Befestigungsmauern und die Zinnen des Tores gelangt man durch die Touristeninformation. Jenseits der lebhaften Plaza Blas Infante steht außerhalb der Stadtmauer die **Iglesia de San Pedro** aus dem 15. Jahrhundert; ihr Turm ist der Giralda (➤ 143f) in Sevilla nachempfunden. Im Innern locken vergoldete Kunstobjekte.

Ruhiger Platz im Zentrum von Carmona

An der Ecke des mit Palmen gesäumten Hauptplatzes von Carmona, der Plaza de San Fernando, steht die **Casa de Cabildo**, das alte Rathaus, mit maurischen Fensterbögen, rot-weißen Steinen und farbenprächtigen Kacheln. Östlich der *plaza* gelangt man über die Calle Martín López de Córdoba zur gotischen **Iglesia de Santa María Mayor**, einer Kirche, die im 15. Jahrhundert anstelle der maurischen Moschee errichtet wurde. Man betritt die Kirche über den ehemaligen *patio* mit Orangenbäumen und Hufeisenbögen. Halten Sie besonders nach der Säule mit dem eingravierten westgotischen Kalender Ausschau. Die Kirche besteht aus einem hohen Innenraum mit Rippengewölbe und großartigen Bündelsäulen. Am östlichen Stadtrand befindet sich die jüngst restaurierte **Puerta de Córdoba**, von der aus sich eine Straße zu den Ruinen einer römischen Brücke schlängelt.

CARMONA: INSIDER-INFO

Top-Tipps: In der **Necrópolis Romana** sollte man sich vor der Sonne schützen, es kann sehr heiß werden, und es gibt wenig Schatten.

• Jeden Morgen findet in einem arkadenverzierten *patio* aus dem 17. Jahrhundert südlich der Plaza de San Fernando ein **Markt** statt.

Geheimtipp: Das *ayuntamiento* (Rathaus) von Carmona befindet sich in einem herrlichen Renaissancegebäude. Im *patio* stellt ein römisches Mosaik ein Medusenhaupt dar (Mo–Fr 8–14.30 Uhr, Eintritt frei).

Reizvolle Plätze bestimmen das Bild in Carmona

KLEINE PAUSE

Selbst wenn Sie nicht im exklusiven **Parador Nacional**, einem Hotel im renovierten Alcázar del Rey de Pedro, wohnen, sollten Sie sich hier etwas zu trinken genehmigen. Die Überreste der maurischen Festung erheben sich hoch über der Stadt, das Hotel gilt als eines der schönsten in ganz Spanien. Wer es sich leisten kann, bleibt zum Mittag- oder Abendessen.

195 D3

Touristeninformation
Arco de la Puerta de Sevilla
954 19 09 55

Plaza de San Fernando (Info)

Parken
Einige wenige Parkplätze gibt es innerhalb der Puerta de Sevilla, mehr Glück hat man in den Straßen rund um die Plaza de San Fernando – wie immer am besten mittags.

Necrópolis Romana
Avenida de Jorge Bonsor 9 954 14 08 11
Mitte Sept. – Mitte Juni Di–Fr 9–17 Uhr, Sa/So 10–14 Uhr; Mitte Juni – Mitte Sept. Di–Sa 9–14 Uhr, So 10–14 Uhr
preiswert (für EU-Bürger frei)

Iglesia de San Pedro
Calle San Pedro Di–Sa 9.30–14 Uhr
preiswert

Iglesia de Santa María la Mayor
Calle Martín López de Córdoba
Di–Sa 9.30–14 Uhr
preiswert

Museo de la Ciudad
Calle Martín López de Córdoba
tägl. 10–14 Uhr, Mi–Mo auch 6.30–9.30 Uhr
preiswert

5

Aracena und die Gruta de las Maravillas

Hauptattraktion dieses lebendigen Marktfleckens sind die beeindruckenden Tropfsteinhöhlen unterhalb des Hügels, auf dem Aracena steht. Der Ort selbst bietet Straßen mit Kopfsteinpflaster und wird von den Ruinen einer mittelalterlichen Burg sowie einer Kirche aus dem 13. Jahrhundert überragt.

Aracena liegt im Norden der Provinz Huelva mitten in der Sierra de Aracena, einem Gebiet mit sanft geschwungenen Hügeln, auf denen Korkeichen und Eukalyptusbäume stehen; es handelt sich um die Ausläufer der Sierra Morena. Die **Gruta de las Maravillas** (Wunderhöhle) zieht viele Touristen in die Stadt. 1,2 Kilometer des Höhlensystems stehen zur Besichtigung offen; Galerien und Durchgänge zeigen bizarr geformte Stalaktiten und Stalagmiten und führen zu mehreren kleineren Seen. Beleuchtung und musikalische Untermalung verleihen der Szenerie zusätzliche Dramatik. Die Führungen finden auf Spanisch statt, doch sprechen die Gesteinsformationen eigentlich für sich selbst, wenngleich der Führer mit einem Laserstab einzelne Figuren und »Gesichter« herausstellt. Zu den Höhepunkten zählt die **Sala de los Culos** (Saal der Hintern), wo die Kalziumkarbonatablagerungen wohlgerundeten menschlichen Sitzflächen ähneln.

Oben: Die Gruta de las Maravillas soll ein Schäfer im 19. Jahrhundert entdeckt haben, als er nach verloren gegangenen Schafen suchte

Serrano-Schinken

Aracena ist das Zentrum des Serrano-Gebietes in der Sierra Morena. Mehrere Läden der Stadt bieten den köstlichen Serrano-Schinken und andere Spezialitäten wie *pata negra*, einen wunderbaren Schinken aus dem Fleisch schwarzer Schweine, die sich überwiegend von Eicheln ernähren. Sie können den Schinken natürlich auch in einer der Bars in der Unterstadt probieren. Hauptproduktionsort des Schinkens ist Jabugo (Tour ► 182ff).

In Aracena können Sie durch Kopfsteinpflastergassen und über den Hauptplatz, die Plaza Marqués de Aracena, bummeln, wo in der Regel immer viel los ist. Ganz oben auf dem Hügel liegt hinter einem Tor aus dem 16. Jahrhundert die Ruine einer maurischen Burg, daneben steht Nuestra Señora de los Dolores, eine beeindruckende mittelalterliche Kirche mit reich verziertem Turm.

Man kann eine Besichtigungstour in der Kutsche oder mit dem Auto unternehmen, viel schöner ist es jedoch, durch die steil ansteigende Altstadt zu streifen und sich dabei die hübsche **Plaza Alta** anzusehen. Sie liegt recht verlassen da, seit rund um die Plaza Marqués de Aracena das moderne Aracena entstand. Im Rathaus an der Plaza Alta befindet sich das Informationszentrum für den nahe gelegenen Naturpark.

194 B4

Touristeninformation
Calle Pozo de la Nieve, Plaza San Pedro (auch Eintrittskarten zur Gruta de las Maravillas)
959 12 82 06

Parken
Am Eingang der Stadt von der N433 her befindet sich an der Plaza de San Pedro ein Parkplatz; bezahlt wird beim Wächter.

Gruta de las Maravillas
bei der Plaza San Pedro
959 12 82 06/12 83 55
tägl. 10.30–13.30 und 15– 18 Uhr; Führungen Mo–Fr stündlich, Sa/So halbstündlich; Eintrittskarten im Touristenzentrum gegenüber vom Zugang zu den Höhlen; beschränkte Besucherzahlen und Wartezeiten bis zu zwei Stunden
teuer

ARACENA: INSIDER-INFO

Top-Tipps: In der Gruta de las Maravillas ist es kühl, nehmen Sie unbedingt einen Pullover mit.

- Wer kein Spanisch kann, sollte sich bei den Führungen hinten halten und einfach die Umgebung auf sich wirken lassen. Aber Achtung, die Beleuchtung der einzelnen Abschnitte geht automatisch aus.
- Auf halbem Weg durch die Tropfsteinhöhlen ist oft ein **Fotoapparat** mit Blitz installiert; die Bilder kann man nach der Führung kaufen. Wer kein Foto möchte, hält sich die Hand vors Gesicht.

Muss nicht sein! Dem Kartenverkauf der Gruta de las Maravillas ist ein kleines **geologisches Museum** angeschlossen, das sich aber nur für besonders Interessierte lohnt.

7

Parque Nacional de Doñana

Der wildromantische Parque Nacional de Doñana ist das größte Naturschutzgebiet Spaniens und eines der bedeutendsten Feuchtgebiete der Welt. Er dient als Refugium für heimische Vögel, Zugvögel und eine Vielzahl von Säugetieren wie den spanischen Luchs, Wildschweine und Otter.

Der Park umfasst über 50 000 Hektar Land rund um das Delta des Río Guadalquivir und seine Nebenflüsse. *Marismas* nennt man die weitläufige Wildnis mit Marschen und Tümpeln. Etwa die Hälfte des Gebietes steht im Winter unter Wasser, der Rest setzt sich aus Wanderdünen und Sand zusammen, der sich durch Heide und Pinienwälder stabilisiert hat.

In dem abwechslungsreichen Lebensraum leben zahlreiche Tiere und Pflanzen. Früher war das ganze Gebiet ein Jagdrevier (*coto*). Der heutige Name bezieht sich auf Doña Ana, die Gattin eines Herzogs von Medina Sidonia. Um 1950, als das ökologische Gleichgewicht durch exzessiven Landbau immer mehr bedroht wurde, richtete man schließlich den Nationalpark ein.

Im Parque Nacional de Doñana leben zahlreiche Hirsche

Besucherzentren

Centro de Recepción del Acebuche (bei A483, 5 km nördlich von Matalascañas, Tel. 959 44 87 11, geöffnet tägl. 8–21 Uhr): das eigentliche Zentrum mit Ausstellungen, Audiovision, Andenken, Café. Das Personal ist oft mehrsprachig. Touren in Allradfahrzeugen (etwa 80 km, 3–4 Stunden) ab hier. Reservierung erforderlich: Tel. 959 43 04 32. **Centro Recepción Las Rocinas** (bei A483, im südlichen Vorortbereich von El Rocío, Tel. 959 44 23 40, geöffnet Juni–Sept. tägl. 9–15 und 16–21 Uhr; Okt.–Mai tägl. 9–15 und 16–17 Uhr): Ausstellung über das Leben im Salzsumpf, Audiovision, Bohlenweg. Nahebei werden ausgestopfte Vögel gezeigt.

Rund 300 000 Vögel – aus nicht weniger als 120 verschiedenen Arten! – ziehen jedes Jahr im Oktober aus dem kalten Nordeuropa in die *marismas*, um dann im März wieder nach Norden zu fliegen. Vögel kann man im Nationalpark deshalb am besten im Winter beobachten. Doch auch im Sommer sind die Aussichten gut, Flamingos, Störche, Wiedehopfe und Greifvögel wie Adler, Geier und Falken zu erspähen.

In der Heide wachsen Wacholder, Rosmarin, Thymian, Lavendel und die gelb blühenden Zistrosen. Zu den häufigsten Bäumen zählen Schirmpinien und Tamarisken. An den Lagunen gedeihen Pappeln, Schilf und Binsengras. Mehrere Informationszentren regeln den Zugang zur Donaña (➤ Kasten oben).

Der Wiedehopf, eine von zahlreichen Vogelarten des Parks

KLEINE PAUSE

Coto de Doñana eignet sich hervorragend für ein Picknick, besorgen Sie sich frisches Brot, Manchego-Käse, Serrano-Schinken und ein paar Flaschen Rioja.

194 B2

PARQUE NACIONAL DE DOÑANA: INSIDER-INFO

Top-Tipps: Im Centro de Recepción del Acebuche, der Hauptinformation, kann man sich ein Fernglas leihen.

- Auf der Jeeptour vom Centro de Recepción de Acebuche kann es bis Mittag sehr heiß werden. Auf der Abendtour sind die Aussichten besser, größere Tiere zu erspähen, seltene Vögel sieht man dann allerdings nicht.
- Alle Informationszentren der Doñana sind während der Wallfahrtswoche nach El Rocío (➤ 162) geschlossen. Am besten hält man sich Ende Mai bis Anfang Juni ganz von hier fern.

Geheimtipp: Von Las Rocinas kommt man zum hübschen Jagdhaus **Palacio del Acebrón**, wo eine Ausstellung Einblicke in das Leben in den Feuchtgebieten gibt. Hier befindet sich auch ein Naturlehrpfad.

Nach Lust und Laune!

3 Écija

Der Ort ist als *Ciudad de las Torres*, Stadt der Türme, bekannt. Die elf Kirchen mit barocken Glockentürmen, deren bunte Kacheln in der Sonne leuchten, verleihen Écija eine extravagante Skyline. Der Hauptplatz, die Plaza Mayor oder Plaza de España, ist von Arkaden umgeben und mit Palmen bewachsen. Zu den bemerkenswerten Profanbauten zählen der **Palacio de Peñaflor**, dessen elegant geschwungene Fassade Balkone und farbenprächtige Fresken zieren; innen finden sich Stuck und Marmor. Der **Palacio de Benamejí** hat einen wunderschönen *patio* und beherbergt das kleine **Museo Histórico Municipal**, in dem man alles über die Stadtgeschichte erfährt.

195 E3

Touristeninformation
Palacio de Benamejí, Calle Cánovas del Castillo 4 955 90 29 33

Palacio de Peñaflor
Calle Castellar Mo–Fr 10.30–13 und 17–20 Uhr frei

Museo Histórico Municipal
Palacio de Benamejí, Calle Cánovas del Castillo 4
Di–Fr 9.30–13.30 und 16.30–18.30 Uhr, Sa/So 9–14 Uhr frei

Die beeindruckenden Ruinen von Itálica, der ersten römischen Stadt in Spanien

4 Itálica

Die Überreste der einst bedeutenden Stadt des Römischen Reiches liegen neun Kilometer nördlich von Sevilla. Itálica wurde 205 v. Chr. am Río Guadalquivir als Hafen und Verwaltungszentrum der römischen Provinz Hispanien gegründet. Hier kamen die Kaiser Hadrian und Trajan zur Welt. Mit der Zeit veränderte der Fluss jedoch seinen Lauf, und so verlor Itálica seine Bedeutung als Handelsstadt. Kunstschätze, Mosaiken und wunderschöne Steinmetzarbeiten wurden zerstört. Vom Amphitheater hat der Großteil überdauert, und die Fundamente der Villen und Straßen hat man zusammen mit den Mosaiken freigelegt, darunter ein herrliches Neptunmotiv.

194 C3

Avenida de Extramadura 2, Santiponce
955 99 65 83
April–Sept. Di–Sa 9–18.30 Uhr, So und Feiertage 9–15 Uhr; Okt.–März Di–Sa 9–17.30, So und Feiertage 10–16 Uhr
preiswert (für EU-Bürger frei)

Rechts: Écija heißt auch »Stadt der Türme«

6 Río Tinto

Jahrtausende des Bergbaus haben riesige Wunden in die Landschaft am Río Tinto gerissen. Bunte Farben – Rostrot, Smaragdgrün und Ocker – bilden Flecken am Boden, wo Eisen, Kupfer und Silber seit der Zeit der Phönizier und Römer abgebaut wurde. Im späten 19. Jahrhundert wurden die Minen an britische und deutsche Banken verkauft, die den Abbau in großem Stil kommerziell betrieben. Heute werden die Minen wieder von den Spaniern ausgebeutet, wobei die Produktion allerdings zurückgegangen ist.

Das Dorf Minas de Ríotinto ist nicht besonders schön, doch erzählt das **Museo Minero** (Bergbaumuseum) die Geschichte anhand von hervorragenden Exponaten aus der Geologie, Archäologie und Sozialgeschichte. Man kann an einer Führung teilnehmen und sich die Erdarbeiten und eine 330 Meter tiefe, offene Grube ansehen. Oder man fährt mit dem Zug, dessen restaurierte Wagons schon hundert Jahre alt sind, durch das Bergbaugebiet.

Eisenoxid und andere Mineralien färben das Gestein am Río Tinto

194 B3

Museo Minero
Plaza del Museo
959 59 00 25/59 10 65
Mitte Mai–Mitte Okt. tägl. 10–15 Uhr; Mitte Okt.–Mitte Mai Mo–Sa 10–15 Uhr, Sa/So und Feiertage 10–18 Uhr
Museum: preiswert, Führung: mittel, Zugfahrt: preiswert

Die Strände der Costa de la Luz von Huelva sind größtenteils menschenleer

8 Costa de la Luz (Huelva)

Fährt man vom Mündungsgebiet des Río Tinto und Río Odiel ein paar Kilometer Richtung Südosten, gelangt man hinter Fabriken und Raffinerien an die weitgehend unbewohnte Küste und zu einem goldenen Sandstrand, der sich über 25 Kilometer von Mazagón bis Matalascañas erstreckt. Den von Sanddünen und Kiefernwäldern gesäumten Strand erreicht man nur von wenigen Punkten an der Küstenstraße aus, hinter der sich der Parque Nacional de Doñana (➤ 158f) erstreckt. Am bequemsten gelangt man bei Mazagón und Matalascañas zum Strand. In beiden Ferienorten geht es im Sommer recht hoch her, außerdem liegt **Mazagón** manchen zu nah an der Flussmündung. Ein paar Kilometer weiter südostwärts steht der **Parador Cristóbal Colón**, oberhalb eines beliebten Strandabschnittes befindet sich ein Parkplatz. Etwa acht Kilometer weiter kann man von einem ande-

Typisches Haus einer *hermandad*, einer Bruderschaft, im Pilgerzentrum El Rocío

ren Parkplatz aus auf einem befestigten Weg zwei Kilometer durch die von Kiefern und Wacholder bestandenen Dünen bis zur abgelegenen Playa Cuesta de Maneli wandern. In **Matalascañas** säumen Hotelburgen den Strand.

194 B2

9 El Rocío

Wer zum ersten Mal nach El Rocío am westlichen Rand des Nationalparks Doñana kommt, glaubt sich in eine Wildweststadt versetzt. Die leeren, breiten Straßen und Plätze sind nicht geteert, und die zweistöckigen Holzgebäude mit Veranden tragen ein Übriges zu diesem Eindruck bei.

Der Ort wirkt so verlassen, weil er hauptsächlich das Ziel der Romería del Rocío (➤ 20), einer ungewöhnlichen Wallfahrt, ist. Jedes Jahr an Pfingsten treffen hier nach einer einwöchigen Wallfahrt etwa eine halbe Million Menschen aus ganz Spanien zusammen, um in der riesigen,

weiß getünchten Kirche Nuestra Señora del Rocío der Blanca Paloma, einer Marienfigur, zu huldigen.

Die meisten Gebäude in El Rocío sind im Besitz von *hermandades*, Bruderschaften, die auch im Laufe des Jahres oft kleinere Feierlichkeiten veranstalten.

194 B3

Für Kinder

- **Gruta de las Maravillas**, das Höhlensystem bei Aracena (➤ 156f)
- Zugfahrten zu den **Minas de Ríotinto** (➤ 161)
- **Reserva Natural El Castillo de las Guardas** (über die N433 von Sevilla-Aracena zur A467 nach Río Tinto, Tel. 955 95 25 68, tägl. 10.30 Uhr bis Sonnenuntergang). Sie können im eigenen Auto durch das Reservat fahren und dabei Elefanten, Kamele, Giraffen, Antilopen, Zebras und viele andere exotische Tiere beobachten. Außerdem gibt es ein Schlangenhaus.

Wohin zum … Übernachten?

Preise
Mit folgenden Preisen müssen Sie pro Person pro Nacht rechnen:
€ unter 36 Euro €€ 36–96 Euro €€€ über 96 Euro

SEVILLA UND UMGEBUNG

Hotel Alfonso XIII €€€
Luxus zu entsprechenden Preisen: Das fünfstöckige Rokokogebäude wurde 1929 zur Expo im Neo-*mudéjar*- und andalusischen Stil erbaut. Selbst wenn man sich hier keine Übernachtung leisten kann, sollte man sich im *patio* mit vielen Pflanzen, antiken Möbeln, handbemalten Kacheln, Kristallleuchtern und Unmengen Marmor und Mahagoni zumindest einen Sherry gönnen. Die Zimmer sind nicht weniger opulent ausgestattet.

202 B2
San Fernando 2, Sevilla
954 22 28 50; Fax 954 21 60 333

La Cartuja de Cazalla €€
Rund 80 Kilometer nordöstlich von Sevilla macht das Hotel auch als Zentrum für moderne Kunst mit einer Galerie und originalen Kunstwerken in allen Räumen von sich reden. Das herrliche Gebäude ist ein restauriertes Kartäuserkloster aus dem 15. Jahrhundert, das wunderschön in einem Park liegt. Vogelgezwitscher ersetzt den Fernseher. Hier sind Sie genau richtig, wenn Sie Ruhe und Erholung außerhalb der Stadt suchen.

195 D4
Carretera Cazalla–Constantina A455, Km 55,2, Cazalla de la Sierra, Sevilla
954 88 45 16; Fax 954 88 35 15
24.–26. Dez. geschl.

Las Casas de la Judería €€€
In einer Gasse am Rande des Barrio de Santa Cruz und doch nicht weit zu den Geschäften liegt dieses wunderschöne Hotel. Die Zimmer gruppieren sich um drei Höfe, die einst zu einem Palast gehörten. Die Räume sind passend im Barockstil eingerichtet. Überall stehen Plüschsessel, die hohen Wände sind in Pastelltönen gestrichen.

202 C3
Callejón de Dos Hermanas 7, Sevilla
954 41 51 50; Fax 954 42 21 70

Hostal Goya €
Das alte Gebäude liegt im Viertel Santa Cruz. Die Zimmer sind einfach (kein TV oder Telefon), aber gemütlich, und auch der Wasserdruck ist bestens, was nicht für alle preiswerten Unterkünfte gilt. Im Untergeschoss fällt Licht durch ein Deckenfenster in einen Aufenthaltsraum mit Marmorboden und Sofas, auf denen die Gäste Postkarten schreiben können.

202 B3
Mateus Gagos 31, Sevilla
954 21 11 70; Fax 954 56 29 88
Jan. geschl.

Hostería del Laurel €€
Die Lage dieses Hotels mit 21 Zimmern ist unschlagbar: Es befindet sich an einem kleinen, mit Bäumen gesäumten Platz im Herzen des Barrio de Santa Cruz. Besser bekannt sind die *bodega*, die schon in Zorillas Theaterstück *Don Juan Tenorio* vorkommt, und das Restaurant. Die Zimmer liegen auf zwei Stockwerken, sie sind frisch renoviert, einfach eingerichtet und blitzsauber.

202 C3
Plaza de los Venerables 5, Sevilla
954 22 02 95; Fax 954 21 04 50

CARMONA

Diese Pension ist Teil der alten Stadtmauer an der beeindruckenden Puerta de Sevilla. Im *patio* kann man sich gut abseits vom Lärm der Stadt erholen, moderne Ausstattung fehlt allerdings völlig. So sind auch die

Zimmer einfach eingerichtet, haben hohe Wände und bequeme Betten; das Personal bemüht sich freundlich um die Gäste.

195 D3 AA
Calle Torre del Oro 56, Carmona
954 14 00 18

Parador de Carmona €€€

Der *parador*, einer der schönsten in ganz Spanien, liegt hoch oben auf einem Plateau und diente einst als maurische Festung, dann als christlicher Palast. Von hier aus blickt man über die Ebene des Río Corbones. Die Gemeinschaftsräume gruppieren sich um einen zentralen *patio* im maurischen Stil, die Zimmer sind groß und luxuriös möbliert. Sie gehen entweder auf den Innenhof oder zum Tal hinaus. Wer sich hier kein Zimmer leisten kann, trinkt etwas an der Bar oder isst im hervorragenden Restaurant (➤ 165).

195 D3 AA
Alcázar s/n, Carmona
954 14 10 10; Fax 954 14 17 12;
E-Mail: carmona@parador.es

ARACENA

Los Castaños €€

Das elegante Hotel liegt nur wenige Gehminuten von den Höhlen entfernt und ist von vielen Geschäften, Restaurants, Bars umgeben. Die Zimmer sind modern und geräumig mit Balkon. Den schönsten Blick hat man vom Speisesaal, der auf die Sierra de Aracena hinausgeht.

194 B4
Avenida Huelva 5
959 12 63 00; Fax 959 12 62 877

Finca Valbono €€

Diese Unterkunft inmitten der sanften Hügel eines Naturparks eignet sich besonders für Familien. Man kann zwischen Häuschen mit Selbstversorgung oder einem Hotelzimmer wählen. Es gibt einen Pool, Wander- und Reitwege. Das Restaurant hat sich auf Fleischgerichte spezialisiert, doch gibt es auch einige einfache Gerichte für Kinder.

194 B4
Carretera de Carboneras, Km 1, Aracena
959 12 77 11; Fax 959 12 76 79

Wohin zum … Essen und Trinken?

Preise
Für ein Essen inklusive Wein und Service zahlen Sie pro Person:
€ unter 12 Euro **€€** 12–30 Euro **€€€** über 30 Euro

SEVILLA

La Albahaca €€€

Das renommierte Restaurant liegt an einem wunderschönen Platz. Es gibt einen *patio* und vier Gaststuben, die üppig mit *azulejos*, alten Gemälden, Kerzenleuchtern und Pflanzen dekoriert sind. Die Speisekarte ist reichhaltig; das Essen schmeckt hervorragend – besonders die traumhaften Desserts.

202 C3
Plaza de Santa Cruz 12, Sevilla
954 22 07 14; Fax 954 56 12 04
Mo–Sa 12.30–16 und 8.30–24 Uhr, 24. und 31. Dez. geschl.

Restaurant La Cueva €–€€

In diesem Restaurant speisen Sie im bepflanzten *patio* im Freien. Ockerfarbene Wände, gepflasterter Boden und Säulen runden das Bild ab, innen ist das Restaurant mit Stierkampfaccessoires ausgestattet. Die Preise sind moderat, auch das *menú del día*; die Küche bietet solide andalusische Kost mit einigen guten Fischgerichten und einer überdurchschnittlichen Paella.

202 B3
Rodrigo Caro 18, Sevilla
954 21 31 43
Di–Sa 12.30–15.30 und 19.30–23.30 Uhr

Habanita €–€€

In einer Seitenstraße im betriebsamen Viertel Alfalfa verbirgt sich in Laufweite vom Zentrum eines der wenigen vegetarischen Lokale von Sevilla. Die moderaten Preise locken Studenten und Touristen an; die Speisekarte ist reichhaltig mit dem Hauptgewicht auf kubanischer und mediterraner Küche. Ein paar Gerichte sind wirklich exotisch, wie Yukka mit Knoblauch, dicke schwarze Bohnen oder *tamales*, gefüllte Teigtaschen. Zu puristisch geht es dann aber doch nicht zu: Die Nachspeisen sind zuckersüß, und es gibt alkoholische Getränke.

202 B4
Calle Golfo 3, Sevilla
606 71 64 56 (Handy)
Mo–Sa 12–16.30 Uhr und 20.30 Uhr bis spät

Jamón Real €–€€

Dieses winzige Restaurant mit Bar im typisch andalusischen Stil mit Schinken über dem Tresen und bunten Kacheln an den Wänden ist bei den Einheimischen beliebt. Wie der Name schon vermuten lässt, ist die Spezialität hier Schinken; man kann eine Kombination mit verschiedenen Würsten bestellen. Vegetarier sind mit der Käseplatte gut bedient. Die Küche bietet ländliche Hausmannskost, alle Zutaten stammen aus der Extremadura.

202 A3
Calle López de Arenas 5, Sevilla
954 56 39 98
Di–So 11–16.30 und 19.30–24 Uhr; 25. Dez.– 7. Jan. geschl.

El Patio €

In dieser berühmten Bar gibt es genügend Kacheln für einen Mini-Alcázar; die *azulejos*-Treppen dienen als zusätzliche Sitzplätze. Das Lokal ist beliebt bei Studenten, Geschäftsleuten und Treffpunkt nach dem Einkaufsbummel. Neben einer großen Auswahl an Tapas stehen dick belegte Sandwiches und *tortillas* (Omelettes) auf der Karte.

202 B4 **San Eloy 9, Sevilla**
954 22 11 48
tägl. 11.30–23.30 Uhr

Casa Robles €€

Unweit der Calle Sierpes hat sich dieses beliebte Restaurant auf Meeresfrüchte spezialisiert, jeden Tag kommen über ein Dutzend verschiedene Schalentiere auf den Tisch. Seit 1954 zaubert Juan Robles die Gerichte in der Küche seines Familienbetriebs. Es gibt drei kleinere Gaststuben und eine lebhafte Tapas-Bar, die alle gängigen Sorten auf Lager hat, dazu leckere belegte Brote – *empáredores* – und interessant zubereitete *revueltos* (Rühreier).

202 B3
Calle Álvarez Quintero 58, Sevilla
954 56 32 72; Fax 954 56 44 79
tägl. 13–16.30 und 20–1 Uhr; 24. Dez. abends geschl.

Pizzería San Marco €€

Dieses ungewöhnliche italienische Lokal ist in einem echten muslimischen Badehaus untergebracht und hat ein ganz besonderes Flair. Die Speisekarte bietet eine gute Auswahl an Pizzen und Pastas, meist ist es hier brechend voll. Während man auf seinen Platz wartet, nimmt man in der zugehörigen Harry's Bar einen Drink – sie ist nicht ganz so berühmt wie die in Venedig, aber nett.

202 C3
Calle Mesón del Moro 6, Sevilla
954 21 43 90
Di–So 13.30–16.30 und 20.30–0.30 Uhr

CARMONA

Restaurante Alcázar de la Reina, Parador of Carmona €€€

Die ehemalige Maurenfestung sorgt für ein herrliches Ambiente, und der Speisesaal mit Gewölbedecke, Lüster und Panoramablick eignet sich für besondere Gelegenheiten. Die Speisekarte ist exquisit, mit Hauptgewicht auf Wild, vor allem Rebhuhn und Reh, der Wein exzellent.

195 D3 AA
Calle Alcázar s/n, Carmona
954 14 10 10; Fax 954 14 17 12
tägl. 13.30–16 und 20.30–23 Uhr, Juli und 24. Dez. geschl.

Molino de la Romera €€-€€€

Diese Mühle aus dem 15. Jahrhundert wirkt mit gepflastertem Boden, Bögen und einem *patio* wie zu alten Zeiten. In der Bar, wo immer viele Studenten sitzen, gehen die Getränke und Tapas flott über den Tresen; im Restaurant bietet die typisch andalusische Speisekarte *gazpacho*, Salate und Suppen, *tortilla*, gebratenen Fisch, Grillfleisch und vielfältige Gerichte mit Meeresfrüchten. Am Wochenende ist auch noch das Restaurant *mesón* in einem kirchenartigen Raum mit eigener Bar und Kaminfeuer geöffnet.

195 D3
Calle Pedro 1, Carmona
954 14 20 00; Fax 954 14 01 25
Bar: Mo–Fr 13–23 Uhr, Restaurant: Mo–Fr 19.30–23 Uhr; 24. und 31. Dez geschl.

ARACENA

Restaurante Casas €€

In diesem typischen Restaurant der Sierra Nevada ist an der Wand nicht mehr viel Platz: Hier hängen Spiegel, Teller, religiöse Bilder, Töpfe und Pfannen als Ergänzung zur heimeligen Balkendecke. Auf den Tisch kommen der berühmte Schinken und Schweinefleisch – alles beste Hausmannskost.

194 B4
Colmenetas 41, Aracena
959 12 80 44; Fax 959 12 82 12
tägl. 12–17 Uhr

Montecruz €€

Von der oberen Gaststube, die am Wochenende voll mit spanischen Familien ist, bietet sich ein atemberaubender Blick auf die Burg. Die Ausstattung ist gehoben mit bunten Kacheln, blauen und gelben Malereien und Kiefernmöbeln. Im Sommer kann man draußen auf der Terrasse essen. Als Vorspeise nimmt man *migas*, gebratene Brotwürfel, mit Sardinen, Spinat und Kichererbsen, die es als Tapas oder als *ración* gibt.

194 B4
Plaza de San Pedro, Aracena
959 12 60 13
tägl. 11–16.30 und 21–24 Uhr

Wohin zum.. Einkaufen?

Sevilla steht für schicke Mode, und so ist hier eine Vielzahl an Bekleidungs- und Schuhgeschäften führender Markennamen vertreten. Andenkenläden mit Billigramsch für Touristen gibt es gleichfalls, doch findet man auch edle Geschenkboutiquen und Juweliere sowie Keramik und traditionelles Kunsthandwerk. Die Stadt Huelva kann mit Sevilla in Sachen Einkaufen sicher nicht mithalten, doch in den Hügeln der Sierra Morena können Sie in Aracena und Jabugo den besten *jamón serrano* (luftgetrockneter Schinken) und andere Leckerbissen erstehen, von denen man nur träumen kann.

STADT SEVILLA

Die Haupteinkaufszone von Sevilla liegt zwischen der geschäftigen Plaza Nueva (➤ 152) und der angrenzenden Plaza de San Francisco (➤ 152) sowie weiter nördlich der Plaza del Duque de la Victoria. Das Zentrum umfasst die Fußgängerzone der **Calle Sierpes** (➤ 152), die zusammen mit den Nachbarstraßen Velázquez, Tetuán, Méndez Nuñez und den sie verbindenden Gassen ein breites Angebot an Geschäften aufweist. Hier gibt es Kleidung, Schuhe, Lederwaren, Kinderbekleidung und Keramik. Den letzten Schrei in Sachen Mode ersteht man bei **Max Mara** (Plaza Nueva 3, Tel. 954 21 48 25) oder bei **Zara** (Plaza del Duque de la Victoria, Tel. 954 21 48 75). Mode aus Amerika verkauft **Nicole Miller** (Albareda 16, Tel. 954 56 36 14), und für eine spanisch-italienische Mode geht man zu **Vittoria & Lucchino** (Calle Sierpes, Tel. 954 22 71 51).

Wer etwas absolut Spanisches möchte, findet in der Calle Sierpes mehrere Geschäfte, die sich Flamencotüchern, Schals und Schuhen verschrieben haben, darunter **Molina** (Calle Sierpes 11, Tel. 954 22 85 96) und **Modas Muñoz** (Cerrajería 5, Tel.954 22 85 96). Bei **Artesanía Textil** (Calle Sierpes 70, Tel. 954 56 28 40) kann man Platzdeckchen oder typisch andalusische Tischdecken erstehen. Wirklich schicke Hüte kauft man bei perfekter Beratung in der **Sombrería Maquedano** (Calle Sierpes 40, Tel. 954 56 47 71).

Schmuck bester Qualität findet man in der **Joyería Abrines** (Calle Serpientes 47, Tel. 954 22 84 55) und in der **Casa Ruiz** (O'Donnell 14, Tel. 954 22 21 37, und Calle Sierpes 68, Tel. 954 22 77 80). Am nördlichen Ende der Calle Sierpes befindet sich eine Zweigstelle des Kaufhauses **El Corte Inglés** (Plaza del Duque de la Victoria, Tel. 954 22 29 91). Völlig anders präsentiert sich der **Szene-Markt** mit Schmuck und Bekleidung, der jeden Donnerstag, Freitag und Samstag an der Plaza del Duque de la Victoria abgehalten wird. Wer wissen möchte, was den echten Sevillaner bei der Feria de Abril (➤ 21) begeistert, wirft einen Blick ins **Arcab** (Paseo de Cristóbal Colón 8, Tel. 954 56 14 11), wo sich alles ums Reiten dreht.

In Sevilla gibt es einige hervorragende Konditoreien. Im **La Campaña** (Tel. 954 22 35 70) am Nordende der Calle Sierpes bekommt man eine große Auswahl an leckeren Kuchen und Torten. **Horno San Buenaventura** (Avenida de la Constitución/Calle Vinuesa, Tel. 954 92 32 64) direkt gegenüber der Kathedrale wartet in seinem Café-Restaurant mit Süßigkeiten, Eis, Torten und Kuchen auf, dass einem das Wasser im Mund zusammenläuft.

Gut geeignet zum Einkaufen ist außerdem die Calle Hernando Colón, die vom Haupteingang der Kathedrale bis zur Plaza de San Francisco verläuft und voll von Andenkenläden und Bekleidungsgeschäften ist. Im Barrio de Santa Cruz (➤ 148) findet man zwischen billigen Souvenirs auch einige hochklassige Geschäfte, zum Beispiel **Agua de Sevilla** (Rodrigo Caro 16, Tel. 954 21 06 54) nicht weit von den Reales Alcázares (➤ 146f), eine sehr schicke Parfümerie, in der es auch Accessoires gibt. Wer Keramik und Kunsthandwerk sucht, sollte bei **El Azulejo** (Mateos Gago 10, Tel. 954 21 80 88), **El Postigo** (Arfe, Tel. 954 21 39 76), **Sevillaart** (Calle Sierpes 66, Tel. 954 21 28 36) oder auf der anderen Seite des Flusses im Viertel Triana bei **Azulejos Santa Isabel** (Alfarería 12, Tel. 954 34 46 08) stöbern.

CARMONA

Hervorragende Keramik, darunter handbemalte Kacheln und Namensschilder, findet man bei **Cerámica San Blas** (Dominguez de la Haza 18, Tel. 954 14 40 49). Wer nach typischen Produkten sucht, geht zum **Markt**, der morgens an der Calle Domínguez de Aposanto stattfindet.

PROVINZ HUELVA

Die Hügel der Sierra Morena im Norden von Sevilla sind die Heimat des *jamón*; hier wird der leckere luftgetrocknete Schinken, bekannt als *pata negra*, hergestellt. In Aracena verkauft **Jamones y Embutidos Ibéricos, La Trastienda** (Plaza San Pedro 2, Tel. 959 12 71 58) alle möglichen Schinkensorten und gekochtes Fleisch; die größte Auswahl findet man jedoch im Dorf **Jabugo** (➤ 184). In Topgeschäften wie **La Cañada de Jabugo** (Carretera San Juan del Puerto-Cáceres 2, Tel. 959 12 12 07) ist die Auswahl an *jamón*, *chorizo* (würzige Würstchen) und *salchichón* (Salami) umwerfend.

Typisches Kunsthandwerk aus der Sierra Morena sollten Sie in Aracena im **Artesanía Pascual** (Plaza de San Pedro 47, Tel. 959 12 80 07) kaufen, einem hübschen bunten Laden, der sich auch direkt am Parkplatz des Ortes befindet.

Auch an der Costa de la Luz gibt es Geschäfte mit dem gewissen Etwas. Zum Informationszentrum des Parque Nacional de Doñana, dem **Centro de Recepción del Acebuche** (➤ 159), gehört ein Andenkenladen, der auch Kunsthandwerk anbietet.

Wohin zum … Ausgehen?

In Sevilla kann man sich am Kiosk den Monatskalender *El Giraldillo* kaufen, der manchmal wie auch *Sevilla Welcome & Olé* in den Touristeninformationen kostenlos ausliegt.

NACHTLEBEN

In **Sevilla** gibt es weniger große Nachtclubs als vielmehr unzählige Musikbars, die alle an der Plaza de la Alfalfa ein paar Straßen östlich der Calle Sierpes liegen. Am Westufer des Río Guadalquivir bietet die Calle del Betis am Eingang zum Viertel Triana Livemusik.

FLAMENCO

Sevilla gehört zu den großen Flamencostädten, und es gibt mehrere Lokale, in denen »spontan« getanzt wird, was jedoch kaum zu Touristen vordringt.

Es gibt auch relativ überdrehte Shows; ein guter Kompromiss ist unter den Umständen das **El Arenal** (Calle Rodo 7, Tel. 954 21 64 92), ein etabliertes Lokal mit zwei *tablaos* (➤ 17) pro Nacht und der Möglichkeit zu essen. Im Herzen des Barrio de Santa Cruz (➤ 148) finden sich **Los Gallos** (Plaza de Santa Cruz 11, Tel. 954 21 69 81) und **El Tamboril** (Plaza de Santa Cruz), die beide einen Besuch lohnen. Wer mehr Atmosphäre will, geht ins beliebte **La Carbonería** (Calle Levríes 18, Tel. 954 21 44 60), wo oft am Donnerstag und Montag Flamenco stattfindet, selten jedoch vor 22 Uhr. Zur Calle Levíes gelangt man über die Calle San José, ein paar Straßen nordöstlich der Calle Mateos Gago im Barrio de Santa Cruz.

THEATER

Sevillas **Teatro de La Maestranza** (Paseo de Cristóbal Colón 22, Tel. 954 22 65 73), etwa hundert Meter von der Strierkampfarena entfernt, bringt hervorragende Opern, klassische Konzerte und Jazz auf die Bühne. Das **Teatro Lope de Vega** (Avenida María Luisa, Tel. 954 59 08 46) zeigt auch Schauspiel, Musik und Tanz.

STIERKAMPF

Sevillas legendäre Arena aus dem 18. Jahrhundert, **La Maestranza** (Paseo de Cristobal Colón, Tel. 954 22 45 77), zeigt *corridas* von Weltrang, die immer ausverkauft sind; selbst für eine Eintrittskarte auf der sonnigen Seite muss man lang im Voraus buchen. Saison ist von Ostersonntag bis Oktober, wobei im Juni und Juli Berühmtheiten zu sehen sind, sonst auch Anfänger. Die Stierkämpfe finden am Sonntagabend statt, während der Feria de Abril (➤ 19) jeden Abend. Beste Aussichten auf eine Eintrittskarte hat man beim Schalter direkt an der Arena.

AKTIVITÄTEN IM FREIEN

Bei Aracena bietet die **Sierra Morena** vielfältige Möglichkeiten zum Wandern. Organisierte Unternehmungen sind relativ selten, doch hält die Touristeninformation Auskünfte über geführte Wanderungen und Radtouren bereit.

An der Costa de la Luz (➤ 161f) von Huelva bietet sich im **Parque Nacional de Doñana** (➤ 158f) Gelegenheit, Vögel zu beobachten. Sie können auch an einer Standardtour im Auto durch den Park teilnehmen (zu buchen über Centro de Recepción del Acebuche, Tel. 959 44 87 11). Hoch zu Ross kann man im Rahmen eines eintägigen Ausritts durch das Marschland der Doñana ebenfalls viele Vögel sehen (zu buchen über **Doñana Ecuestre**, El Rocío, Tel. 959 44 24 74).

Spaziergänge & Touren

1 GRANADAS ALBAICÍN

Spaziergang

LÄNGE: 3 Kilometer
DAUER: 2–3 Stunden
START/ZIEL: Plaza Nueva 200 C2

Auf diesem Rundweg wird das malerische alte Maurenviertel von Granada, der Albaicín (➤ 87), erkundet. Immer wieder bieten sich herrliche Blicke auf die Alhambra und die Sierra Nevada. Die Strecke führt durch enge Gassen den Albaicín-Hügel hinauf, vorbei an historischen Kirchen und mitten durchs Herz des Viertels bis zum Aussichtspunkt Mirador de San Nicolás.

1–2

Von der Plaza Nueva spaziert man über die Plaza de Santa Ana mit der Iglesia de Santa Ana y San Gil und durch die schmale, aber verkehrsreiche Carrera del Daro. Rechter Hand bahnt sich ein Rinnsal, der Río Darro, seinen Weg durchs sumpfige Unkraut. Gehen Sie die Straße entlang, und passieren Sie zunächst eine alte maurische Brücke, den Puente de Cabrera, dann den Puente de Espinosa. Auf dem gegenüberliegenden Ufer, direkt hinter der zweiten Brücke, stehen die Überreste eines Tores aus dem 11. Jahrhundert, der Puerta de los Tableros, und einer alten Brücke, des Puente del Cadí. Halten Sie nun links nach einer Gasse namens Bañuelo Ausschau, dort befinden sich linker Hand die **Baños Árabes** (➤ 87).

Klassischer Blick auf die Alhambra mit den schneebedeckten Gipfeln der Sierra Nevada im Hintergrund

2–3

Gehen Sie auf der Carrera del Darro weiter, vorbei am **Convento de Santa Catalina de Zafra** (tägl. geöffnet, im Aug. geschl.), wo Sie bei den Nonnen leckeren Mandelkuchen kaufen können. Dann folgt das **Museo Arqueológico** (➤ 87). Laufen Sie weiter geradeaus, und passieren Sie die Terrasse des Paseo del Padre Manjón, auch bekannt als Paseo de los Tristes, weil hier einst die Priester öffentlich der Gemeinde Trost zusprachen. Heute steht hier alles voller Cafétische.

3–4

Biegen Sie gleich hinter der Bar La Fuente links ab, und gehen Sie die schmale gepflasterte Calle Horno del Oro hinauf. Am Ende der Gasse folgen ein paar Stufen, rechts dann noch weitere. Überqueren Sie die nächste Gasse und laufen Sie die Calle Valenzuela hinauf. Ganz oben warten weitere Stufen, halten Sie sich links und an der nächsten Gabelung rechts. Biegen Sie nach 20 Metern scharf links ab, dann geht es bergauf und rechts weiter. An der Kreuzung mit der Carril de San Augustín halten Sie sich scharf links und folgen einer Gasse mit Kopfsteinpflaster. Links bietet sich wieder ein herrlicher Blick auf die Alhambra.

Die Cafés an der Plaza del Cementerio de San Nicolás laden zu einer Pause ein

4–5
Folgen Sie der Gasse nun nach rechts und gehen Sie an der Kreuzung auf der linken Seite

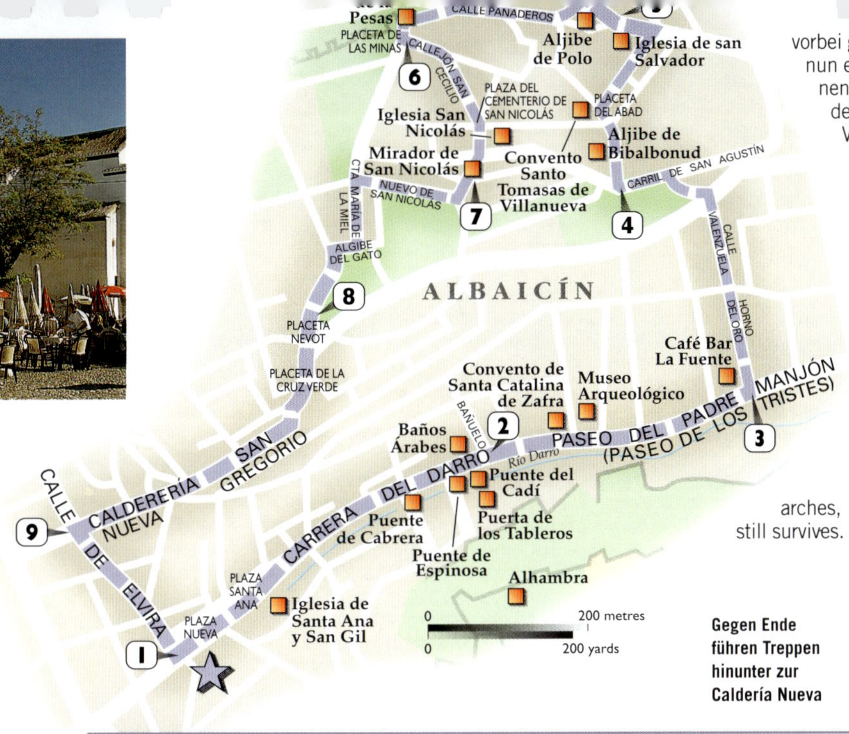

arches, still survives.

vorbei geradeaus weiter. Sie passieren nun einen maurischen Ziegelbrunnen, den Aljibe de Bibalbonud, und den Convento Santo Tomás de Villanueva. Hinter der von Bäumen gesäumten Placeta del Abad führt der Weg an der Mauer der Kirche **San Salvador** entlang. Wenn Sie sich links halten, gelangen Sie zum Eingang. Die Kirche steht am Platz der früheren Moschee.

Gegen Ende führen Treppen hinunter zur Caldería Nueva

5–6
Halten Sie sich nach dem Verlassen der Kirche links, und biegen Sie dann noch einmal links in die Calle Panaderos ab. Gehen Sie an einem weiteren alten Brunnen, dem Aljibe de Polo, und mehreren kleinen Läden und netten Bars vorbei zur Plaza Larga, an der es noch mehr Geschäfte und Lokale gibt, außerdem Stände mit Blumen und Obst am Morgen. Überqueren Sie den Platz, und durchschreiten Sie die **Puerta de las Pesas**, ein altes Tor in den Mauern der Maurenburg, der Alcazaba.

6–7
Steigen Sie hinter dem Torbogen die Stufen bis zur Placeta de las Minas hinauf, und biegen Sie oben links in den Calejón de San Cecilio ein. Folgen Sie der Gasse bis zur Plaza del Cementerio de San Nicolás mit der gleichnamigen Kirche aus dem 16. Jahrhundert. Auf der rechten Seite der Kirche befindet sich eine maurische Zisterne, aus deren Hähnen Wasser sprudelt. Direkt vor der Kirche liegt der **Mirador de San Nicolás**, der bekannteste Aussichtspunkt von Granada; hier sollte man gut auf seine Sachen aufpassen.

7–8
Gehen Sie rechts vom Mirador bergab, und laufen Sie rechts über den Camino Nuevo de San Nicolás. Biegen Sie an der Kreuzung links ab, und folgen Sie einer schmalen Gasse, der Cuesta María de la Miel. Rechts beginnt nun der Algibe del Gato. Nach einigen Metern verläuft der Weg zuerst links und dann rechts zur **Placeta Nevot**. Auf der rechten Seite des Platzes steht ein Haus im arabischen Stil mit schönem Torbogen.

Am Mirador de San Nicolás, dem bekanntesten Aussichtspunkt Granadas, warten Straßenhändler auf Käufer

8–9
Gehen Sie weiter bergab und über die **Placeta de la Cruz Verde** – von hier erhascht man einen Blick auf die Alhambra. Wenn Sie der San Gregorio und der Caldería Nueva folgen, kommen Sie am schnell wachsenden »arabischen Viertel« von Granada mit muslimischen Lebensmittelgeschäften, Teehäusern und Läden mit Kunsthandwerk vorbei. Biegen Sie an der Calle de Elvira links ab, um wieder zur Plaza Nueva zu gelangen.

Kleine Pause
An der Plaza del Cementerio de San Nicolás, kurz vor dem Mirador de San Nicolás, können Sie in der **Café-Bar El Mirador** und in der **Café-Bar Kiki San Nicolás** wunderbar sitzen und sich erholen.

Wann?
Es ist günstig, diesen Spaziergang am späten Vormittag zu unternehmen. Die Morgensonne ist noch nicht zu heiß, und auf den Straßen und Plätzen ist viel los.

Sehenswürdigkeiten
Iglesia de San Salvador
Mo–Sa 10–13 und 16–18.30 Uhr
preiswert

2 VERBORGENE WINKEL IN CÓRDOBA

Spaziergang

LÄNGE: 4 Kilometer
DAUER: 2–3 Stunden
START/ZIEL: Mezquita 198 C2

Entfliehen Sie den Menschenmassen rund um die Mezquita, und erkunden Sie Ecken von Córdoba, in denen es keine Andenkenläden gibt, dafür aber faszinierende alte Gebäude und verschwiegene Winkel, dazu Bars und Cafés, in denen sich die Einheimischen treffen.

1–2

Der Spaziergang beginnt an der Nordecke der Mezquita, wo die Magistral González Francés auf die schmale Calle Encarnación trifft. Folgen Sie der Encarnación, und werfen Sie einen Blick auf den Eingang des **Meryan**, eines der schönsten Ledergeschäfte der Stadt. Biegen Sie bei der Iglesia de la Incarnación rechts in die Calle del Rey Heredia ab. In die Ecke der Kirche wurde eine römische Säule integriert, einer der zahlreichen Überreste des prämuslimischen Córdoba, auf die man immer wieder stößt. Biegen Sie nach 20 Metern links in die Horno del Cristo ein, halten Sie sich dann abermals links, um zur Plaza de Jerónimo Páez zu gelangen. Hinter den Wipfeln der Palmen, Zypressen und Orangenbäume können Sie schon die Renaissancefassade des **Museo Arqueológico** (► 118) von Córdoba erkennen.

2–3

Folgen Sie der schmalen Marqués del Villar rechts vom Museum. Die Straße schlängelt sich nach links und rechts und führt vorbei an einem herrlichen Barockportal mit gedrehten Säulen und einer beschlagenen Tür. Biegen Sie am Ende der Straße rechts in die Ambrosio de Morales ein, und laufen Sie zur **Plaza Seneca** mit Barockstatuen und römischen Kapitellen. Der Name des Platzes erinnert an einen der berühmtesten Söhne der Stadt, den Philosophen Seneca, der 55 v. Chr. in Córdoba geboren wurde. Hier befindet sich auch die **Taberna Sociedad Plateros**, eine Bar mit Holzbalkendecke, die von alten Steinsäulen gestützt wird; sie ist in Besitz der Zunft der Silberschmiede.

3–4

Gehen Sie nun weiter über die San Eulogio und die Calle Cabezas zum Hostal Portillo. Der Name bezieht sich auf den **Arco de Portillo**, ein maurisches Stadttor, das etwas weiter unten auf der linken Seite steht. Nach einer weiteren römischen Säule, die in eine Mauer integriert ist, folgt die verfallene Fassade eines Renaissancepalasts, der **Casa de los Marqueses del Carpio**. Einige Meter dahinter beginnt ein schmaler Torweg, **De los Arquillos** genannt. An der Wand links erzählt ein Schild die grausame Geschichte von einem Ritter, der im 10. Jahrhundert Rache nahm für die Beleidigungen, die sieben ade-

Die Iglesia de la Trinidad, eine der schönsten Kirchen Córdobas

lige Brüder seiner Braut zufügten: Er ließ alle sieben umbringen, setzte den Vater in dem Haus, das an Los Arquillos angrenzte, gefangen und stellte die Köpfe der Brüder in dem Torweg zu Schau. Spazieren Sie weiter bis zu einer Kreuzung, und biegen Sie links in die Caldereros ein. Wenn Sie geradeaus weitergehen, kommen Sie zur Plaza de la Pescadería mit einer Palme in der Mitte. Kurze Zeit später zweigt die Calle de San Fernando ab.

4–5

Spazieren Sie nun links die Calle de San Fernando hinauf. Überqueren Sie die

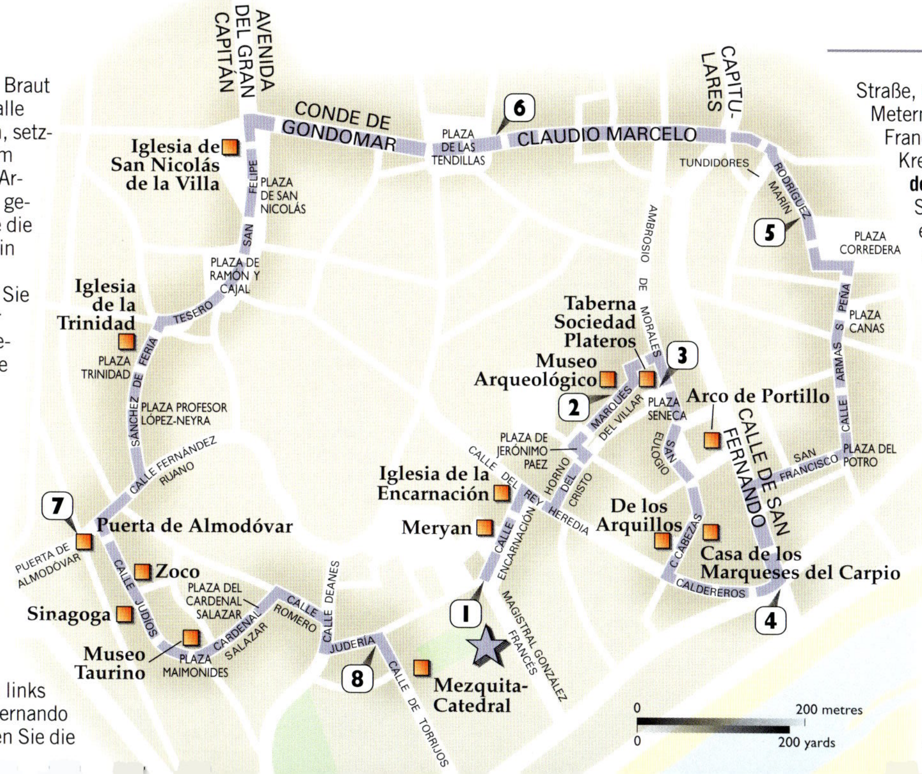

Straße, und biegen Sie nach einigen Metern rechts in die Calle San Francisco ab. Passieren Sie die Kreuzung (rechts liegt die **Plaza del Potro**, ➤ 118), und biegen Sie links in die Calle Armas ein. Von dort aus geht es über die Calle Sanchez Pena und die Plaza Canas zur arkadengesäumten Plaza Corredera. Sie wurde im 17. Jahrhundert angelegt, wird langsam restauriert, und diente schon als Schauplatz für die Verbrennungen während der Inquisition, für Stierkämpfe, Feste und moderne Rockkonzerte.

5–6

Verlassen Sie die Plaza an der Ecke auf der gegenüberliegenden Seite links, und gehen Sie die Calle Rodriguez Marín hinauf. Überqueren Sie ganz oben die betriebsame Kreuzung Tundidores/Capitulares, und spazieren Sie auf der Claudio

Marcelo weiter. Hinter rekonstruierten römischen Säulen folgt die **Plaza de las Tendillas** mit der Uhr, die Flamencomusik spielt (➤ 118).

6–7
Überqueren Sie die Plaza de las Tendillas, und bummeln Sie die Einkaufsstraße Conde de Gondomar rechts von der Flamencouhr hinunter. Sie gelangen nun zur breiten Avenida del Gran Capitán und zur **Iglesia de San Nicolás de la Villa**. Diese Kirche mit ihrem schmucken Glockenturm zählt zu den schönsten Sakralbauten Córdobas. Biegen Sie nun links in die Calle San Felipe ein, die an der Kirche vorbeiführt. Über die Plaza de San Nicolás erreichen Sie die Plaza de Ramón y Cajal. Halten Sie sich rechts, und laufen Sie über die Tesero zur Plaza de la Trinidad mit der **Iglesia de la Trinidad**. In der Kirche mit dem weißen Innenraum steht ein schöner vergoldeter Altaraufsatz. Gegenüber der Kirche beginnt die Sánchez de Feria, die an der kleinen Plaza de Profesor López-Neyra vorbeiführt. Biegen Sie rechts in die Calle Fernández Ruano ab. Am Ende der Straße steht die **Puerta de Almodóvar** (➤ 117).

7–8
Gehen Sie durch die Puerta de Almodóvar und dann ein Stück die Calle Judíos hinunter, wo linker Hand die hervorragende Bodega Guzman liegt, die bei den Einheimischen überaus beliebt ist. Gleich danach beherbergt die **Casa Nr. 12** ein ungewöhnliches Museum: In diesem alten Haus sind die *patios* und Räumlichkeiten wie im 12. Jahrhundert ausgestattet. Im Keller befinden sich Reliefs der Westgoten und ein schönes römisches Mosaik. Wenn Sie der Straße weiter folgen, gelangen Sie zum **Zoco-Kundhandwerksmarkt**, zur Synagoge und zur **Statue von Maimónides** (alle ➤ 117). Am **Museo Taurino** (➤ 117) vorbei gelangen Sie über die Calle Romero schließlich wieder zur Mezquita.

Die Casa Nr. 12 mit rekonstruiertem maurischen Interieur

Kleine Pause
Am Weg liegen viele Bars und Cafés. Die **Taberna Sociedad de Plateros** (Calle San Francisco 6) ist sehr beliebt und wartet mit einem herrlichen überdachten *patio* auf. An der Ecke Sánchez Peña/Plaza Corredera befindet sich die schlichte, aber hervorragende **Taberna Corredera**.

Wann?
Wer diesen Spaziergang mit dem Besuch des Museo Arqueológico und weiteren Sehenswürdigkeiten in der Calle Judíos verbinden möchte, sollte am Vormittag oder frühen Abend starten.

Sehenswürdigkeiten
Casa No 12
✉ Casa Nr. 12, Calle Judíos
🕐 Di–Sa 10–14 und 18–20 Uhr

3 SIERRA DE GRAZALEMA

Tour

LÄNGE: 80 Kilometer
DAUER: 4–5 Stunden
START/ZIEL: Grazalema 195 D2

Die *pueblos blancos* in der Provinz Málaga und Cádiz sind Bergdörfer mit weiß getünchten Häusern mitten im imposanten Parque Natural Sierra de Grazalema. Auf dieser Tour lernt man einige der schönsten Orte kennen.

1–2
Verlassen Sie **Grazalema**, das unterhalb des felsigen Peñón Grande liegt, auf der Straße in Richtung Ronda. Überqueren Sie die Kreuzung, und folgen Sie den Schildern nach Ronda und Ubrique. Die Straße schlängelt sich unter Felsvorsprüngen bergauf. Folgen Sie an der nächsten Gabelung der A374 in Richtung Ubrique. Durch den schroffen Fels der Sierra del Caillo geht es vorbei an **Villaluenga del Rosario**, dem am höchsten gelegenen Dorf der Provinz Cádiz.

2–3
Die Fahrt führt durch das Tal La Manga mit Steilhängen zu beiden Seiten und Steinmauern am Rand der Klippen. Hinter einem Aussichtspunkt mit Picknickplatz macht die Straße eine scharfe Rechtskurve. Biegen Sie etwa einen Kilometer dahinter in Richtung **Benaocaz** ab, und fahren Sie ins Dorf hinein. Sie können Ihr Auto auch am Ortsrand auf der Plaza de la Vista Hermosa auf dem Parkplatz abstellen. Das Dorf, eine Maurensiedlung aus dem 8. Jahrhundert, ist ein typisches *pueblo blanco* mit weiß getünchten Häusern, die sich vor dem Hintergrund der schroffen Kalksteinfelsen und Wälder an die Hänge klammern. Rund um den Hauptplatz, die Plaza de las Libertades, stehen Säulen mit kleinen Keramikkacheln, auf denen Wahrzeichen der Region dargestellt sind.

3–4
Gehen Sie von der Plaza de la Vista Hermosa aus über die Calle Lavadero zur Plaza de las Libertades. Biegen Sie nun links in die Calle San Blas ein, und fahren Sie an der Hauptstraße rechts in die mit A373 Villamartín ausgeschilderte Straße. Nach etwa drei Kilometern folgt eine Kreuzung, an

Rechts: Das Dorf Benaocaz ist ein günstiger Ausgangspunkt für Touren

der Sie rechts abbiegen müssen. Nun liegt die relativ große Stadt Ubrique direkt links unter den Felsen des Cruz de Tajo. Über die A373 kommen Sie nun etwas schneller voran.

4–5

Folgen Sie den Schildern in Richtung El Bosque, und biegen Sie am Wegweiser nach Benamahoma und Grazalema rechts ab. Halten Sie sich an der nächsten Kreuzung abermals rechts, und fahren Sie auf der A372 in Richtung **Benamahoma**, Ronda und Grazalema. Die Straße windet sich nun die massiven Felsen der Sierra del Pinar hinauf, vorbei an Benamahoma, einem hübschen *pueblo blanco*. Hier wird das maurische Erbe am ersten Sonntag im August in Form eines farbenprächtigen Festes gefeiert, zu dem auch fingierte Schlachten zwischen den Mauren und den Christen gehören. Weiter geht es über die A372 mit herrlicher Aussicht auf die Kalksteinfelsen rechts. Nach etwa acht Kilometern biegt man links ab nach Zahara de la Sierra.

5–6

Nun fahren Sie durch eine herrliche Landschaft mit Bergen, die von Kork- und Steineichen sowie Edeltannen bestanden sind, einer Koniferenart, die schon seit der letzten Eiszeit hier heimisch ist und jetzt im Parque Natural Sierra de Grazalema gedeiht. Die Straße windet sich in vielen Haarnadelkurven stetig bergauf bis zum Puerto de Palomas in 1357 Metern Höhe. Von da ab geht es genauso kurvenreich wieder hinunter. Etwa vier Kilometer unterhalb des Passes führt ein Pfad zur imposanten Garganta Verde, einer Schlucht (➤ Kasten). In Richtung Zahara de la Sierra geht es weiter, vorbei an einer Ölmühle, **El Vínculo Molino de Aceite Alojamiento Rural**, die zu den normalen Arbeitszeiten (➤ 74) besichtigt werden kann. Überlegen Sie gut, ob Sie Ihrem Magen das angebotene Glas Olivenöl zumuten können. Bis zum Dorf Zahara de la Sierra sind es jetzt noch vier Kilometer.

6–7

Nach **Zahara de la Sierra** gelangen Sie über eine Straße, die sich den Berg hinaufschlängelt. Kurz vor dem Ortseingang gibt es einige Parkplätze; es ist ratsam, den Wagen gleich hier oder weiter unten am Berg abzustellen. Zahara ist eines der schönsten *pueblos blancos* und wurde in den

Die Garganta Verde

Wer zwei oder drei Stunden erübrigen kann, sollte sich eine Wanderung in diesem wunderschönen Teil der Sierra nicht entgehen lassen. Man muss sich allerdings eine Genehmigung im Informationsbüro von El Bosque oder in Grazalema (► 66f) besorgen. Der Weg vom Parkplatz am Straßenrand ist gut ausgeschildert und führt tief in die Schlucht der Garganta Verde hinein. Kurz bevor der Pfad wieder zur Talsohle der Schlucht zurückführt, sollte man noch einen kleinen Abstecher steil hinauf zu den atemberaubenden **Las Buitreras de Garganta Verde** machen. Von oben blickt man auf riesige Klippen, in denen Dutzende von Gänsegeiern nisten. Mit etwas Geduld bekommt man einen der imposanten Vögel mit drei Metern Flügelspannweite zu Gesicht. Der Hauptweg führt in die steinige Schlucht hinunter, wo die Höhlen der **Garganta de la Ermita** mit vielfarbigen Gesteinsformationen beeindrucken.

Achtzigerjahren unter Denkmalschutz gestellt. Das Dorf klammert sich an einen felsigen Berg, auf dem eine restaurierte Burg aus dem 12. Jahrhundert thront. Die schmale Hauptstraße führt zur Plaza, die von der Barockkirche Santa María de Mesa beherrscht wird, außerdem gibt es einen Aussichtspunkt mit Blick auf den Embalse de Zahara, einen Stausee unterhalb des Dorfes. Zur Burg gelangt man über einen steinigen Weg vom Platz aus. Der Blick von der Brustwehr lohnt die Anstrengung.

Verlassen Sie Zahara auf der Hauptstraße. Halten Sie sich an der *plaza* rechts, dann links, umrunden Sie den Kreisel, und fahren Sie durch schmale Straßen zum Ortsausgang. An der Einbahnstraße, über die Sie gekommen sind, biegen Sie scharf rechts in eine kurze Seitenstraße ein, die zur Hauptstraße führt. Biegen Sie am Wegweiser nach Grazalema rechts und an der nächsten Kreuzung links nach Arroyo Molinos ab. Folgen Sie den Schildern nach Arroyo Molinos; sie gelangen auf die Straße oberhalb des Stausees.

Die restaurierte maurische Burg aus dem 12. Jahrhundert überragt das Dorf Zahara de la Sierra

7–8

Fahren Sie gleich hinter dem Stausee rechts in Richtung Grazalema und bei einer Abzweigung ebenfalls nach rechts.

Kleine Pause

In Benaocaz hat man vom **Restaurante Las Vegas** an der Plaza de las Libertades aus einen herrlichen Blick. In Zahara de la Sierra kann man im Restaurant des Hotels **Marqués de Zahara** an der Hauptstraße essen (Tel. 956 12 30 61). In der einfachen **Bar Nuevo** gleich gegenüber wird ebenfalls für das leibliche Wohl gesorgt.

4 KERAMIKDÖRFER UND COWBOYLAND

Tour

LÄNGE: 100 Kilometer
DAUER: 3 Stunden (bei Aufenthalt in Níjar oder Mini Hollywood länger)
START/ZIEL: Almería 197 E2

Erster Halt auf dieser Tour ist das Dorf Níjar, eines der wichtigsten Keramikzentren in Andalusien. Von hier führt die Route durch Gebirgslandschaft zu den beeindruckenden Cañons von Almería. Hier wurden eine ganze Reihe von Italowestern gedreht, unter anderem *Für eine Hand voll Dollar*. Im Themenpark Mini Hollywood lebt der Wilde Westen fort.

1–2

Fahen Sie am Ende der Rambla de Belén in Almería am Kreisel in Richtung Murcia und Mojácar. Nach 17 Kilometern erreichen Sie die Abfahrt zur E15. Hinter den Vorstädten von Almería und dem Flughafen beginnt die bizarre Welt der *plasticultura* mit Treibhäusern aus Plastik, in denen Obst und Gemüse angebaut wird (➤ Kasten, 181). Hinter der Ebene Campo de Níjar ragen die Berge der Sierra de Alhamilla auf. Nach 30 Kilometern folgt der Wegweiser nach **Níjar** (➤ 100). Auf der langen Hauptstraße, der Avenida Gracía Lorca, gibt es viele Parkbuchten. Die Keramikindustrie floriert hier schon seit der Zeit der Mauren, und so befinden sich an der Avenida García Lorca sowie im angrenzenden Barrio Alfarero unzählige Geschäfte. Wenn man schon einmal hier ist, sollte man der Plaza de la Glorieta, dem Hauptplatz der Oberstadt, einen Besuch abstatten – fahren Sie einfach über die Avenida García Lorca bergauf. Die hübsche Kirche Santa María de la Anunciación aus dem 16. Jahrhundert lohnt wegen ihrer bemerkenswerten Kassettendecke im *mudéjar*-Stil einen Besuch.

2–3

Verlassen Sie Níjar auf der Avenida García Lorca, und biegen Sie an der Kreuzung links nach Campohermosa und Murcia ab. An der nächsten Kreuzung geht es dann wieder links, die AL 103 führt Richtung Lucainena bergauf. Halten Sie sich an der nächsten Kreuzung rechts, und folgen Sie den Wegweisern in Rich-

In Níjar hat die Keramikindustrie eine lange Tradition

Wüstenartige Landschaft um Tabernas

tung Lucainena (Achtung, das Schild kann durch einen Baum verdeckt sein!). Die Straße führt nun direkt in die Berge der **Sierra de Alhamilla** hinein. Hier ist es menschenleer, das trockene Gebirge ist nur von Eichen und Gestrüpp bewachsen. Tief unten sieht man Plastiktreibhäuser schimmern, welche die ganze Ebene, den Campo de Níjar, bedecken. Die Straße ist hier voller Schlaglöcher. Etwa 16 Kilometer hinter Níjar führt sie zu dem Dorf **Lucainena de las Torres** hinunter, wo weiß getünchte Häuser sich um eine Kirche unterhalb des felsigen Peñón de Turrillas gruppieren. Nach weiteren neun Kilometern erreichen Sie eine gerade, von Eukalyptusbäumen gesäumte Straße, die zur Kreuzung mit der A370 führt.

Ein Meer aus Plastik

Im Westen der Provinz Almería nutzt man 25 000 Hektar ehemals trockenen, unbesiedelten Flachlandes für *plasticultura*. In Plastiktreibhäusern mit Flachdächern züchten die Gärtner mit Hilfe von Tropfbewässerung Unmengen von Gemüse, Obst und Blumen. Dieser Industriezweig verhalf der ehemals armen Region zu Wohlstand, hatte aber auch gravierende soziale und gesundheitliche Probleme bei den Arbeitern zur Folge. Außerdèm stellen Umweltprobleme und Wassermangel die Zukunft des Projekts in Frage.

3–4

Entscheiden Sie nun, ob Sie rechts zum acht Kilometer entfernten Dorf Sorbas abbiegen möchten. **Sorbas** (➤ 101) liegt direkt am Hang einer Felsschlucht. Wie Níjar hat auch dieses Dorf eine lange Tradition der Keramikherstellung, die Produkte sind allerdings weniger dekorativ und eher funktional. Die Kalksteinhöhlen, die **Cuevas de Sorbas** (Führungen möglich, ➤ 101), sind etwa zwei Kilometer vom Ort entfernt. Biegen Sie auf der Hauptstraße an der Kreuzung mit der A370 links ab, und folgen Sie dem Schild nach Almería. 17 Kilometer lang geht es durch wüstenartiges, trockenes Land ohne jegliche Vegetation mit graubraunen Sandsteinhügeln, die der Wind phantasievoll geformt hat.

Die Straße führt um das Dorf **Tabernas** herum, über dem eine maurische Burg thront; sie wirkt aus der Ferne imposant, ist aber nur noch eine Ruine. Sie befinden sich nun im Gebiet der Wildwest-Themenparks, das seit 1950 immer wieder als Schauplatz für amerikanische Cowboyfilme diente. Die erste der drei Wildwestattraktionen ist **Texas Hollywood**, das man über eine staubige Piste erreicht. In dieser Cowboystadt gibt es ein Fort und ein Dorf mit Indianerzelten. Wie auch in den anderen Wildwestparks finden immer wieder Schießereien statt, und man kann Pferde mieten und sich als Cowboy verkleiden. Am besten – und teuersten – ist **Mini Hollywood** (➤ 102) etwa sechs Kilometer westlich von Tabernas. Noch einen Kilometer weiter führt die A370 zur neu eröffneten Autobahn Granada–Almería. Wenn Sie sich hier rechts halten, erreichen Sie die Zufahrt zur dritten Westernstadt, **Western Leone**. Sie wurde nach Sergio Leone benannt, der hier erfolgreiche Italowestern wie *Zwei glorreiche Halunken* drehte. Dieser Park ist am preiswertesten und wirkt durch seine Lage über einer ausgetrockneten Bergschlucht auch am authentischsten. Um wieder nach Almería zu gelangen, nimmt man die Autobahn Richtung Süden.

Mini Hollywood westlich von Tabernas ist der bekannteste Westernpark der Region

Kleine Pause

Am Hauptplatz im alten Níjar befinden sich die Café-Bars **La Glorieta** und **El Pipa**, die einzigen Einkehrmöglichkeiten auf dieser Strecke. In Mini Hollywood gibt es auch ein Café und ein Restaurant.

5 SIERRA DE ARACENA

Tour

LÄNGE: 60 Kilometer **DAUER:** 2–3 Stunden (bei ausgedehnteren Aufenthalten in den Dörfern und bei den Sehenswürdigkeiten entsprechend länger)
START/ZIEL: Aracena ✝ 194 B4

Die Sierra de Aracena bildet eine eigene Welt aus bewaldeten Hügeln, durch die sich Straßen von einem malerischem Dorf zum anderen schlängeln. Überall münden schmale Kopfsteinpflastergassen auf einen Hauptplatz, auf dem sogar im Hochsommer ein Brunnen mit kristallklarem Wasser plätschert.

1–2

Verlassen Sie Aracena über die Plaza de San Pedro gleich unterhalb vom Parkplatz, und fahren Sie in Richtung Alájar nach Südwesten. Zuerst geht es eine Platanenallee entlang. Folgen Sie an der nächsten Kreuzung dem Schild nach Alájar. Wenig später beginnt die herrliche Hügellandschaft der **Sierra de la Virgen**. Hier gilt es, seine Fahrkünste unter Beweis zu stellen: Oft muss man den Gang wechseln, da die A470 sich kurvenreich durch Kastanien-, Eschen- und Eichenwälder win-

Alájar ist ein typisches Dorf in der Sierra de la Virgen

det. Schon bald können Sie einen ersten Blick auf das winzige Dorf **Linares de la Sierra** im Tal unten werfen. Der Ort ist einen Umweg wert. Am besten parken Sie oberhalb und spazieren bergab zum Hauptplatz hinunter. Hier hat jedes Haus sein eigenes Mosaik vor der Tür – wie ein Fußabstreifer.

2–3

Weiter geht es über die A470, bis linker Hand die Abzweigung zum Dorf **Alájar** auftaucht. Über dem Ort ragen die Felsen der **Peña de Arias Montano** empor, deren Höhlen in prähistorischen Zeiten angeblich als Behausung dienten. Eine Seitenstraße führt von der Hauptstraße zur **Eremita de Nuestra Señora de los Ángeles**. Im 16. Jahrhundert zog sich hier der Geistliche und Gelehrte Benito Arias Montano zurück. Er war der Beichtvater von Philipp II., der die Einsiedelei besuchte und in einer Höhle in der Nähe meditierte (unterhalb des heutigen Parkplatzes). Ein großer Felsen neben der Höhle trägt seitdem den Namen »Königsstuhl«.

3–4

Kehren Sie auf die A470 zurück, und fahren Sie weiter bis zur Kreuzung mit der Straße von Huelva, der N435. Gegenüber liegt das Hostal el Cruce mit einer guten Tapas-Bar. Setzen Sie Ihre Fahrt auf der A470 fort, die mit Almonaster la Real und Cortegana ausgeschildert ist und durch den Wald führt.

Bei einem Abstecher kurz vor dem Dorf gelangen Sie auf einer kleinen steinigen Seitenstraße mit vielen Haarnadelkurven zum 912 Meter hohen **Mirador del Cerro San Cristóbal**. Auf dem bewaldeten Gipfel gibt es zwei Aussichtspunkte: Von dem einen blickt man zwischen Funkmasten hindurch auf Almonaster hinunter; den anderen erreicht man über einen Pfad, der am Ende der Straße abzweigt und eine atemberaubende Aussicht nach Westen auf die Sierra Pelada und im Nordosten auf die Picos de Aroche ermöglicht. Hier kann man gut segelnde Geier über dem Land sehen. Kehren Sie zur Hauptstraße zurück, und biegen Sie wenig später links nach **Almonaster** ab. Am Ortseingang gibt es Parkplätze. In Almonaster steht eine schöne **Moschee** aus dem 10. Jahrhundert, die zum Teil ins Felsgestein hineingebaut und auch nach ihrer Umfunktionierung zur christlichen Kirche im 13. Jahrhundert nicht verändert wurde. Es beeindrucken die Hufeisenbögen aus Ziegelstein, die von vermutlich römischen oder westgotischen Säulen getragen werden – sie erinnern an die Mezquita von Córdoba. Außerdem findet sich hier noch ein restaurierter Steinaltar, der aus einer westgotischen Kirche stammen soll. Vom Minarett kann man auf die Arena hinunterschauen; besonders Kinder sollten vorsichtig sein. Wer das Innere der Moschee besichtigen möchte, lässt sich im Rathaus an der *plaza* den Schlüssel geben.

4–5

Von Almonaster gelangt man auf der A470 nach etwa drei Kilometern zu einer mit Estación FFCC beschilderten Abzweigung. Halten Sie sich danach an der nächsten Kreuzung links, und lassen Sie die Straße nach Canaleja links liegen. An der Kreuzung mit der N433, der Straße von Sevilla nach Portugal, biegen Sie rechts in Richtung Aracena und Sevilla ab. Nach zwei Kilometern folgt die Abfahrt nach Jabugo, wohin Sie einen Abstecher machen.

In der Sierra de Aracena gibt es Nüsse und Obst im Überfluss

Abstecher zu den Minas de Río Tinto

Sie können die Fahrt um 60 Kilometer verlängern und dem Bergbaugebiet Río Tinto (➤ 161) einen Besuch abstatten. Wer das vorhat, verlässt Jabugo am südlichen Ortsausgang, folgt den Wegweisern nach Huelva und fährt auf die N345 Richtung Süden. Nach 25 Kilometern biegt man links in die A461 ein, die mit Río Tinto und Nerva ausgeschildert ist. Folgen Sie nun den Schildern zum Dorf **Minas de Río Tinto** (➤ 161). Um das Dorf wieder zu verlassen, nimmt man die Ausfallstraße nach Sevilla und fährt auf der A461 durch bewaldete Hügel weiter. Dann wird ein Damm über den Embalse Cobre-Cossan, einen Stausee, überquert. Biegen Sie links auf die A479 Richtung Compofrío und Aracena ab.

5–6

Das ruhige und beschauliche Dorf **Jabugo** ist das Zentrum der Schinkenindustrie, des *jamón.* Sobald Sie die ersten Gebäude der Stadt sehen, sollten Sie am Schild »Centro Urbano« rechts abbiegen und einen Parkplatz suchen. Spazieren Sie die Straße hinauf, und halten Sie sich links, biegen Sie abermals links ab, und gehen Sie durch die Calle Silencio zu einer Straße, wo man alle möglichen Wurstwaren verkauft.

Kleine Pause

Am Hauptplatz von Almonaster kann man gemütlich in der Bar **Buenos Aires** zu Mittag essen. In Jabugo kommt in allen Lokalen *jamón* auf den Tisch – bei den Preisen vergeht einem allerdings oft der Appetit.

Praktisches

INFORMATION VORAB

Websites
- Fremdenverkehrsbehörde von Spanien: www.spaintour.com
- Links zu Sites von Andalusien: www.andalucia.org
- Allgemeine Informationen über Andalusien: www.andalucia.com

Deutschland
Spanisches Fremdenverkehrsamt
Myliusstr. 14 (4. Stock)
D-60323 Frankfurt/Main
☎ (069) 72 50 33
Fax 72 53 13

REISEVORBEREITUNG

WICHTIGE PAPIERE

● Erforderlich
○ Empfohlen
▲ Nicht erforderlich

	Deutschland	Österreich	Schweiz
Pass/Personalausweis	●	●	●
Visum	▲	▲	▲
Weiter- bzw. Rückflugticket	▲	▲	▲
Impfungen (Tetanus und Polio)	▲	▲	▲
Krankenversicherung (► 190, Gesundheit)	●	●	●
Reiseversicherung	○	○	○
Führerschein (national)	●	●	●
Kfz-Haftpflichtversicherung (eigenes Auto)	●	●	●
Fahrzeugschein (eigenes Auto)	●	●	●

REISEZEIT

Andalusien

Hauptsaison: APRIL – OKT
Nebensaison: JAN – MÄRZ, NOV – DEZ

JAN	FEB	MÄRZ	APRIL	MAI	JUNI	JULI	AUG	SEPT	OKT	NOV	DEZ
16 °C	17 °C	18 °C	21 °C	23 °C	27 °C	29 °C	29 °C	27 °C	23 °C	19 °C	17 °C
Regnerisch	Wechselhaft	Wechselhaft	Sonnig	Sonnig	Sonnig	Sonnig	Sonnig	Sonnig	Wechselhaft	Bedeckt	Regnerisch

Sonnig   Bedeckt   Regnerisch   Wechselhaft

Die Temperaturangaben beziehen sich auf die **durschnittliche Tageshöchsttemperatur** in jedem Monat. An Ostern ist es in der Regel sonnig, aber noch nicht zu heiß; die Quartiere sind in den Städten oft recht ausgebucht. Günstigste Reisezeiten sind Mai und Anfang Juni, dann scheint meist die Sonne bei durchschnittlichen Tagestemperaturen von 23 bis 25 °C. Es sind auch noch nicht zu viele Touristen unterwegs, und die Auswahl an Unterkunftsmöglichkeiten ist groß. Hauptsaison ist im Juli und August, wenn es am heißesten ist. Die Andalusier machen im August Ferien, es kommt dann zu einer regelrechten Völkerwanderung ans Meer. September und Oktober können herrlich sein, die Sonne scheint bis weit in den Herbst hinein. Im Winter sind die Temperaturen an der Küste und in tiefer liegenden Gebieten angenehm, in den Bergen kann es jedoch kalt werden.

Österreich
Spanisches Fremdenverkehrsamt
Walfischgasse 8
A-1010 Wien
☎ (01) 512 95 80
Fax 512 95 81

Schweiz
Spanisches Fremdenverkehrsamt
Seefeldstr. 19
CH-8008 Zürich
☎ (01) 252 79 30
Fax 252 62 04

ANREISE

Mit dem Flugzeug: Von den meisten Flughäfen werden preiswerte Charterflüge nach Málaga angeboten, beispielsweise von Hapag Lloyd oder LTU. Wer nach Sevilla, Almería, Granada oder Jerez de la Frontera fliegen möchte, nimmt einen Linienflug von Iberia, wobei man in Madrid oder Barcelona umsteigen muss; außerdem bieten Lufthansa, Swissair und Austrian Airlines Verbindungen an. Auf jeden Fall lohnt es sich, nach einem Sondertarif Ausschau zu halten. Die Flugzeiten liegen bei rund zweieinhalb Stunden.

Mit der Bahn: Man kann über Basel, Genf, Lyon und Port Bou nach Barcelona und weiter nach Málaga fahren oder die Strecke über Madrid wählen; nach Sevilla verkehrt von dort ein Hochgeschwindigkeitszug. Auf 30 bis 35 Stunden Reisezeit sollte man sich einstellen. Es ist außerdem schwierig, für die Züge innerhalb Spaniens von Deutschland aus Platzkarten oder gar Liege- bzw. Schlafwagen zu reservieren.

Mit dem Bus: Die Deutsche Touring GmbH bietet regelmäßig und häufig Direktverbindungen von vielen deutschen Städten nach Málaga und Sevilla an. Auch in der Schweiz und Österreich gibt es Veranstalter. Die Busse sind bequem und klimatisiert, die Preise akzeptabel.

Mit dem Auto: Nach Andalusien kann man über Madrid fahren oder die küstennahe Autobahn (gebührenpflichtig) benutzen. Wegen der langen Anreise von zwei bis drei Tagen stellen Autoreisezüge eine gute Alternative dar.

ZEIT

In Andalusien gilt die Mitteleuropäische Zeit (MEZ); es besteht somit kein Zeitunterschied. Auch auf die Sommerzeit wird parallel umgestellt.

WÄHRUNG

Währung: Spanien gehört zu den Ländern der EU, die am 1. Januar 2002 die Währung auf den Euro (€) umstellen. Bis Februar 2002 ist es noch möglich, mit Pesetas zu bezahlen, wobei 100 Pesetas 0,6 € entsprechen.

Pesetas gibt es bis dahin in Scheinen zu 1000, 2000, 5000 und 10 000 Pesetas, bei den Münzen erhalten Sie Stücke zu 5, 10, 25, 50, 100, 200 und 500 Pesetas.

Geldwechsel: Reiseschecks und die gängigen Kreditkarten wie VISA, MasterCard und Diners Club werden in den meisten Hotels und Geschäften akzeptiert. Reiseschecks wechseln Banken oder auch die jeweilige Hauptpost in den Städten gegen Gebühr ein. Mit Euroscheck- und Kreditkarten kann man auch an Geldautomaten Geld abheben.

ZEITUNTERSCHIED

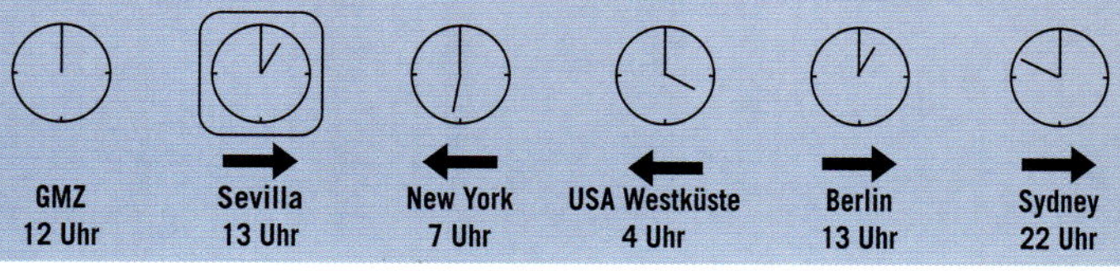

DAS WICHTIGSTE VOR ORT

KONFEKTIONSGRÖSSEN

Spanien	Deutschland	
46	46	Anzüge
48	48	Anzüge
50	50	Anzüge
52	52	Anzüge
54	54	Anzüge
56	56	Anzüge
8	41	Schuhe
8.5	42	Schuhe
9.5	43	Schuhe
10.5	44	Schuhe
11.5	45	Schuhe
12	46	Schuhe
37	37	Hemden
38	38	Hemden
39/40	39/40	Hemden
41	41	Hemden
42	42	Hemden
43	43	Hemden
36	36	Kleider
38	38	Kleider
40	40	Kleider
42	42	Kleider
44	44	Kleider
46	46	Kleider
6	38	Schuhe
6.5	38	Schuhe
7	39	Schuhe
7.5	39	Schuhe
8	40	Schuhe
8.5	41	Schuhe

FEIERTAGE

1. Januar	Neujahrstag
6. Januar	Dreikönig
28. Februar	Andalusientag (regional)
April/Mai	Ostern
1. Mai	Tag der Arbeit
24. Juni	Johannisfest (regional)
25. Juli	Jakobi (regional)
15. August	Mariä Himmelfahrt
12. Oktober	Nationalfeiertag
1. November	Allerheiligen
6. Dezember	Verfassungstag
8. Dezember	Mariä Empfängnis
25. Dezember	Weihnachten

ÖFFNUNGSZEITEN

○ Geschäfte
● Büros
● Banken
● Kirchen
● Museen/Denkmäler
● Apotheken

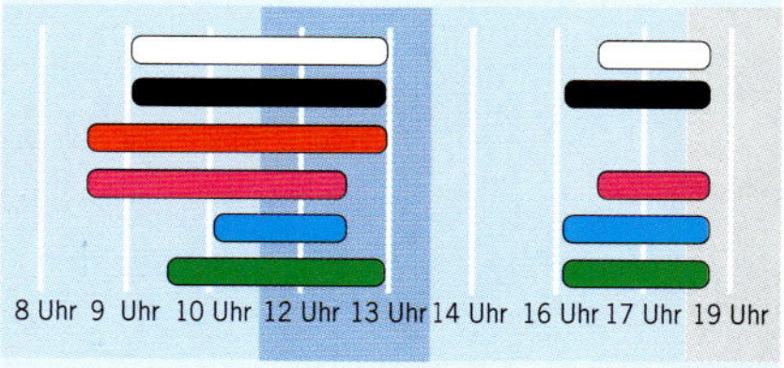

☐ tagsüber ☐ mittags ☐ abends

Kaufhäuser, große Supermärkte und Geschäfte in Ferienorten haben von 10 bis 20 Uhr, manchmal sogar bis 21 oder 22 Uhr geöffnet. Bis auf den ersten Sonntag eines Monats haben alle Läden am Sonntag geschlossen, einige zudem im August. Einige Banken öffnen auch samstags (Okt. – Mai) von 8.30 bis 13 Uhr. Die Öffnungszeiten der Museen schwanken sehr. Generell ist im Sommer länger offen, viele Museen schließen am Sonntagnachmittag, einige auch am Samstagnachmittag, außerdem ist häufig montags zu. EU-Bürger haben oft freien Eintritt, wenn sie ihren Pass vorzeigen. **Aber Achtung: Die Öffnungszeiten können sich stets ändern.**

POLIZEI (Policía Nacional) 091; (Policía Local) 092

FEUERWEHR (Bomberos) 080

KRANKENWAGEN (Ambulancia) 061

SICHERHEIT

Taschendiebe treiben ihr Unwesen, schnell wird die Tasche oder der Fotoapparat entrissen, unbeaufsichtigtes Gepäck gestohlen oder das Auto aufgebrochen. Jedes Vergehen sollte der Polizei (Policía Nacional) gemeldet werden, die an blauen Uniformen zu erkennen ist. Einige Vorsichtsmaßnahmen:

- Keine Wertsachen am Strand oder am Pool lassen.
- Alle Wertsachen im Hotelsafe deponieren.
- Handtaschen und Fotoapparate nicht über der Schulter, sondern quer über die Brust am Riemen tragen.
- Nachts einsame und zwielichtige Viertel meiden.

Polizei:
☎ 091
von jedem Telefon

TELEFONIEREN

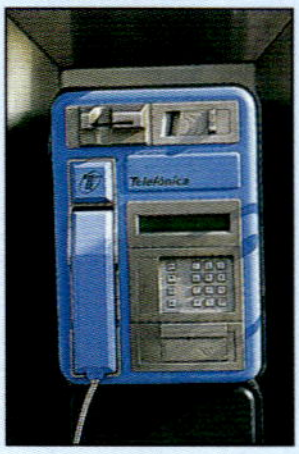

Die Telefonnummern in Spanien bestehen einheitlich aus neun Ziffern, wobei die frühere Vorwahl mit der vorangestellten 9 immer mitgewählt werden muss, ganz gleich, von wo aus man anruft. Für viele öffentliche Telefone (*teléfonos públicos*) benötigt man eine Telefonkarte (*tarjeta telefónica*), die in Postämtern und an Kiosken für 6 oder 12 € erhältlich ist.

Internationale Vorwahlnummern:
Deutschland: 00 49
Österreich: 00 43
Schweiz: 00 41
Spanien: 00 34

POST

Postämter (*correos*) sind in der Regel von 9 bis 14 Uhr geöffnet, am Samstag nur bis 13 Uhr. In den großen Touristenzentren gelten oft erweiterte Öffnungszeiten. Die Hauptpost von Málaga ist in der Avenida de Andalucía (Tel. 952 35 90 08). Briefmarken (*sellos*) gibt's auch am Kiosk.

ELEKTRIZITÄT

Die Stromspannung liegt bei 220/230 Volt, in älteren Gebäuden und Badezimmern oft auch bei 110/120 Volt. Für Geräte mit Schukosteckern benötigt man einen Adapter.

TRINKGELD

Nicht für alle Dienstleitungen wird ein Trinkgeld erwartet, außerdem ist der Betrag in Spanien eher gering. Als Faustregel gilt:

Restaurants (Service nicht inklusive)	5–10%
Cafés/Imbiss	Wechselgeld
Reiseleiter	Kleingeld
Taxi	2–3%
Zimmermädchen	Kleingeld
Gepäckträger	Kleingeld
Garderoben	Kleingeld

BOTSCHAFTEN und KONSULATE

Deutschland	Österreich	Schweiz
☎ 952 22 78 66 (Málaga)	☎ 954 22 21 62 (Sevilla)	☎ 952 21 47 29 (Málaga)

GESUNDHEIT

Krankenversicherung: Bei deutschen oder österreichischen Krankenkassen Versicherte benötigen das Formular E 111. Schweizer Staatsbürger und privat Versicherte reichen die Originalrechung zu Hause bei der jeweiligen Versicherung ein. Zusätzliche private Reisekrankenversicherung ist ratsam.

Zahnarzt: Zahnärztliche Behandlungen sind in der Regel bar zu bezahlen, da Zahnärzte privat praktizieren. Eine Liste mit *dentistas* findet sich im örtlichen Branchenbuch. Reisekrankenversicherungen übernehmen die Kosten für Notfallbehandlungen.

Sonneneinstrahlung: Die sonnigsten und heißesten Monate sind Juli und August, wenn die Temperaturen auf weit über 30 °C klettern. Meiden Sie die Sonne über Mittag und verwenden Sie Sonnencreme mit einem hohen Lichtschutzfaktor.

Medikamente: In den Apotheken (*farmacias*, erkennbar am grünen Kreuz) gibt es verschreibungspflichtige und frei verkäufliche Medikamente. In Spanien sind mehr Medikamente frei verkäuflich als in anderen Ländern.

Trinkwasser: Man kann das gechlorte Wasser aus dem Wasserhahn ohne Bedenken trinken; doch kann es leichte Magenbeschwerden hervorrufen. Mineralwasser (*agua mineral*) ist billig und überall zu haben.

ERMÄSSIGUNGEN

Studenten/Jugendliche: Wer einen Internationalen Studentenausweis besitzt, bekommt auf Reisen, Eintritte etc. eine Ermäßigung; die Costa del Sol hat sich in dieser Hinsicht allerdings nicht auf Studenten eingestellt.

Senioren: Für ältere Reisende ist die Costa del Sol das ideale Ziel. Die Reisebüros halten maßgeschneiderte Angebote bereit, außerdem gibt es im Winter die Möglichkeit zu Langzeitaufenthalten. Am besten ist man wohl mit einem Reiseunternehmen beraten, das spezielle Seniorenreisen anbietet.

EINRICHTUNGEN FÜR BEHINDERTE

In Andalusien verbessern sich die Bedingungen für behinderte Reisende allmählich – immer mehr Hotels verfügen über Zufahrtsrampen und Lifte. Informationen erhält man bei Las Gerencias Provinciales del Instituto Andaluz de Servicios Sociales (Provinzverwaltung des Sozialdienstes von Andalusien), Avenida Manuel Agustín 26, Málaga (Tel. 952 21 04 12/13/14).

KINDER

Kinder sind in Spanien stets gern gesehen und in den meisten Cafés und Restaurants willkommen. Bei vielen Sehenswürdigkeiten ist der Eintritt für Kinder ermäßigt oder ganz frei.

TOILETTEN

Es gibt nur wenige öffentliche Toiletten, man kann jedoch einfach in ein Café gehen, selbst wenn man dort nichts verzehren will. Ausgeschildert sind Toiletten mit *Aseos* bzw. *Servicios* für *Señoras* (Damen) oder *Caballeros* (Herren).

ZOLL

Die Ausfuhr von Souvenirs, für welche seltene oder gefährdete Tierarten verwendet wurden, ist entweder verboten oder bedarf einer besonderen Genehmigung. Erkundigen Sie sich vor dem Kauf.

IMMER ZU GEBRAUCHEN

Ja/nein **Sí/no**
Bitte **Por favor**
Danke **Gracias**
Keine Ursache/gern **De nada**
Hallo **Hola**
Auf Wiedersehen **Adiós**
Guten Morgen **Buenos días**
Guten Tag (nach 12 Uhr) **Buenas tardes**
Guten Abend **Buenas noches**
Wie geht's? **¿Qué tal?**
Wie viel kostet das? **¿Cuánto vale?**
Tut mir Leid **Lo siento**
Verzeihung **Perdone**
Ich würde gern… **Me gustaría…**
Offen **Abierto**
Geschlossen **Cerrado**

Heute **Hoy**
Morgen **Mañana**
Gestern **Ayer**
Montag **Lunes**
Dienstag **Martes**
Mittwoch **Miércoles**
Donnerstag **Jueves**
Freitag **Viernes**
Samstag **Sábado**
Sonntag **Domingo**

NACH DEM WEG FRAGEN

Ich habe mich verlaufen **Me he perdido**
Wo ist…? **¿Dónde está?**
Wie komme ich…? **¿Cómo se va…?**
zur Bank **al banco**
zur Post **a la oficina de correos**
zum Bahnhof **a la estación de trenes**
Wo sind die Toiletten? **¿Dónde están los servicios?**
Links **a la izquierda**
Rechts **a la derecha**
Geradeaus **todo recto**
An der Ecke **en la esquina**
An der Ampel **en el semáforo**
An der Kreuzung **en la intersección**

IM NOTFALL

Hilfe! **¡Socorro! / ¡Ayuda!**
Könnten Sie mir bitte helfen? **¿Podría ayudarme, por favor?**
Sprechen Sie Deutsch? **¿Habla aleman?**
Ich verstehe (Sie) nicht **No comprendo**
Ich spreche nicht Spanisch **No hablo español**
Könnten Sie bitte einen Arzt rufen? **¿Podría llamar a un médico, por favor?**

ÜBERNACHTEN

Haben Sie ein Einzel-/Doppelzimmer? **¿Le queda alguna habitación individual/doble?**
mit/ohne Bad/WC/Dusche **con/sin baño propio/lavabo propio/ducha propia**
Ist das Frühstück inbegriffen? **¿Incluye el desayuno?**
Kann ich das Zimmer ansehen? **¿Puedo ver la habitación?**
Ich nehme das Zimmer **Me quedo con esta habitación**
Den Schlüssel für Zimmer…, bitte **La llave de la habitación…, por favor**
Danke für Ihre Gastfreundschaft **Muchas gracias por la hospitalidad**

ZAHLEN

1	**uno**	11	**once**	21	**veintiuno**	200	**doscientos**
2	**dos**	12	**doce**	22	**veintidós**	300	**trescientos**
3	**tres**	13	**trece**	30	**treinta**	400	**cuatrocientos**
4	**cuatro**	14	**catorce**	40	**cuarenta**	500	**quinientos**
5	**cinco**	15	**quince**	50	**cincuenta**	600	**seiscientos**
6	**seis**	16	**dieciséis**	60	**sesenta**	700	**setecientos**
7	**siete**	17	**diecisiete**	70	**setenta**	800	**ochocientos**
8	**ocho**	18	**dieciocho**	80	**ochenta**	900	**novecientos**
9	**nueve**	19	**diecinueve**	90	**noventa**	1000	**mil**
10	**diez**	20	**veinte**	100	**cien**		

IM RESTAURANT

Ich würde gern einen Tisch reservieren
Me gustaría reservar una mesa
Haben Sie einen Tisch für zwei Personen, bitte?
?Tienen una mesa para dos personas, por favor?
Würden Sie uns bitte die Speisekarte bringen?
?Nos podría traer la carta, por favor?
Die Rechnung, bitte
La cuenta, por favor

Bedienung inklusive
Servicio incluido
Frühstück **el desayuno**
Mittagessen **el almuerzo**
Abendessen **la cena**
Kellner/Kellnerin **camarero/camarera**
Vorspeise **los entremeses**
Hauptgericht **el plato principal**
Nachspeise **el postre**
Tagesgericht **plato del día**
Rechnung **la cuenta**

SPEISEKARTE

aceituna Olive
ajo Knoblauch
alcachofa Artischocke
almejas Muscheln
almendras Mandeln
anguila Aal
arroz Reis
atún/bonito Thunfisch
bacalao Kabeljau
berenjena Aubergine
biftec Steak
bocadillo Sandwich
boquerones Sardellen
calamares Tintenfisch (gegrillt)
caldo Fleischbrühe
callos Kutteln
cangrejo Krebs
cebolla Zwiebel
cerdo Schweinefleisch
cerezas Kirschen
cerveza Bier
champiñones Champignons
chorizo würziges Würstchen
chuleta Kotelett
churros frittiertes Gebäck
ciruela Pflaume
cochinillo asado Spanferkel
codorniz Wachtel
conejo Kaninchen
cordero Lamm
crema Sahne
criadillas Hoden
crudo roh
endibia Chicorée
ensalada (mixta) (gemischter) Salat
ensaladilla rusa russischer Salat
espárragos Spargel
espinaca Spinat
fideos Nudeln
filete Filet
flan Karamellpudding
frambuesa Himbeere
fresa Erdbeere
fruta (de temporada) Früchte (der Saison)
galleta Keks
gambas Shrimps
garbanzos Kichererbsen
gazpacho andaluz kalte Gemüsesuppe
grosellas rote/schwarze Johannisbeeren
guisantes Erbsen
habas Saubohnen
helado Eis
hígado de oca Gänseleber
huevos fritos/revueltos Spiegelei, Rührei
jamón Schinken
judías verdes grüne Bohnen
jugo Saft
langostino Languste
leche Milch
lechuga Kopfsalat
legumbres Gemüse
lengua Zunge
lenguado Seezunge
liebre Hase
lomo de cerdo Schweinelende
manzana Apfel
mariscos Meeresfrüchte
mejillones Miesmuscheln
melocotón Pfirsich
melón Melone
merluza Seehecht
mero Zackenbarsch
morcilla Blutwurst
pan Brot
pato Ente
pepino Gurke
pepinillos Essiggurken
pera Birne
perejil Petersilie
pez espada Schwertfisch
pescado Fischgericht
pimientos roter/grüner Paprika
piña Ananas
plátano Banane
pollo Huhn
puerro Lauch
pulpo Tintenfisch
queso Käse
rape Seeteufel
riñones Niere
salchicha Würstchen
salchichón Hartwurst
salmonete Meerbarbe
solomillo de buey Rinderfilet
sopa Suppe
tocino Speck
tortilla española Omlette mit Kartoffeln
tortilla francesa Omlette natur
trucha Forelle
verduras grünes Gemüse
zanahorias Karotten

Reiseatlas

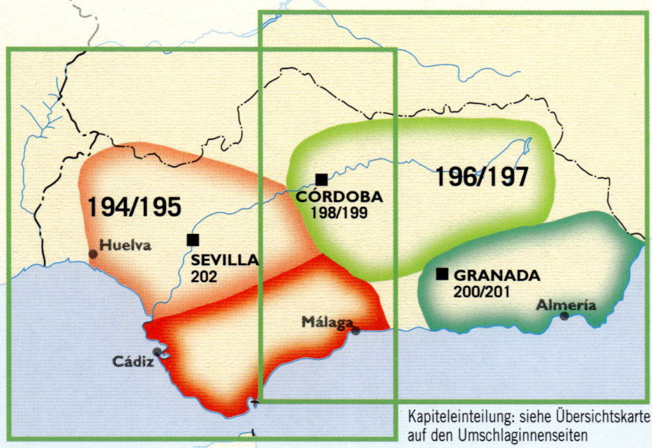

Kapiteleinteilung: siehe Übersichtskarte auf den Umschlaginnenseiten

Reiseatlas

- Staatsgrenze
- Sonstige Grenze
- Hauptstrecke
- Autobahn
- Hauptstraße
- Nebenstraße
- Große Stadt
- Wichtige Stadt
- Stadt
- Dorf
- Nationalpark
- Sehenswürdigkeit (im Text)
- Sehenswürdigkeit
- Stadtgebiet

Cityplan

- Hauptstraße
- Nebenstraße
- Park
- Wichtiges Gebäude
- Sehenswürdigkeit (im Text)
- Information

194
Estremoz
A6
N4
Elvas
Badajoz
N432
NV
E90
Mérida
Guareña
Vila Viçosa
Alandroal
N373
N381
422
Alange
Embalse de Alange
Palomas
La Albuera
Olivenza
N254
Redondo
423
Almendralejo
Santa Marta
N423
E803
Puebla de la Reina
N381
N255
Almendral
436
N435
N432
Villafranca de los Barros
Hornachos
Táliga
Salvatierra de los Barros
Guadiana
Guadajira
N630
N256
Feria
Matachel
Reguengos de Monsaraz
Zafra
Mourão
N256-1
Villanueva del Fresno
Zahinos
Jerez de los Caballeros
C4311
Usagre
Valencia de las Torres
Alcarrache
4311
N435
Ardila
SERRA MENDRO
N385
Bodión
437
Bienvenida
N385
Fuente de Cantos
Amareleja
Fregenal de la Sierra
Viar
Llerena
Ardila
Barrancos
439
413
Moura
N258
Encinasola
434
Segura de León
Puebla del Maestre
N255
Monesterio
Pias
Murtigas
1110m
N392
P
PARQUE NATURAL SIERRA DE ANDÚJAR
SIERRA DE TUDI
Serpa
Rosal de la Frontera
N433
Huelva
A434
Embalse de El Pintado
N260
Vila Verde de Ficalho
Aroche
Cortegana
Jabugo
Embalse de Aracena
Santa Olalla del Cala
Almonaster la Real
959m
Alajar
A461
Aracena & Gruta de las Maravillas
Chanca
N265
Santa Bárbara de Casa
SIERRA DE ATACENA
San Telmo
A470
Compofrio
Cala
Cabezas Rubias
N435
A461
N433
S
I
E
Embalse de la Minilla
El Ronquillo
Odiel
Minas de Riotinto
Calañas
N476
Embalse de Cala
N432
Puebla de Guzmán
Zalamea la Real
A476
Río Agrio
Venta El Alto
Río Tinto
Viar
Espíritu Santo
Embalse del Chanza
A499
Alosno
Guadiamar
Huelva
Valverde del Camino
E803
Alcalá del Río
Guadalquivir
N122
A495
Odiel
Alcoutim
Villanueva de los Castillejos
San Bartolomé de la Torre
A493
Aznacóllar
N630
A490
N435
Itálica
A431
Pereiro
A495
Trigueros
La Palma del Condado
S Silvestre de Guzmán
Sanlúcar la Mayor
Gibraleón
A472
Odeleite
E01
Niebla
Guadiana
N431
A492
San Juan del Puerto
E01 (A49)
SEVILLA
Alcalá de Guadaira
A499
Lepe
Castro Marim
Ayamonte
Huelva
A472
A484
Almonte
La Antilla
A497
A494
Moguer
Dos Hermanas
Isla Cristina
El Portil
N442
A483
NIV
A376
Monte Gordo
Vila Real de Santo António
Punta Umbría
El Rocío
Los Palacios y Villafranca
El Acebrón
Mazagón
El Rocina
A362
Marismas del Guadalquivir
A494
Las Rocinas
A483
A364
Costa de la Luz
PARQUE NACIONAL DE DOÑANA
A471
Torre de la Higuera
Las Cabezas de San Juan
Matalascañas
Guadalquivir
A371
Lebrija
NIV
A471
NIV
Trebujena
A443
A4
Golfo de Cádiz
Punta de Maladar
Sanlúcar de Barrameda
E05
Arcos de la Frontera
A480
Jerez de la Frontera
Chipiona
A382
A491
Embalse de Guadalcacín
Guadalete
Rota
CA603
El Puerto de Santa María
Bahía de Cádiz
A393
Puerto Real
A381
Cádiz
San Fernando
Paterna de Rivera
NIV
E05
Chiclana de la Frontera
A390
Medina-Sidonia
La Barrosa
Cabo Roche
Conil de la Frontera
0 10 20 30 40 50 km
0 10 20 30 miles
N340
Vejer de la Frontera
Los Caños de Meca
Barbate
Cabo de Trafalgar
Santa Cruz de Tenerife
Las Palmas de Gran Canaria
Zahara de los Atunes
Punta Camarinal
A
B
C
1
2
3
4
5

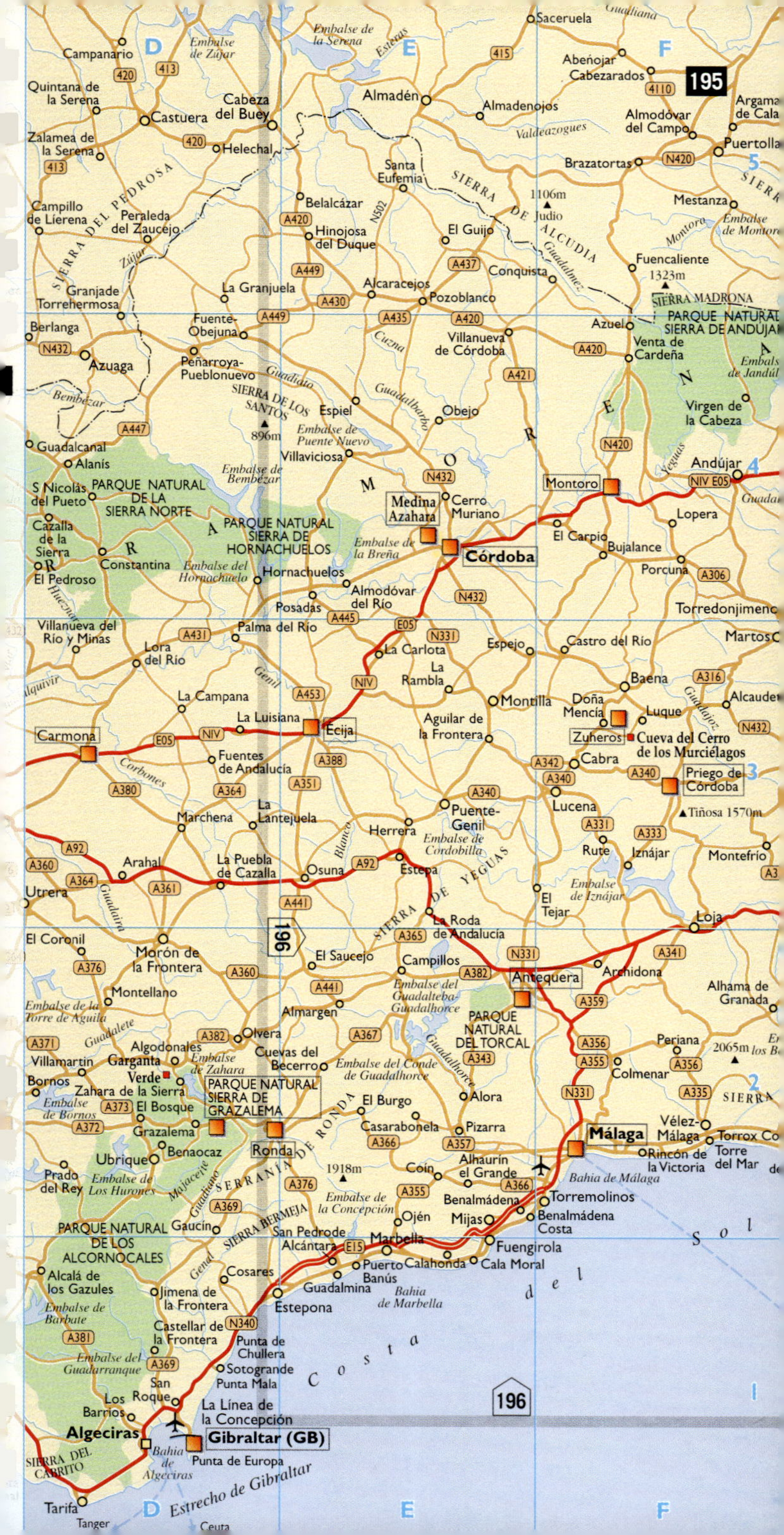
195
D
E
F
Campanario
Embalse de Zújar
Embalse de la Serena
Esteras
Saceruela
Guadiana
Abenójar
Cabezarados
Quintana de la Serena
Castuera
Cabeza del Buey
Almadén
Almadenejos
Almodóvar del Campo
Argamasilla de Calatrava
Puertollano
Valdeazogues
Zalamea de la Serena
Helechal
Santa Eufemia
Brazatortas
SIERRA DEL PEDROSA
SIERRA DE ALCUDIA
1106m Judio
Mestanza
Embalse de Montoro
Campillo de Llerena
Peraleda del Zaucejo
Belalcázar
Hinojosa del Duque
El Guijo
Montoro
Fuencaliente
1323m
Zújar
Conquista
Guadalmez
Granjade Torrehermosa
La Granjuela
Alcaracejos
Pozoblanco
SIERRA MADRONA
PARQUE NATURAL SIERRA DE ANDUJAR
Berlanga
Fuente-Obejuna
Villanueva de Córdoba
Azuel
Venta de Cardeña
Azuaga
Peñarroya-Pueblonuevo
Cuzna
Embalse de Jándula
Bembézar
Guadiato
SIERRA DE LOS SANTOS
896m
Espiel
Guadalbarbo
Obejo
Virgen de la Cabeza
Guadalcanal
Alanís
Embalse de Puente Nuevo
Villaviciosa
Embalse de Bembézar
M O R E N A
Andújar
Yeguas
S Nicolás del Pueto
PARQUE NATURAL DE LA SIERRA NORTE
Medina Azahara
Cerro Muriano
Lopera
Guadalquivir
Cazalla de la Sierra
PARQUE NATURAL SIERRA DE HORNACHUELOS
Embalse de la Breña
Córdoba
El Carpio
Bujalance
Constantina
Embalse del Hornachuelo
Hornachuelos
Porcuna
El Pedroso
Huéznar
Almodóvar del Río
Posadas
Torredonjimeno
Villanueva del Río y Minas
Palma del Río
La Carlota
Espejo
Castro del Río
Martos
Lora del Río
La Rambla
Genil
Baena
Alcaudete
La Campana
Montilla
Doña Mencía
Luque
Guadajoz
La Luisiana
Ecija
Aguilar de la Frontera
Zuheros
Cueva del Cerro de los Murciélagos
Carmona
Fuentes de Andalucía
Cabra
Priego de Córdoba
Corbones
Lucena
Tiñosa 1570m
Marchena
La Lantejuela
Puente-Genil
Embalse de Cordobilla
Herrera
Rute
Iznájar
Montefrío
Arahal
La Puebla de Cazalla
Blanco
Osuna
Estepa
SIERRA DE YEGUAS
Embalse de Iznájar
Utrera
Guadaíra
El Tejar
Loja
196
La Roda de Andalucía
El Coronil
Morón de la Frontera
El Saucejo
Campillos
Antequera
Archidona
Alhama de Granada
Embalse del Guadalteba-Guadalhorce
Montellano
Embalse de la Torre de Aguila
Almargen
PARQUE NATURAL DEL TORCAL
Guadalete
Olvera
Periana
2065m
Villamartin
Algodonales
Garganta Verde
Embalse de Zahara
Cuevas del Becerro
Embalse del Conde de Guadalhorce
Guadalhorce
Colmenar
Bornos
Zahara de la Sierra
PARQUE NATURAL SIERRA DE GRAZALEMA
El Burgo
Alora
SIERRA
Embalse de Bornos
El Bosque
Casarabonela
Pizarra
Vélez-Málaga
Torrox Costa
Grazalema
Ronda
Málaga
Ubrique
Benaocaz
SERRANÍA DE RONDA
1918m
Coín
Alhaurín el Grande
Rincón de la Victoria
Torre del Mar
Prado del Rey
Embalse de Los Hurones
Majaceite
Guadiaro
Bahía de Málaga
Embalse de la Concepción
Benalmádena
Torremolinos
Ojén
Mijas
Benalmádena Costa
Gaucín
SIERRA BERMEJA
San Pedro de Alcántara
Marbella
PARQUE NATURAL DE LOS ALCORNOCALES
Fuengirola
Sol
Puerto Banús
Calahonda
Cala Moral
Alcalá de los Gazules
Genal
Cosares
Bahía de Marbella
del
Jimena de la Frontera
Guadalmina
Estepona
Embalse de Barbate
Castellar de la Frontera
Punta de Chullera
Costa
Embalse del Guadarranque
Sotogrande
Punta Mala
San Roque
Los Barrios
La Línea de la Concepción
Algeciras
Gibraltar (GB)
SIERRA DEL CARRITO
Bahía de Algeciras
Punta de Europa
Estrecho de Gibraltar
Tarifa
Tanger
Ceuta
1
2
3
4
5
A420
A421
A430
A435
A437
A449
A447
A431
A445
A453
A388
A351
A364
A380
A92
A360
A361
A441
A365
A382
A359
A356
A355
A343
A367
A371
A373
A372
A376
A369
A366
A357
A355
A342
A340
A331
A333
A316
A306
A341
A381
E05
E15
N331
N340
N420
N432
N502
NIV
NIV E05
413
415
420
4110

196
195
A
B
C
5
4
3
2
1
Herrera del Duque
Puebla de Don Rodrigo
Porzuna
Embalse de Gasset
Ciudad Real
Daimiel
Manzanares
Agudo
Retama
Piedrabuena
Luciana
Carrión de Calatrava
Saceruela
Guadiana
Embalse de la Serena
Abenójar
Cabezarados
Almagro
Bolaños de Calatrava
Almadén
Almadenojos
Almodóvar del Campo
Argamasilla de Calatrava
Aldea del Roy
Valdepeñas
Puertollano
La Calzada de Calatrava
Brazatortas
Santa Cruz de Mudela
Santa Eufemia
Sierra de Alcudia
1106m
Judio
Mestanza
Sierra Mestanza
Embalse de Montoro
Belalcázar
Hinojosa del Duque
El Guijo
Viso del Marqués
Almuradiel
Fuencaliente
1323m
Conquista
Alcaracejos
Pozoblanco
Sierra Madrona
Parque Natural Sierra de Andújar
Colonia Selladores
Santa Elena
Azuel
Venta de Cardeña
Villanueva de Córdoba
La Carolina
Embalse de Jandúla
Vilches
Arquillos
Embalse del Rumblar
Guarromán
Espiel
Obejo
Virgen de la Cabeza
Baños de la Encina
Embalse de Guadalén
Embalse de Puente Nuevo
Villaviciosa
Andújar
Bailén
Linares
Úbeda
Baeza
Montoro
Guadalquivir
Mengíbar
Medina Azahara
Cerro Muriano
El Carpio
Lopera
Embalse de la Breña
Córdoba
Bujalance
Porcuna
Jimena
Jódar
Mancha Real
Almodóvar del Río
Posadas
Palma del Río
Torredonjimeno
Jaén
Sierra Mágina
2167m
Martos
La Carlota
Espejo
Castro del Río
La Rambla
Baena
Huelma
Alcaudete
Montilla
Doña Mencía
Luque
Campillo de Arenas
Guadahortuna
Écija
Aguilar de la Frontera
Zuheros
Cueva del Cerro de los Murciélagos
Cabra
Priego de Córdoba
Alcalá la Real
Lucena
Tiñosa 1570m
Puente-Genil
Iznalloz
Herrera
Embalse de Cordobilla
Rute
Iznájar
Montefrío
Sierra Arana
1931m
Osuna
Estepa
Sierra de Yeguas
El Tejar
Embalse de Iznájar
Pinos Puente
Santa Fe
Granada
La Roda de Andalucía
Loja
Monachil
El Saucejo
Campillos
Archidona
Sierra Nevada
Antequera
Alhama de Granada
Padul
Pico de Veleta
Embalse del Guadalteba-Guadalhorce
Dúrcal
Capileira
Bubión
Almargen
Parque Natural del Torcal
Jayena
Pampaneira
Periana
2065m
Embalse de los Bermejales
Bérchules
Lanjarón
Embalse del Conde de Guadalhorce
Colmenar
Órgiva
El Burgo
Alora
Sierra de Almijara
Cuevas de Nerja
Motril
Casarabonela
Pizarra
Málaga
Vélez-Málaga
Torrox Costa
Nerja
Almuñécar
Salobreña
Rincón de la Victoria
Torre del Mar
Punta de Torrox
Balcón de Europa
Torrenueva
Cabo Sacratif
1918m
Coín
Alhaurín el Grande
Bahía de Málaga
Embalse de la Concepción
Benalmádena
Torremolinos
Ojén
Mijas
Benalmádena Costa
San Pedro de Alcántara
Marbella
Fuengirola
Puerto Banús
Calahonda
Cala Moral
Guadalmina
Bahía de Marbella
Estepona
Costa del Sol
Melilla

D
E
F
Argamasilla de Alba
N310
Embalse de Peñarroya
N400
Munera
Barrax
La Gineta
N322
Casas de Juan Núñez
N430
Albacete
Ruidera
Ossa de Montiel
Chinchilla de Monte Aragón
La Solana
A430
Lagunas de Ruidera
El Bonillo
Balazote
N322
N430
5
Azuer
Villanueva de los Infantes
412
Villahermosa
3127
Viveros
SIERRA DE ALCARAZ
Peñas de San Pedro
N301
Cózar
3129
3202
Alcaraz
Bogarra
3203
Ontur
Tobarra
Albaladejo
Guadalmena
412
3200
N322
Ayna
Mundo
Embalse de Talave
Hellín
3129
Génave
Riopar
412
Elche de la Sierra
412
3212
Embalse de Guadalmena
Venta de los Santos
A310
Segura
Embalse de la Fuensanta
Yeste
Embalse del Cenajo
Embalse de Camarillas
Guadalén
Guadalimar
Orcera
Segura de la Sierra
PARQUE NATURAL DE CAZORLA Y SEGURA
Socovos
MURCIA
Santisteban del Puerto
Castellar de Santisteban
4
A312
Hornos
Moratalla
Calasparra
Embalse de Alfonso XIII
Villanueva del Arzobispo
SIERRA DE SEGURA
Embalse de la Novia
SIERRA DE TAIBILLA
415
3314
Navas de San Juan
Embalse del Tranco de Beas
Caravaca de la Cruz
330
Cehegín
Embalse de la Cierva
Villacarrillo
Guadalquivir
Argos
415
N322
Mogón
Segura
Bullas
Mula
Mula
Sabiote
A319
3211
A315
A330
Quípar
Embalse de Doña Aldonza
Peal de Becerro
A319
Iruela
2107m
Las Empanadas
Puebla de Don Fadrique
Topares
La Paca
1585m
SIERRA DE ESPUÑA
SIERRA DE CAZORLA
Cazorla
A317
Embalse de Valdeinfierno
Quesada
N326
Luchena
Jandulilla
Guadiana Menor
Castril
Huéscar
Totana
Guardal
Galera
Vélez Blanco
María
Embalse de Puentes
Castril
Pozo Alcón
3
Cabra del Santo Cristo
A330
Játar
Lorca
Vélez Rubio
Embalse del Negratín
Cúllar de Baza
A92N
Puerto-Lumbreras
Alamedilla
A315
Zújar
SIERRA DE LAS ESTANCIAS
SIERRA DE LA ALMENARA
884m
Talayón
Fardes
A327
E15
Pedro Martínez
Baza
Oria
Santa María de Nieva
N340
Moreda
Caniles
Águilas
A401
La Venta
Olula del Río
Huércal-Overa
A332
PARQUE NATURAL DE LA SIERRA DE BAZA
2228m
Santa Bárbara
SIERRA DE BAZA
Serón
A334
Cantoria
Almanzora
Cuevas del Almanzora
Guadix
A92
SIERRA DE LOS FILABRES
Vera
Palomares
Tahal
Garrucha
La Calahorra
Fiñana
A349
N340
A370
Punta del Cantal
Costa Blanca
PARQUE NATURAL SIERRA NEVADA
A337
Abla
Gérgal
Sorbas
Turre
Mojácar
2
SIERRA NEVADA
3481m
Mulhacén
A92
Tabernas
A370
Texas Hollywood
Cuevas de Sorbas
Canjáyar
Mini Hollywood
SIERRA DE ALHAMILLA
1359m
Carboneras
Trevélez
Yegen
A348
N341
Bérchules
Laujar de Andarax
Illar
Níjar
PARQUE NATURAL DE CABO DE GATA NÍJAR
Las Alpujarras
Ugíjar
Cueva de los Millares
Las Negras
A345
SIERRA DE GADOR
E15
Río Guadalfeo
A337
2236m
Aguadulce
Almería
Punta Polacra
Berja
A358
SIERRA DE GATA
Albuñol
Golfo de Almería
Castell de Ferro
N340
E15
El Ejido
A358
Roquetas de Mar
Cabo de Gata
San José
Adra
Balanegra
Vela Blanca
lahonda
Punta de los Baños
Punta del Sabinar
1
0
10
20
30
40
50 km
0
10
20
30 miles
Melilla
D
E
F

Córdoba

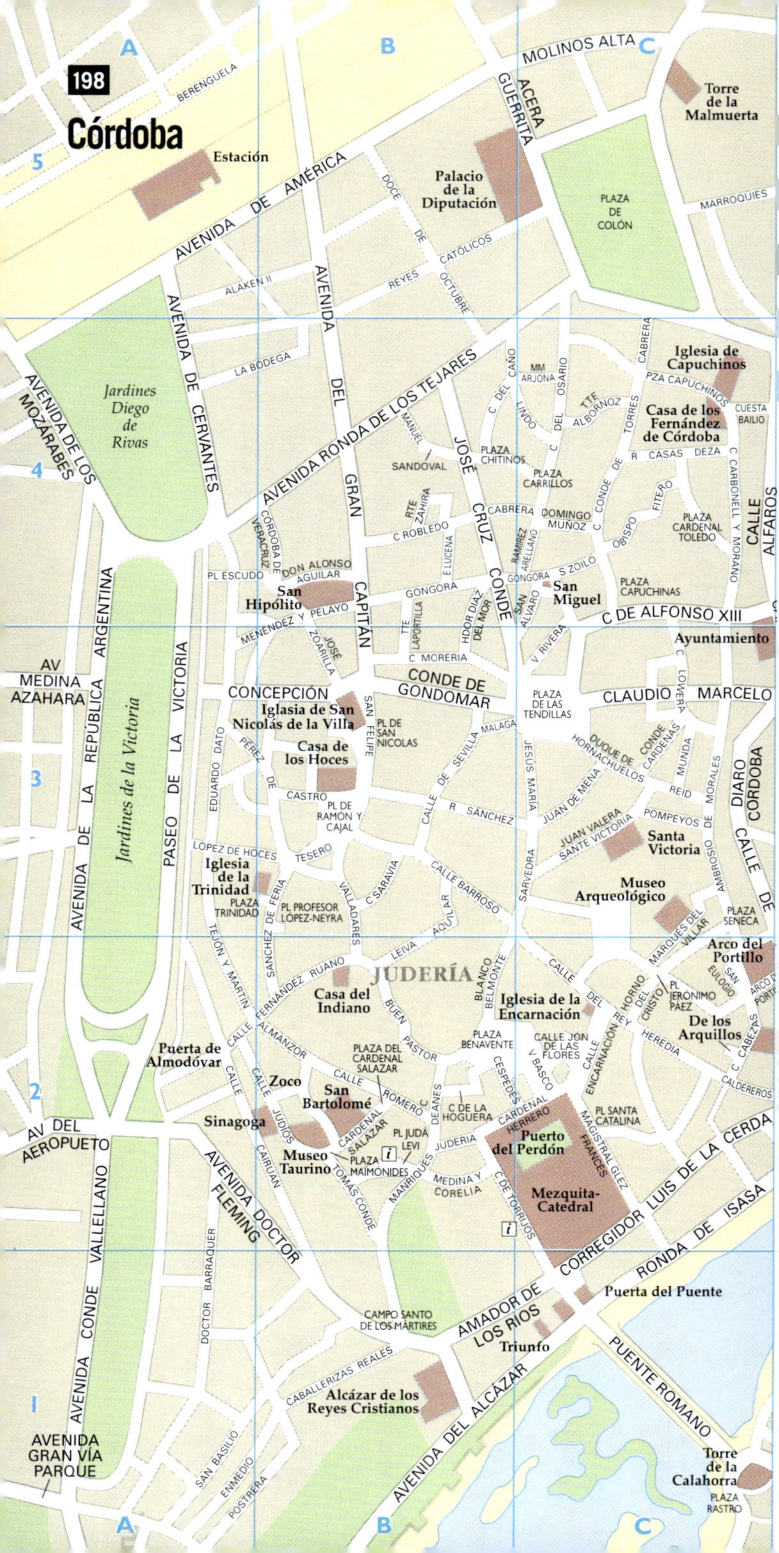
A
B
C
5
4
3
2
1
Estación
Berenguela
Molinos Alta
Torre de la Malmuerta
Acera Guerrita
Palacio de la Diputación
Plaza de Colón
Marroquíes
Avenida de América
Doce de Octubre
Católicos
Reyes
Alaken II
Avenida del Gran Capitán
Avenida de Cervantes
La Bodega
Jardines Diego de Rivas
Avenida de los Mozárabes
Avenida Ronda de los Tejares
Iglesia de Capuchinos
Pza Capuchinos
Casa de los Fernández de Córdoba
Cuesta Bailío
Cabrera
Torres
MM Arjona
C del Caño
Osario
Lindo
C del
Tte Albornoz
Manuel
Sandoval
José Cruz Conde
Plaza Chitinos
Plaza Carrillos
R Casas
Deza
C Carbonell y Morano
Calle Alfaros
Rte Zahira
C Robledo
Cabrera
Domingo Muñoz
C Conde de
Obispo
Fitero
Plaza Cardenal Toledo
E Lucena
Ramírez Arellano
Góngora
S Zoilo
Córdoba de Veracruz
Don Alonso Aguilar
PL Escudo
San Hipólito
Góngora
San Miguel
Plaza Capuchinas
Menéndez y Pelayo
Tte Laportilla
Hdor Díaz del Mor
San Álvaro
C de Alfonso XIII
Ayuntamiento
José Zoarilla
C Morería
V Rivera
AV Medina Azahara
Argentina
Avenida de la República
Paseo de la Victoria
Jardines de la Victoria
Conde de Gondomar
Concepción
Iglasia de San Nicolás de la Villa
San Felipe
PL de San Nicolás
Plaza de las Tendillas
Claudio Marcelo
Lowera
Málaga
Calle de Sevilla
Casa de los Hoces
Pérez de
Eduardo Dato
Castro
PL de Ramón y Cajal
R Sánchez
Jesús María
Duque de Hornachuelos
Conde Cárdenas
Munda
Juan de Mena
Reid
Morales
Diario Córdoba
Calle de
Pompeyos
Juan Valera
Sante Victoria
Santa Victoria
López de Hoces
Tesero
Iglesia de la Trinidad
Plaza Trinidad
Feria
PL Profesor López-Neyra
Valladares
C Saravia
Aguilar
Calle Barroso
Sarvedra
Museo Arqueológico
Ambrosio de
Plaza Séneca
Marqués del Villar
Arco del Portillo
San Eulogio
Arco de Portillo
Tejón y Martín
Sánchez de
Leiva
Judería
Ruano
Fernández
Blanco Belmonte
Calle del
PL Jerónimo Páez
Casa del Indiano
Buen Pastor
Iglesia de la Encarnación
Horno del Cristo
Rey
Heredia
De los Arquillos
C Cabezas
Puerta de Almodóvar
Calle
Almanzor
Plaza del Cardenal Salazar
Plaza Benavente
Calle Jon de las Flores
V Basco
Calle Encarnación
Caldereros
Zoco
Calle Romero
San Bartolomé
C Deanes
C de la Hoguera
Céspedes
PL Santa Catalina
Sinagoga
Judíos
Cardenal Salazar
PL Judá Levi
Judería
Cardenal Herrero
Puerto del Perdón
Magistral Glez
Francés
Luis de la Cerda
Av del Aeropuerto
Museo Taurino
Plaza Maimónides
Tomás Conde
Cairuán
Manriques
Medina y Corelia
C de Torrijos
Mezquita-Catedral
Corregidor
Ronda de Isasa
Avenida Doctor Fleming
Doctor Barraquer
Avenida Conde Vallellano
Campo Santo de los Mártires
Amador de los Ríos
Puerta del Puente
Triunfo
Puente Romano
Caballerizas Reales
Alcázar de los Reyes Cristianos
Avenida del Alcázar
Avenida Gran Vía Parque
San Basilio
Enmedio
Postrera
Torre de la Calahorra
Plaza Rastro

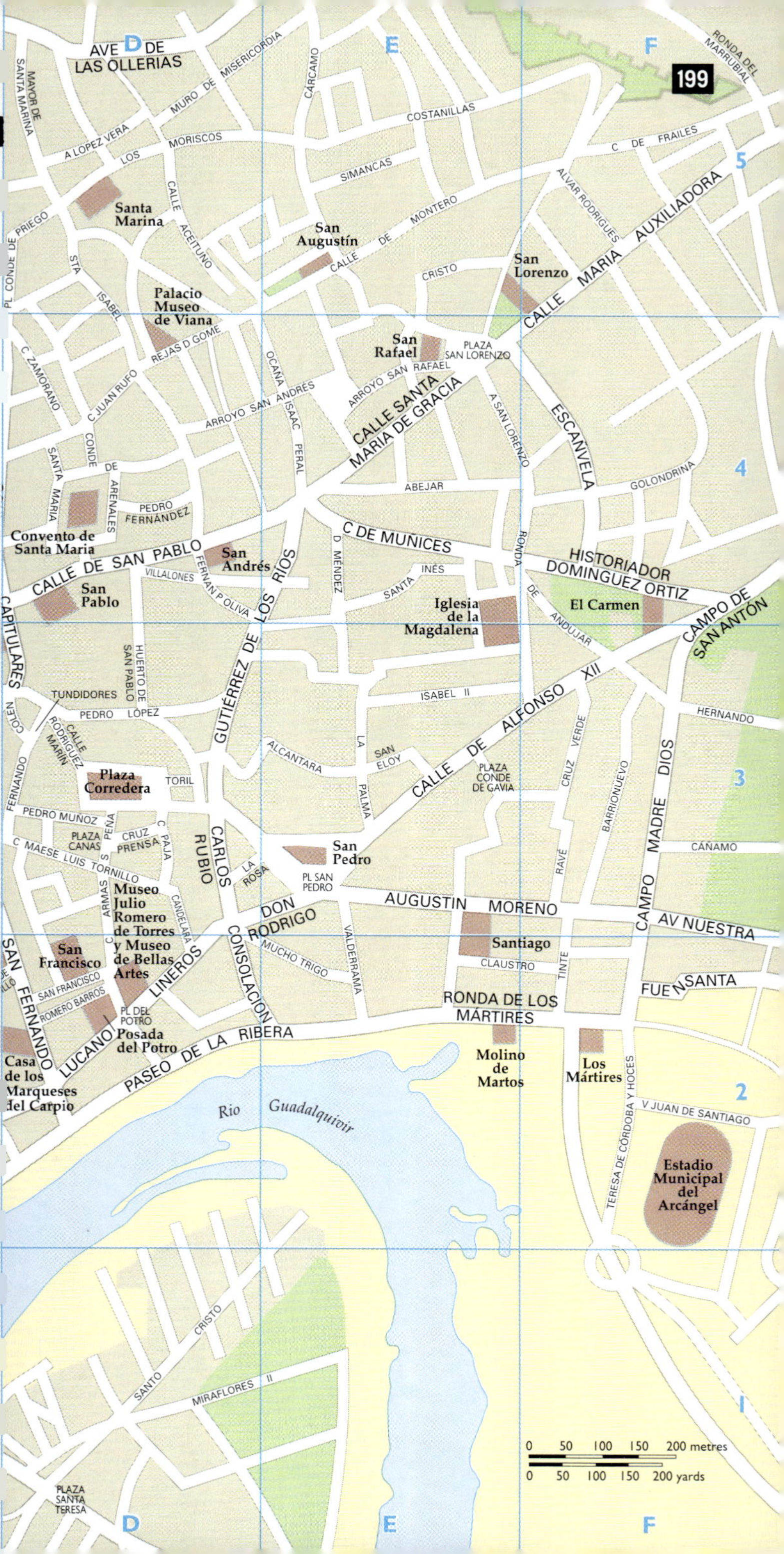
D
E
F
5
4
3
2
1
AVE DE LAS OLLERIAS
MAYOR DE SANTA MARINA
MURO DE MISERICORDIA
CARCAMO
RONDA DEL MARRUBIAL
COSTANILLAS
A LOPEZ VERA
LOS MORISCOS
C DE FRAILES
SIMANCAS
ALVAR RODRIGUES
CALLE MARIA AUXILIADORA
Santa Marina
CALLE ACEITUNO
PL CONDE DE PRIEGO
San Augustín
CALLE DE MONTERO
STA ISABEL
CRISTO
San Lorenzo
Palacio Museo de Viana
REJAS D GOME
San Rafael
PLAZA SAN LORENZO
ARROYO SAN RAFAEL
C ZAMORANO
C JUAN RUFO
OCAÑA
ISAAC PERAL
CALLE SANTA MARIA DE GRACIA
A SAN LORENZO
ESCAÑVELA
ARROYO SAN ANDRÉS
CONDE DE ARENALES
SANTA MARIA
ABEJAR
GOLONDRINA
PEDRO FERNÁNDEZ
Convento de Santa Maria
C DE MUÑICES
CALLE DE SAN PABLO
San Andrés
VILLALONES
FERNAN P OLIVA
GUTIÉRREZ DE LOS RIOS
D MÉNDEZ
RONDA
HISTORIADOR DOMINGUEZ ORTIZ
SANTA INÉS
Iglesia de la Magdalena
El Carmen
San Pablo
RONDA DE ANDUJAR
CAMPO DE SAN ANTÓN
CAPITULARES
HUERTO DE SAN PABLO
TUNDIDORES
ISABEL II
HERNANDO
PEDRO LÓPEZ
COLÓN
CALLE RODRIGUEZ MARÍN
CALLE DE ALFONSO XII
ALCANTARA
LA PALMA
SAN ELOY
CRUZ VERDE
BARRIONUEVO
CAMPO MADRE DIOS
FERNANDO
Plaza Corredera
TORIL
PLAZA CONDE DE GAVIA
PEDRO MUÑOZ
PLAZA CANAS
S PEÑA
CRUZ PRENSA
C PAJA
RUBIO
CARLOS
San Pedro
CÁÑAMO
C MAESE LUIS TORNILLO
LA ROSA
PL SAN PEDRO
RAVÉ
ARMAS
Museo Julio Romero de Torres y Museo de Bellas Artes
CANDELARIA
DON RODRIGO
AUGUSTIN MORENO
AV NUESTRA
San Francisco
LINEROS
CONSOLACIÓN
MUCHO TRIGO
VALDERRAMA
Santiago
CLAUSTRO
TINTE
SAN FERNANDO
SAN FRANCISCO
ROMERO BARROS
PL DEL POTRO
RONDA DE LOS MÁRTIRES
FUENSANTA
Posada del Potro
LUCANO
PASEO DE LA RIBERA
Molino de Martos
Los Mártires
Casa de los Marqueses del Carpio
Rio Guadalquivir
V JUAN DE SANTIAGO
TERESA DE CÓRDOBA Y HOCES
Estadio Municipal del Arcángel
CRISTO
SANTO
MIRAFLORES II
0 50 100 150 200 metres
0 50 100 150 200 yards
PLAZA SANTA TERESA

Granada

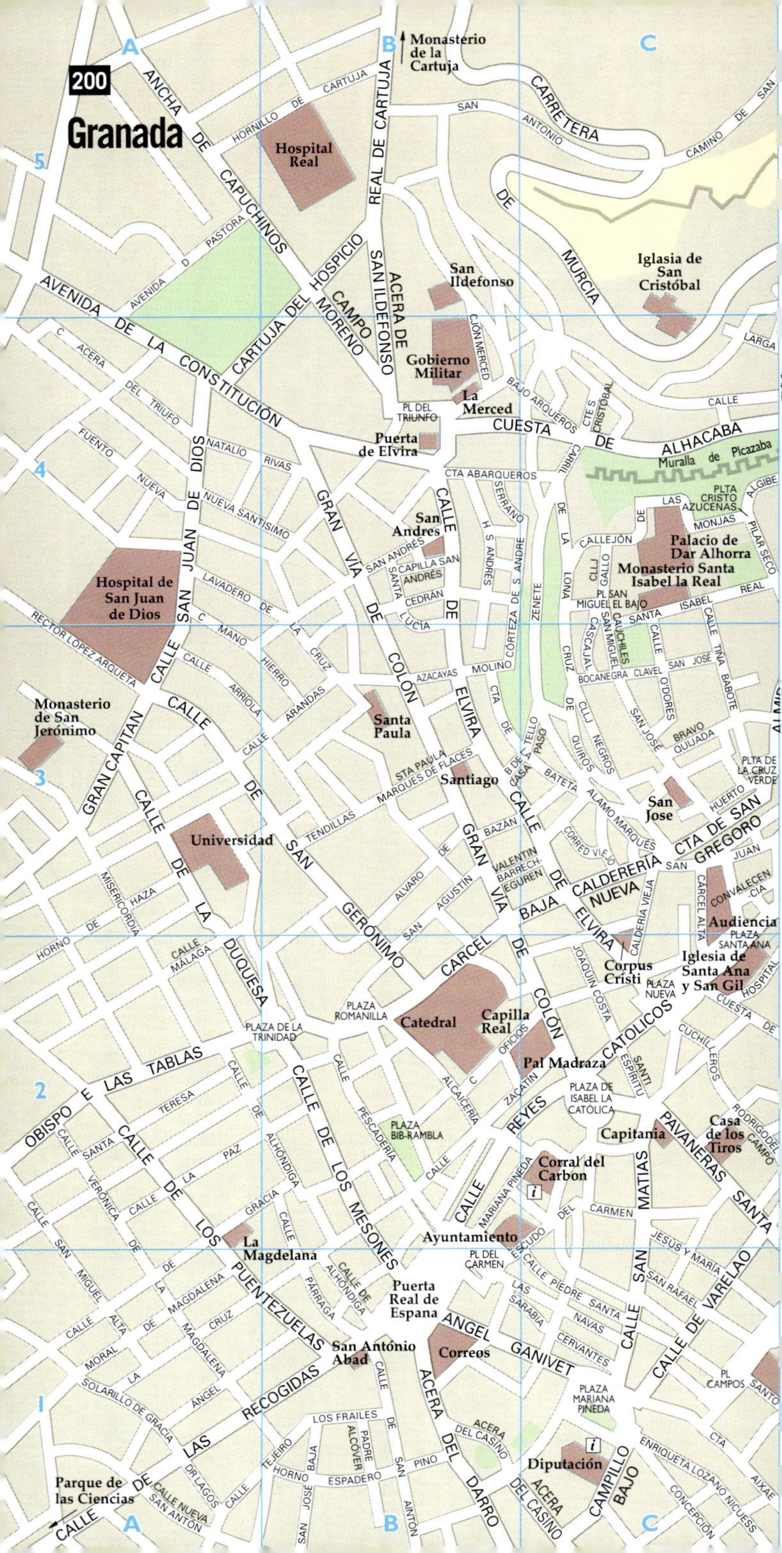
A
B
C
5
4
3
2
1
Monasterio de la Cartuja
Hospital Real
San Ildefonso
Gobierno Militar
La Merced
Puerta de Elvira
Iglasia de San Cristóbal
Muralla de Plcazaba
Palacio de Dar Alhorra
Monasterio Santa Isabel la Real
San Andres
Hospital de San Juan de Dios
Monasterio de San Jerónimo
Santa Paula
Santiago
San Jose
Universidad
Audiencia
Iglesia de Santa Ana y San Gil
Corpus Cristi
Catedral
Capilla Real
Pal Madraza
Capitania
Casa de los Tiros
Corral del Carbon
La Magdelana
Ayuntamiento
Puerta Real de Espana
San António Abad
Correos
Diputación
Parque de las Ciencias
Plaza Bib-Rambla
Plaza Romanilla
Plaza de la Trinidad
Plaza de Isabel la Católica
Plaza Nueva
Plaza Santa Ana
Plaza Mariana Pineda
Pl del Carmen
Pl del Triunfo
Pl Campos
Ancha de Capuchinos
Avenida de Pastora
Avenida de la Constitución
Cartuja del Hospicio
Campo Moreno
Real de Cartuja
Acera de San Ildefonso
Carretera de Murcia
Camino de San
Cuesta de Alhacaba
Gran Via de Colón
Calle de Elvira
Calle San Juan de Dios
Gran Capitan
Calle de San Geronimo
Calle de la Duquesa
Obispo e las Tablas
Calle de los Mesones
Calle de los Puentezuelas
Las Recogidas
Calle Reyes Católicos
Calle de Colón
Carcel Baja
Calderería Nueva
Cta de San Gregoro
Pavaneras
Calle San Matias
Calle de Varelao
Angel Ganivet
Acera del Darro
Acera del Casino
Campillo Bajo
Enriqueta Lozano Nicuess
Concepción
Rector Lopez Arqueta
Cuesta de Hospital
Calle Piedre Santa
Jesus y Maria
San Rafael
Sarabia
Navas
Cervantes
Zacatin
Alcaiceria
Pescaderia
Mariana Pineda
Escudo del Carmen
Calle Nueva San Anton
Solarillo de Gracia
Los Frailes
Padre Alcover
Espadero
San Anton
Horno de Haza
Misericordia
Teresa
Santa Verónica
Calle de Gracia
Magdalena
Sta Paula
Marques de Flaces
Tendillas
Alvaro de Bazan
San Agustin
Valentin Barrech-Eguren
Zenete
Azacayas
Molino
Bocanegra
Clavel
San Jose
Tina
Babote
Bravo
Quijada
Plta de la Cruz Verde
Alamo Marques
Correo Viejo
Cuchilleros
Rodrigo del Campo
Santi Espiritu
Oficios
Cta Abarqueros
Bajo Arqueros
Natalio Rivas
Nueva Santisimo
Lavadero de la Cruz
Mano de Hierro
Arandas
Arriola
Triufo
Fuento Nueva

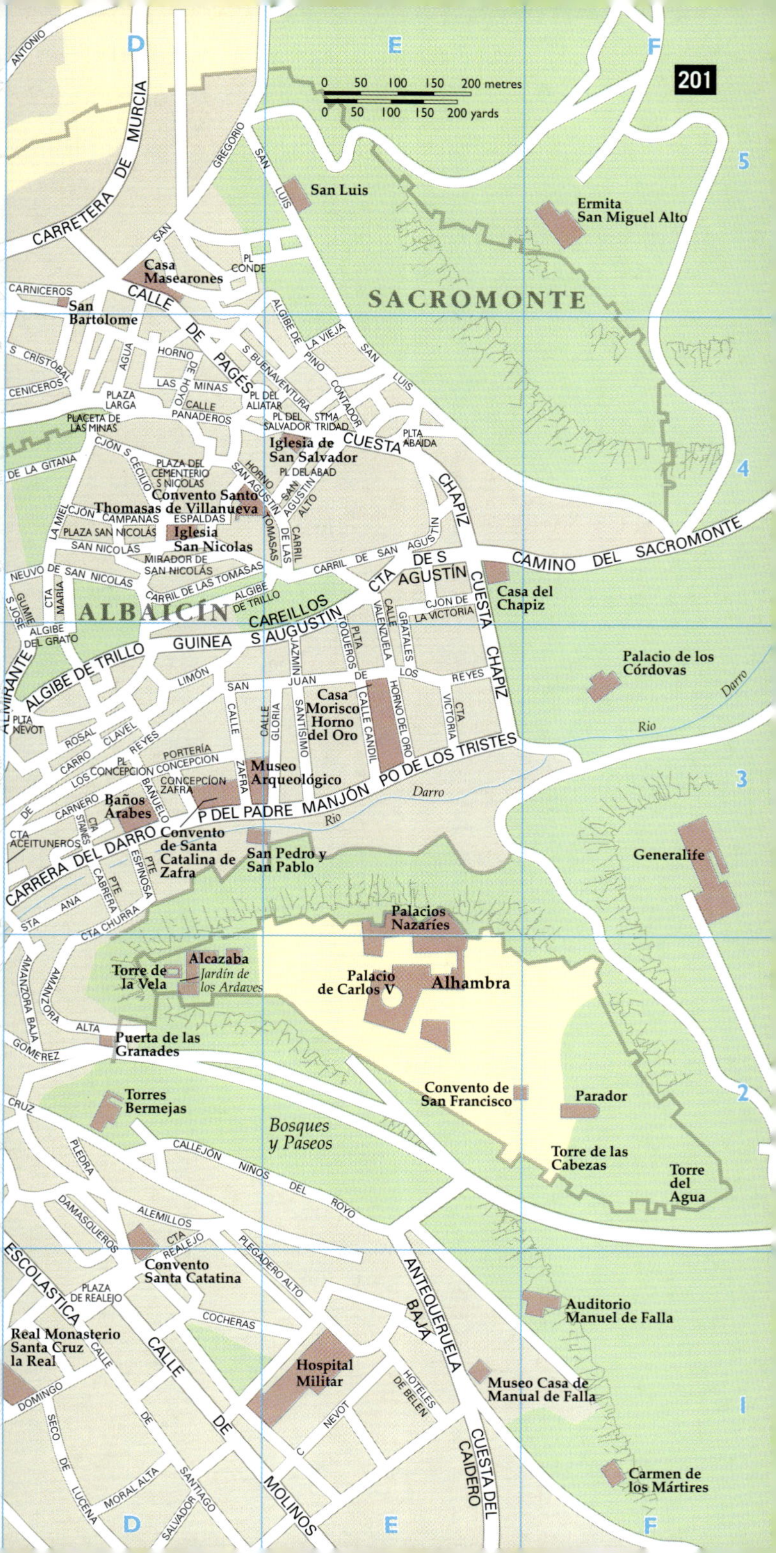

D
E
F
0 50 100 150 200 metres
0 50 100 150 200 yards
5
4
3
2
1
SACROMONTE
ALBAICÍN
San Luis
Ermita San Miguel Alto
Casa Masearones
San Bartolome
Iglesia de San Salvador
Convento Santo Thomasas de Villanueva
Iglesia San Nicolas
Casa del Chapiz
Palacio de los Córdovas
Casa Morisco Horno del Oro
Museo Arqueológico
Baños Árabes
Convento de Santa Catalina de Zafra
San Pedro y San Pablo
Generalife
Palacios Nazaríes
Alcazaba
Torre de la Vela
Jardín de los Ardaves
Palacio de Carlos V
Alhambra
Puerta de las Granades
Torres Bermejas
Convento de San Francisco
Parador
Bosques y Paseos
Torre de las Cabezas
Torre del Agua
Convento Santa Catatina
Real Monasterio Santa Cruz la Real
Hospital Militar
Auditorio Manuel de Falla
Museo Casa de Manual de Falla
Carmen de los Mártires
ANTONIO
CARRETERA DE MURCIA
GREGORIO
SAN LUIS
SAN
PL CONDE
CARNICEROS
CALLE DE PAGÉS
ALGIBE DE PINO
LA VIEJA
SAN LUIS
S CRISTÓBAL
AGUA
HORNO DE HOYO
S BUENAVENTURA
CONTADOR
CENICEROS
LAS MINAS
PLAZA LARGA
CALLE PANADEROS
PL DEL ALIATAR
PLACETA DE LAS MINAS
PL DEL SALVADOR
STMA TRIDAD
CUESTA
PLTA ABAIDA
CJÓN S CECILIO
DE LA GITANA
PLAZA DEL CEMENTERIO S NICOLAS
HORNO SAN AGUSTÍN
SAN AGUSTÍN ALTO
PL DEL ABAD
CHAPIZ
LA MIEL
CJÓN CAMPANAS
ESPALDAS
PLAZA SAN NICOLÁS
TOMASAS
CARRIL DE LAS
SAN NICOLÁS
MIRADOR DE SAN NICOLÁS
CARRIL DE SAN AGUSTÍN
CAMINO DEL SACROMONTE
NEUVO DE SAN NICOLÁS
CARRIL DE LAS TOMASAS
ALGIBE DE TRILLO
CTA DE S AGUSTÍN
CUESTA CHAPIZ
S JOSÉ
GUMIE
CTA MARIA
CARELLOS
CALLE VALENZUELA
CJON DE LA VICTORIA
ALGIBE DEL GRATO
GUINEA
S AGUSTÍN
JAZMÍN
PLTA TOQUEROS
GRATALES
ALMIRANTE
ALGIBE DE TRILLO
LIMÓN
SAN JUAN DE LOS REYES
CALLE
CALLE GLORIA
SANTISIMO
CALLE CANDIL
HORNO DEL ORO
VICTORIA
CTA
Darro
Rio
PLTA NEVOT
ROSAL
CLAVEL
REYES
CARRO
PL LOS CONCEPCIÓN
PORTERÍA CONCEPCION
CONCEPCIÓN ZAFRA
ZAFRA
BAÑUELO
P DEL PADRE MANJÓN
PO DE LOS TRISTES
Darro
Rio
DE
CARNERO
STAINES
CTA
CTA ACEITUNEROS
CARRERA DEL DARRO
PTE ESPINOSA
PTE CABRERA
ANA
STA
CTA CHURRA
AMANZORA BAJA
AMANZORA ALTA
GOMEREZ
CRUZ
PIEDRA
CALLEJÓN NIÑOS DEL ROYO
DAMASQUEROS
ALEMILLOS
CTA REALEJO
PLEGADERO ALTO
ESCOLASTICA
PLAZA DE REALEJO
ANTEQUERUELA BAJA
COCHERAS
CALLE
DOMINGO
CALLE DE MOLINOS
HOTELES DE BELÉN
NEVOT
C
SECO DE LUCENA
DE
MORAL ALTA
SANTIAGO
SALVADOR
CUESTA DEL CAIDERO

Sevilla
Isla de La Cartuja (EXPO '92)
Río Guadalquivir
Canal de Alfonso XIII
LA MACARENA
CENTRO
SANTA CRUZ
TRIANA
Monasterio de San Clemente
Basilicá de la Macarena
Convento de Capuchinos
Hospital Santa Cruz
Convento de Santa Clara
San Lorenzo
Iglesia de San Luis
Santa Marina
Convento Santa Isabel
Convento de Santa Paula
Cuartel del Carmen
Palacio de las Dueñas
Policia
San Andrés
San Pedro
Museo de Bellas Artes
Casa de la Condesa de Lebrija
La Magdalena
Convento de San Leandro
Casa de Pilatos
Cappilla de San José
San Salvador
Ayuntamiento
Mercado de Pescado
Mercado de Entradores
Palacio Arzobispal
Santa Cruz
Giralda
Santa Maria la Blanca
Plaza de Toros de la Maestranza
Catedral Santa Maria de la Sede
Casa de Murillo
Hospicio de los Venerables Sacerdotes
Archivo de Indias
Reales Alcázares
Hospital de la Caridad
Santa Ana
Torre del Oro
Jardines del Alcázar
Jardines de Murillo
Palacio de Justicia
Estación de Autobuses
Hotel Alfonso XIII
Universidad
Palacio de San Telmo
Prado San Sebastián
Teatro Lope de Vega
Pab de Uruguay
Parque de María Luisa
Plaza de España
Capitania General
Museo de Artes y Costumbres Populares
Museo Arqueológico
Club Naútico
CALLE DE RESOLANA ANDUEZA
CALLE DE BÉCQUER
C PERAL
CALLE DE LA FERIA
C MUNOZ LEON
Murallas
RONDA DE CAPUCHINOS
C SANTA
C LUMBRERAS
C DE RELATOR
C ARRAYÁN
CALLE DE SAN LUIS
CALLE DEL TORNEO
SAN VICENTE
CALLE JESUS DEL GRAN TRAJANO
ALAMEDA
AMOR DE DIOS DE HERCULES
CALLE MATA
JUAN RABADAN
CONDE DE BARAJAS
CALLE CASTELLAR
BUSTOS TAVERA
CALLE DEL SOL
CALLE MARIA AUXILIADORA
PLAZA DE LA GAVIDIA
CALLE GERONA
CALLE MARQUÉS DE PARADAS
ALFONSO XII
CAMPAÑA
PLAZA DEL DUQUE DE LA VICTORIA
C DE LARAÑA
IMAGEN
PLAZA PONCE DE LEÓN
C MEJIAS
C DEL RECAREDO
C AMADOR DE LOS RIO
AV DEL CRISTO DE LA EXPIRACION
C DE SAN ELOY
CALLE O'DONNELL
CALLE SIERPES
TETUÁN
R CATÓLICIS SAN PABLO
CALLE DE ARJONA
VIRGENES
C AGUILAS SAN ESTEBAN
PLAZA DE SAN FRANCISCO
PLAZA NUEVA
CALLE MADRID ZARAGOZA
AVENIDA DE LA CONSTITUCIÓN
ARGOTE DE MOLINA
SAN JOSE
PL DE VIRGEN LOS REYES
PELAYO
PLAZA VIRGEN DE LOS REYES
CALLE DE ADRIANO
PUENTE DE ISABEL II
PASEO DE CRISTOBAL COLÓN
DEMETRIO DE LOS RIOS
PLAZA DEL TRIUNFO
PLAZA DOÑA ELVIRA
PLAZA DE SANTA CRUZ
CALLE DE MENENDEZ
CAPITÁN VIGERAS
CALLE DEL BETIS
PAGES DEL CORRO
PUERTA DE JEREZ
CALLE SAN FERNANDO
PLAZA D JUAN DE AUSTRIA
AVENIDA DE CARLOS V
PUENTE DE SAN TELMO
PLAZA DE CUBA
AV DE ROMA
AV DE PORTUGAL
PASEO DE LAS DELICIAS
AV DE MARIA LUISA
AV DE ISABEL LA CATÓLICA
AVENIDA DE PIZARRO
PTE DEL GENERALISIMO
AV SANTIAGO MONTOTO
PRES CARRERO BLANCO
C BRASIL
C PORVENIR
CALLE DE FELIPE II
AVENIDA DE BORBOLLA
PLAZA DE AMERICA
PUENTE DE ALFONSO XIII
AV DE MOLINI
AV DE ERITANA
C COLUMBIA
A B C
1 2 3 4 5
1 C VELAZQUES
2 CERRAJERÍA
3 C MENDEZ-NUÑEZ
4 ALBAREDA
5 C GOLFO
6 PL DE LA ALFALFA
7 C ALVAREZ QUINTERO
8 C HERNANDO COLÓN
9 ALEMANES
10 C G VINUESA
11 RODO
12 MATEUS GAGO
13 RODRIGO CARO
14 C MESÓN DEL MORO
15 LÓPEZ ARENAS
16 C DE LEVÍES
17 PL DE PILATOS
18 CJÓN DE DOS HERMANAS
19 LOPE DE RUEDA
20 PL DE LOS VENERABLES
0 100 200 300 400 metres
0 100 200 300 400 yards

Abbildungsnachweis

Die Automobile Assiciation dankt den nachfolgend aufgeführten Fotografen und Agenturen für ihre Unterstützung bei der Herstellung dieses Buches.
Vorder- und Rückseite des Umschlags: (o) AA Photo Library/Peter Wilson; (m) AA Photo Library/Peter Wilson; (u) AA Photo Library/Gettyone/Stone.
AKG, LONDON 7u, 22o, 22ml, 22mr, 22u, 25o; ANDALUCIA SLIDE LIBRARY/MICHELLE CHAPLOW 2o, 5, 17, 26u, 27u, 28u, 31o, 31u, 46, 49o, 63o, 64u, 92u, 102 (D. Kinnear), 110u, 128, 182, 184; BRIDGEMAN ART LIBRARY, LONDON 116 Ansichten von *maqsura* und *mihrab*, erbaut unter Al-Hakam II., 976 n. Chr. (Foto) Mezquita (Große Moschee) Córdoba, Spanien, 149 *Die Apotheose des hl. Thomas von Aquin*, 1631 von Francisco de Zurbaran (1598–1664) Museo de Bellas Artes, Sevilla, Spanien; BRUCE COLEMAN COLLECTION 124u, 158, 159; CORBIS UK LTD 9o (Adam Woolfitt), JAMES DAVIS TRAVEL PHOTOGRAPHY 2mu, 45, 92o; ROGER DAY 79o; MARY EVANS PICTURE LIBRARY 8m, 9m, 15o, 15u, 23, 24l; EYE UBIQUITOUS 18o, 19o, 19u, 20o, 30o, 115, 146/147, 147, 161o, 172; DES HANNIGAN 3mu, 7o, 50o, 55, 59o, 60, 66, 87, 94, 96o, 100/101, 114o, 118, 120, 120/121, 124m, 138u, 141r, 162, 169, 170, 171l, 171r, 173, 175, 176, 179, 180; HULTON GETTY 13, 24r, 25u; MUSEO DEL BANDOLERO 10or, 10m; PICTOR INTERNATIONAL, LONDON 16, 80u, 151; PICTURES COLOUR LIBRARY 2mo, 2u, 3o, 3u, 20m, 33, 61o, 77, 81o, 84, 90, 93, 109, 125, 141l, 156, 161u, 185; POWERSTOCK/ZEFA 20u; REAL ESCUELA ANDALUZA DE ARTE ECUESTRE, JEREZ 57o Fotografie zur Verfügung gestellt von der Königlichen Schule; REX FEATURES LTD 6u, 14, 18u; THE ARTARCHIVE 49mr, 88/89, 119; THE TRAVEL LIBRARY 25o, 49ml, 78, 97, 99, 101, 112o, 139; PETER WILSON 85, 112u; WORLD PICTURES LTD 10–12, 21, 28/29, 56, 79u, 80/81, 82/83o, 96u.
Alle anderen Abbildungen stammen aus dem Archiv der Automobile Association (AA PHOTO LIBRARY) und wurden von PETER WILSON fotografiert, mit Ausnahme von: Michelle Chaplow 8o, 27o, 27m, 47u, 49u, 52, 88, 100, 110o, 111, 113o, 113u, 121, 127o, 127u, 128-130, 129, 140u, 160u, 178, 189o, 189mr; Jerry Edmanson 29, 53, 82/83u, 84/85, 86, 126, 140o, 146, 158/159; Andrew Molyneux 142r, 144/145, 145; Jens Poulsen 65u; Douglas Robertson 6o, 8u, 59m, 81m, 89, 91, 94/95, 103, 114u, 122, 123, 160o, 181; James Tims 47o, 47m, 48r, 50u, 61u, 62, 63u, 64o, 65o, 189ml.

Abkürzungen: (o) oben; (u) unten; (l) links; (r) rechts; (m) Mitte.

Danksagung

Des Hannigan dankt den hilfsbereiten Mitarbeitern der Touristenbüros in Alméria und Córdoba, den Touristenämtern in Cádiz, Jerez de la Frontera, Sanlúcar de Barrameda und Granada. Spezieller Dank geht auch an Paula Moreno Robledo aus Carmona und Cele Cuesta aus Montefrío sowie an Ana Griffin, Pam und Rob Murray, Josephine Quintero und zahlreiche Freunde in Andalusien, die zum Gelingen des vorliegenden Bandes maßgeblich beigetragen haben.

spirallo REISEFÜHRER

Leserbefragung

Ihre Ratschläge, Urteile und Empfehlungen sind für uns sehr wichtig. Wir bemühen uns, unsere Reiseführer ständig zu verbessern. Wenn Sie sich ein paar Minuten Zeit nehmen, diesen kleinen Fragebogen auszufüllen, könnten Sie uns sehr dabei helfen.

Wenn Sie diese Seite nicht herausreißen möchten, können Sie uns auch eine Kopie schicken, oder Sie notieren Ihre Hinweise einfach auf einem separaten Blatt.

Bitte senden Sie Ihre Antwort an:
Spirallo Reiseführer, Falk Verlag, Postfach 31 51, D-73751 Ostfildern
E-Mail: spirallo@mairs.de

Über dieses Buch …
spirallo Reiseführer **ANDALUSIEN**

Wo haben Sie das Buch gekauft? ______________________

Wann? Monat / Jahr

Warum haben Sie sich für einen Titel dieser Reihe entschieden? ______________________

Wie fanden Sie das Buch?

Hervorragend ☐ Genau richtig ☐ Weitgehend gelungen ☐ Enttäuschend ☐

Können Sie uns Gründe angeben?

Bitte umblättern …

Hat Ihnen etwas an diesem Führer ganz besonders gut gefallen?

Was hätten wir besser machen können?

Persönliche Angaben

Name

Adresse

Zu welcher Altersgruppe gehören Sie?

Unter 25 ☐ 25–34 ☐ 35–44 ☐ 45–54 ☐ 55–64 ☐ Über 65 ☐

Wie oft im Jahr fahren Sie in Urlaub?

Seltener als einmal ☐ Einmal ☐ Zweimal ☐ Dreimal oder öfter ☐

Wie sind Sie verreist?

Allein ☐ Mit Partner ☐ Mit Freunden ☐ Mit Familie ☐

Wie alt sind Ihre Kinder? _____

Über Ihre Reise …

Wann haben Sie die Reise gebucht? Monat / Jahr

Wann sind Sie verreist? Monat / Jahr

Wie lange waren Sie verreist?

War es eine Urlaubsreise oder ein beruflicher Aufenthalt?

Haben Sie noch weitere Reiseführer gekauft? ☐ Ja ☐ Nein

Wenn ja, welche?

Herzlichen Dank dafür, dass Sie sich die Zeit genommen haben, diesen Fragebogen auszufüllen.